올 ALL 어바웃 ABOUT FUSION 360

김석우 지음

(주)삼양미디어

책 머리에

> 여지껏 없던 세상이 온다.
> 3D 프린터로 무엇이든 만들 수 있는 세상!
> 우리 삶을 바꿔줄 새로운 변화와 세상을
> 준비하자!

눈 한 번 감고 뜨면 모든 게 바뀌는 세상이다. 수 십 년간 교육 현장에서 컴퓨터를 가르쳐 왔지만 융합교육(STEAM)이니 4차 산업혁명, 3D 프린팅과 아두이노(Arduino) 같은 말을 들은 건 고작 몇 년 전이다.

부랴부랴 자료를 뒤져가며 공부하기 시작했고 아두이노 부품을 구입하여 이런 저런 방법으로 회로를 연결하면서 오랜만에 C언어로 코딩도 해 보았다. 아이들 놀잇감 정도로만 생각했던 드론이 첨단 과학과 기술, 컴퓨터와 통신 기술이 총 망라된, 자율 주행과 로봇의 기본이라는 것을 깨달은 건 어렵사리 납땜해서 만든 자작 드론이 날개 한 번 돌려보지 못하고 연기와 함께 타들어가는 모습을 몇 번이나 경험하고 나서였다.

그뿐만이 아니다. 배워야 할 게 또 있었다. 3D 디자인이었다. 남들이 만들어 놓은 도면을 그대로 가져다 쓰는 것은 배움의 단계를 넘어 독창적인 작품을 만드는 데 한계가 있었다. FUSION 360과 TINKERCAD 사이에서 잠시 고민도 했지만 기왕에 배우는 수고를 해야 한다면 FUSION 360이 정답이라는 결론을 내렸다. 그리고 내친 김에 3D 프린터까지 구입해 무작정 수업을 시작한 결과 학생들로부터 신기하면서도 재미있다는 반응을 얻었다.

●●●●
　이 책은 방과 후 수업을 위해 만든 교안에 내용을 추가하고 다듬어서 편집한 것이다. 물론 학생들의 반응을 통해 얻은 자신감이 직접적인 계기가 되었다. 강의 마지막 날 디자인 분야로 진로를 바꾸겠다는 어느 학생의 말 한마디가 출판의 의지에 불을 지폈음은 말할 나위도 없다. 그러기에 초보자의 눈높이에 맞추려고 했다. 책이 두꺼워지는 부담을 감수하면서까지 차근차근 독학할 수 있도록 모든 과정을 상세하게 설명하려고 애썼다. FUSION 360의 기본 기능을 익힌 후 일상에서 필요한 소품을 디자인해 볼 수 있도록 활용 예제에 많은 무게를 두었다. 단언컨대 학생들은 물론 이들을 지도하시는 선생님, 그리고 일반인에 이르기까지 매우 유용한 교재가 되리라 확신한다.

●●●●
　끝으로 이 책의 출간을 위해 오랜 시간 수고하신 (주)삼양미디어 편집진에게 감사의 마음을 전한다. 또한 오랫동안 참고 기다려준 아내 그리고 가족들에게 감사를 드린다.

저자

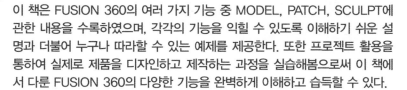

이 책은 FUSION 360의 여러 가지 기능 중 MODEL, PATCH, SCULPT에 관한 내용을 수록하였으며, 각각의 기능을 익힐 수 있도록 이해하기 쉬운 설명과 더불어 누구나 따라할 수 있는 예제를 제공한다. 또한 프로젝트 활용을 통하여 실제로 제품을 디자인하고 제작하는 과정을 실습해봄으로써 이 책에서 다룬 FUSION 360의 다양한 기능을 완벽하게 이해하고 습득할 수 있다.

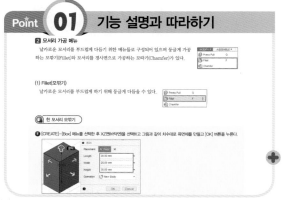

FUSION 360의 기능에 대한 설명과 해당하는 여러 가지 하위 메뉴를 보여주며 직접 따라하면서 과정과 결과를 확인한다.

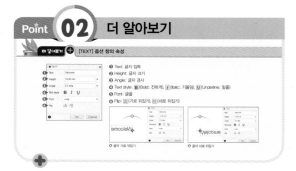

기능에 대한 대표적인 설명이나 따라하기 이외에 설정할 수 있는 다양한 옵션 또는 도움이 되는 내용을 설명한다.

기능에 대한 기본적인 실행 방법 이외에 부가적인 내용이나 다른 실행 방법 또는 응용 방법을 설명한다.

실제로 제품을 제작하는 과정을 단계적으로 실습하면서 해당 기능을 익힐 수 있도록 여러 가지 프로젝트 활용 예제를 제공한다.

다운로드 및 Q&A

FUION 360에서 사용한 예제 파일과 이미지 파일은 (주)삼양미디어 홈페이지(http://www.samyangm.com)의 [자료실]이나 저자가 운영하는 메이커 시스템 카페(https://cafe.naver.com/makersys)의 [All About FUSION 360]-[올 어바웃 | 예제 파일]에서 다운로드할 수 있습니다.

메이커 시스템 카페는?

이 책의 저자인 김석우 선생님이 운영하는 카페로 드론, 로봇, 아두이노, FUSION 360, 3D 프린팅 등 4차 산업혁명을 주도하는 핵심 과제를 비롯하여 메카트로닉스 제품의 제작과 운영에 관한 정보를 나누며 관련 프로그램을 쉽게 배우고 익힐 수 있도록 각종 자료와 동영상 강좌, 팁 등을 제공하고 공유하는 카페입니다.

• FUION 360에 대한 문의나 답변은 [All About FUSION 360]-[올 어바웃 | 문의&답변]에서 확인할 수 있습니다.

• 본 책에 수록된 각종 예제와 프로젝트 활용 예제의 동영상 강좌는 [All About FUSION 360] -[올 어바웃 | FUSION 360 동영상 강좌]에 순차적으로 올릴 예정입니다.

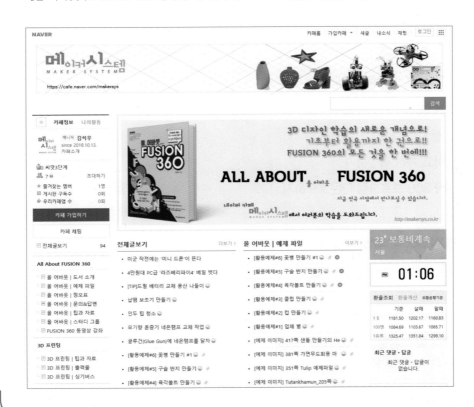

Contents
차례

Contents

Contents

Contents

PART II 3D 프린팅과 프로젝트 활용

CHAPTER 01 3D 프린팅

CHAPTER 02 프로젝트 활용

PART I

FUSION 360 기본 익히기

FUSION 360 알아보기

3D 디자인 작업을 위한 FUSION 360 프로그램의 특징이나 기능에 대해 미리 알아
두면 모델링 작업에 많은 도움이 될 것이다.

이 단원에서는 FUSION 360 프로그램의 계정 설정과 다운로드 및 설치, 전체적인
화면 구성, 마우스 조작법, 뷰 큐브 및 마킹 메뉴 활용법, 파일 불러오기와 저장하기 등
에 대해 알아보도록 한다.

1 FUSION 360 개요

1 FUSION 360은?

FUSION 360은 오토데스크(AUTODESK) 사에서 개발한 3D 디자
인 프로그램이다. 오토데스크(AUTODESK) 사는 3D 프린터가 보편화
되면서 INVENTOR, FUSION 360 등 3차원 디자인/모델링 프로그램
을 주력 제품화하여 활발한 개발을 하고 있다.

> **보충 설명**
> 오토데스크(AUTODESK) 사는 1980년
> 대 2차원 설계 프로그램인 AutoCAD를 출
> 시하여 제도와 설계, CAD/CAM 분야에 많
> 은 발전을 가져온 컴퓨터 설계 프로그램 개발
> 회사이다.

FUSION(퓨전)은 라틴어의 'fuse(섞다)'에서 유래된 말이다. 서로 성질이 다른 것들이 뒤섞여 있다는 의미
로서 서로 다른 개체가 가지고 있는 장점을 조합하고 조화를 이루어 보다 새로우면서도 막강한 기능까지 가
지도록 한다는 것이다. FUSION 360은 각종 디자인 소프트웨어들이 가지고 있는 좋은 기능과 편리함을 하
나의 프로그램에 담아놓은 오토데스크(AUTODESK) 사의 주력 상품으로 자리잡아 가고 있다.

FUSION 360의 숫자 '360'은 오토데스크(AUTODESK) 사의 서버인 A360을 뜻한다. FUSION 360은
클라우드(Cloud) 방식의 소프트웨어로서 각종 모델링이나 파일 저장, 협업 등의 작업이 모두 A360 서버에서
이루어진다.

○ FUSION 360 인트로 화면

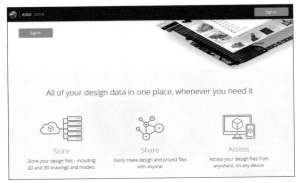

○ 오토데스크(AUTODESK) 사의 A360 서버

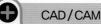 더 알아보기 ➕ CAD / CAM

　　Computer Aided Design / Computer Aided Manufacturing의 줄임말로 그동안 종이에 그렸던 전통적인 제도 방식을 컴퓨터를 이용하여 설계(CAD)하고, 그 결과물(수치)을 CNC(Computer Numerical Control)와 같은 수치 제어 공작 기계에 입력하여 제조(CAM)하는 방식으로서 공장 자동화의 기본이 되는 시스템이다.

2 FUSION 360의 특징

(1) 작업 영역(워크스페이스, Workspace)

　　FUSION 360의 특징 중의 하나는 서로 다른 기능을 가진 워크스페이스(Workspace, 작업 영역)가 한 곳에 모여 있다는 것이다. 이것은 마치 한 프로그램에서 여러 개의 디자인 소프트웨어를 사용하는 것과 같은 효과가 있다.

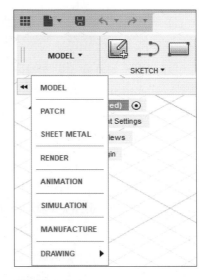

　　각각의 작업 영역은 다음과 기능을 가지고 있다.
- MODEL: 3차원 디자인을 통한 솔리드(Solid) 모델링
- PATCH: 물체의 표면 작업을 통한 곡면 모델링
- SHEET METAL: 판금이나 절곡 작업을 통한 디자인 모델링
- RENDER: 표면의 질감이나 재료, 물체를 표현하는 환경 조성
- ANIMATION: 부품의 조립이나 작동 과정을 동영상으로 표현
- SIMULATION: 기계요소의 구조 해석이나 하중, 진동, 열 분포 등의 시뮬레이션
- MANUFACTURE: 보다 효율적인 작업을 위한 환경 구축
- DRAWING: 설계한 3차원 모델링을 평면으로 도면화

> **보충 설명**
> 이 책에서는 MODEL(솔리드 모델링), PATCH(곡면 모델링), SCULPT(자유형 모델링) 등 세 가지만 다루기로 한다.

(2) T-Spline 방식의 모델링

　　솔리드 모델링이 원이나 다각형, 선 등을 이용하는 정형화된 방식의 모델링이라면 FUSION 360은 T-Spline이라는 비정형 모델링 도구를 하나 더 가지고 있다. T-Spline이란 찰흙으로 도자기를 빚듯 면이나 점, 모서리 선 등을 원하는 모양과 위치로 정확히 변형시킬 수 있는 기법으로서 보다 다양하면서도 정밀한 형상을 모델링할 수 있다는 특징이 있다.

※ 237쪽 '❷ SCULPT 작업 영역(FREE FORM, 자유형 모델링)' 참조

(3) 클라우드(Cloud) 시스템

클라우드 시스템은 서버를 기반으로 하는 운영 방식으로 FUSION 360은 프로그램의 설치부터 모델링 작업과 파일의 저장, 관리에 이르기까지 모든 작업이 'A360'이라고 하는 오토데스크(AUTODESK) 사의 서버에서 이루어진다.

클라우드 방식을 적용하고 있는 FUSION 360은 다음과 같은 장점이 있다.

• 작업 결과물을 서버에 저장할 수 있어 파일 관리를 효율적으로 할 수 있으며 별도의 저장 장치가 없어도 인터넷과 연결되는 곳이라면 언제 어느 곳에서라도 자신의 파일을 불러와서 작업할 수 있다. 저장 공간은 개인별로 25기가바이트(GB)를 무료로 제공하고 있다.

• 어떤 컴퓨터라도 기본 프로그램만 설치하면 로그인을 통해 FUSION 360을 사용할 수 있기 때문에 개인용 컴퓨터 사양에 대한 부담을 덜 수 있다.

• 모든 사용자들이 서버를 공동으로 사용하므로 협업을 통해 능률을 올릴 수 있으며 정보를 서로 공유할 수 있기 때문에 디자인 실력 향상에도 많은 도움이 된다.

• 프로그램의 업그레이드도 별도의 설치 과정 없이 서버에서 실시간으로 이루어지므로 언제나 향상된 기능을 사용할 수 있다.

② FUSION 360 설치하기

❶ FUSION 360의 시스템 요구 사항

FUSION 360은 클라우드 서비스를 기반으로 하는 프로그램이기 때문에 높은 사양의 컴퓨터를 필요로 하지 않는다. 다만 윈도우의 경우 64비트의 운영 체제, 즉 x64 기반의 프로세서에서만 설치, 작동된다는 점에 주의한다.

> **보충 설명**
> 바탕 화면의 [내 PC]를 마우스 오른쪽 버튼으로 클릭한 후 바로 가기 메뉴의 [속성]을 선택하면 [시스템] 창의 [시스템 종류]에서 운영 체제를 확인할 수 있다.

🎯 오토데스크(AUTODESK) FUSION 360의 시스템 요구 사항

운영 체제	• Mac OS Mojave v10.14, Mac OS High Sierra v10.13, Mac OS Sierra v10.12 • Microsoft Windows 7 SP1, Windows 8.1 또는 Windows 10(64비트 전용)		
CPU 유형	64비트 프로세서(32비트는 지원되지 않음)	메모리	3GB RAM(4GB 이상 권장)
그래픽 카드	512MB GDDR RAM 이상(Intel GMA X3100 카드 제외)	디스크 공간	2.5GB 이상
포인팅 장치	Microsoft 호환 마우스, Apple 마우스, Magic Mouse, MacBook Pro 트랙패드		
인터넷	DSL 인터넷 연결 이상		

2 계정 만들기

❶ 오토데스크(AUTODESK) 사의 한국 사이트(https://www.
autodesk.co.kr)에 접속한 후 [무료 체험판]을 선택한다.

❷ [제품 찾기] 입력란에 'fusion 360'을 입력한 후 검색 결과가 나타나면 'FUSION 360' 이미지를 선택하고 30일 무료 체험
판 화면에서 'EDUCATIONAL USE(교육용)'을 누른다.

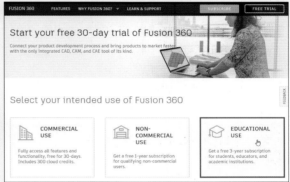

❸ 계정을 만들기 위해 [CREATE ACCOUNT]를 누르고 학생용 버전에 필요한 기본적인 정보(국가, 신분, 생년월일)를 입력한
후 [NEXT]를 누른다.

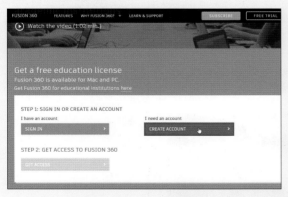
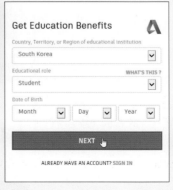

이미 가입하여 계정이
있는 경우에는 [SIGN IN]
을 누르고 로그인한다.

❹ 개인 정보(이름, 이메일 주소, 비밀번호)를 입력한 후 개인정보 이용에 관한 동의 항목을 체크 표시하고 [CREATE ACCOUNT]를 누른다.

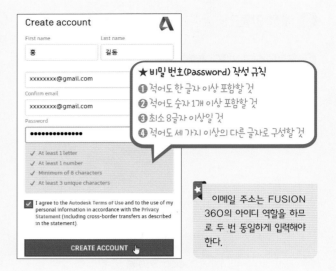

★ 비밀 번호(Password) 작성 규칙
❶ 적어도 한 글자 이상 포함할 것
❷ 적어도 숫자 1개 이상 포함할 것
❸ 최소 8글자 이상일 것
❹ 적어도 세 가지 이상의 다른 글자로 구성할 것

이메일 주소는 FUSION 360의 아이디 역할을 하므로 두 번 동일하게 입력해야 한다.

❺ 이메일을 확인하라는 화면이 표시되면 계정 주소로 사용하고 있는 이메일을 열고 Autodesk Account에서 보낸 내용에서 [VERIFY EMAIL]을 누르고 인증을 완료한다.

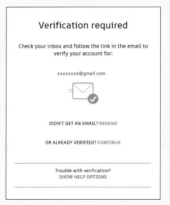

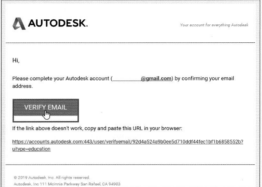

❻ [Account Verified](인증 확인) 창이 나타나면 [DONE]을 누른다. 교육기관명(학교)을 입력하고 학과, 입학일, 졸업 예정일 등을 선택한 후 [NEXT]를 누른다.

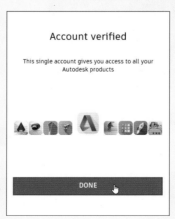

❼ 학교명이 오토데스크(AUTODESK) 사에 등록되어 있지 않은 경우 데이터베이스에 추가하기 위해 'ADD IT TO OUR RECORDS?'를 누른 후 기관의 이름, 유형과 소재지를 선택하고 [ADD]를 누른다. 계정 작업이 완료되면 [DONE]을 누르고 작업을 종료한다.

 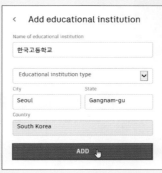 

 더 알아보기 ➕ **FUSION 360의 라이선스 정책**

FUSION 360의 사용료, 즉 라이선스 비용은 월 55,000원이며 연간 412,500원이다. 전문가 버전인 FUSION 360 Ultimate의 경우는 월 23만 원이 넘는 금액이다. 초보자나 학생들의 입장에서 보면 적지 않게 부담이 되는 금액임에 틀림이 없다.

하지만 오토데스크 사의 FUSION 360 정책을 잘 살펴보면 일단은 무료로 배포하겠다는 의도를 많이 엿볼 수 있다. 홈페이지에도 구입하기 전에 FUSION 360의 모든 기능을 이용해 보라는 권장 문구가 보인다.

1개월 무료 체험판은 대부분의 소프트웨어에서 제공되는 서비스이지만 FUSION 360은 신분만 확인되면 학생과 교사, 교육 기관 종사자의 경우 3년간 무료로 이용할 수 있는 라이선스를 제공하고 있다.

그뿐만이 아니라 연간 소득이 10만 달러 미만인 스타트업 사업자나 취미, 애호가의 경우에도 1년 간 무료로 사용할 수 있는 라이선스를 제공하고 있다. 1년 후에는 다시 자격을 부여받을 수 있으며, 본인의 선택에 따라 상업용으로 전환할 수도 있으므로 거의 무료 프로그램이라고 할 수 있다.

라이선스 종류	신분
1개월 무료 체험판	누구나 사용 가능
1년 무료 라이선스 이용권	스타트업 사업자(연간 소득 10만 달러 미만)
	개인(취미, 애호가)
3년 무료 라이선스 이용권	학생
	교사 또는 지도자

3 로그인하고 계정 확인하기

1 계정이 생성되었으면 [SIGN IN]을 누른 후 아이디(이메일 주소)와 비밀번호를 입력하고 로그인한다.

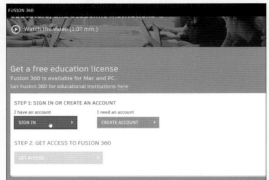 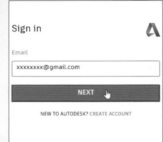 

2 [Protect your account](계정 보호) 창에서 [GET STARTED]를 누르고 [2 Step Ver-ification] 창에서 아래쪽의 'SMS'를 누른다.

3 국가번호(82)와 문자를 받을 수 있는 휴대전화 번호를 입력하고 [NEXT]를 누른다. 본인의 휴대전화 문자로 받은 6자리 인증 코드를 입력한 후 [ENTER CODE]를 누르고 모든 세팅이 끝나면 [CONTINUE]를 누른다.

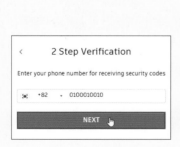  

4 FUSION 360 프로그램 다운로드하기

1 오토데스크(AUTODESK) 사의 홈페이지 화면에서 [로그인]-[로그인]을 선택한다.

2 [로그인] 화면에서 메일 주소를 입력한 후 [다음]을 누르고 암호를 입력한 후 [로그인]을 누른다.

3 사용자 계정(⬤ ▾)을 누른 후 [제품 및 다운로드 관리]를 선택한다. ACCOUNT 창의 왼쪽 메뉴에서 [All Products & Services]를 선택한 후 [FUSION 360-Ultimate]의 [Download Now]를 누른다.

❹ 프로그램 실행 또는 저장 화면에서 [실행] 버튼을 누르고 FUSION 360을 설치한다.

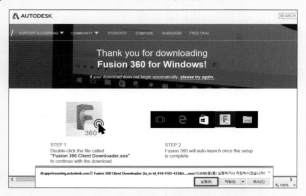

❺ FUSION 360과 관련된 여러 이미지를 보여주면서 설치가 진행된다.

 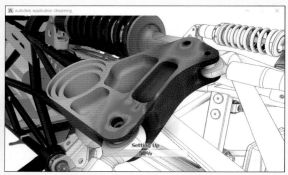

❻ 설치가 완료된 후 다시 [로그인] 화면이 나타나면 아이디와 비밀번호를 입력하고 다시 한 번 휴대전화로 받은 인증 코드를 입력하면 FUSION 360이 실행된다.

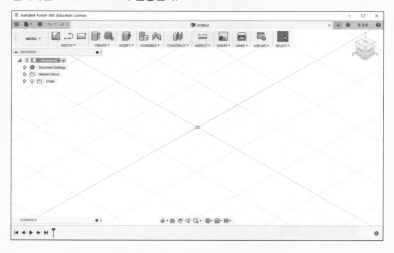

③ FUSION 360의 화면 구성

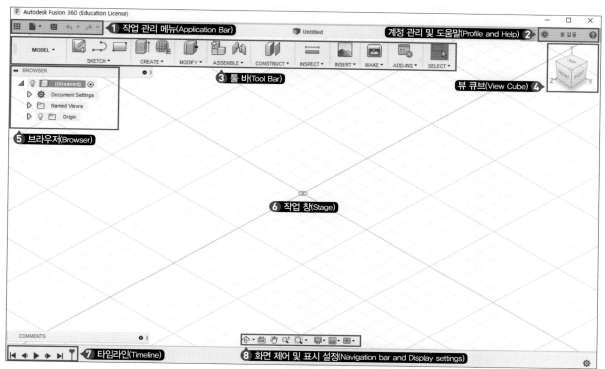

1 작업 관리 메뉴(Application Bar)

오토데스크(AUTODESK) A360 서버의 파일을 관리할 수 있 는 데이터 패널이나 파일의 저장, 되돌리기와 다시 실행하기 등 파 일 작업에 필요한 도구들로 구성되어 있다.

(1) Show Data Panel(▦)

오토데스크(AUTODESK) 사의 A360 서버에 저장되었던 파일을 불러오거나 프로젝트를 관리할 수 있는 곳으로 전 세계 FUSION 360 사용자들이 공개한 디자인 도면을 공유하거나 협업 등을 통해 문제를 해결하고 배울 수 있는 유용한 공간이다.

또한 자신이 작업했던 결과물을 저장할 경우에도 기본적으로 A360 서버에 자동으로 저장된다. 폴더와 파일 관리를 통해 마치 자신의 컴퓨터 공간처럼 활용할 수 있으며 1인당 25기가바이트(GB)를 무료로 사용할 수 있다.

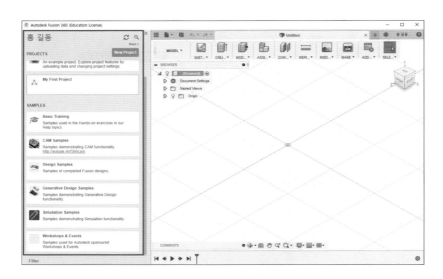

(2) File()

새 디자인, 파일 불러오기, 저장하기, 3D 출력 등 파일 관리에 관한 메뉴가 있다.

❶ **New Design**: 새 작업하기

❷ **New Drawing**: 새 도면 그리기

❸ **Open**: 파일 불러오기

❹ **Save**: 저장하기(서버에 저장)

❺ **Save as**: 다른 이름으로 저장하기

❻ **Export**: 파일 형식 지정하기, 서버에 저장하기, 내 컴퓨터에 저장하기

❼ **3D Print**: 3D 프린팅을 위한 조건 설정, 프린터 유틸리티 지정, 컴퓨터에 STL 파일로 저장

❽ **View**: 뷰 큐브나 브라우저 또는 툴 바 등의 표시 여부

(3) Save(🖫)

작업한 파일을 저장하는 도구로 오토데스크 A360 서버의 [Data Panel]에 저장할 수 있다.

(4) Undo(되돌리기 )/Redo(다시 실행하기)

이전 작업으로 되돌아가려면 [Undo]()를 누르거나 Ctrl+Z키를 누르고, 다시 실행할 경우에는 [Redo] () 또는 Ctrl+Y키를 누른다.

2 계정 관리 및 도움말(Profile and Help)

자신의 계정(로그인 정보)이나 작업 결과물을 관리할 수 있으며 도움말과 문제 해결 방법을 확인할 수 있다.

(1) Job Status(연결 상태)

FUSION 360 서버와의 온라인 상태 여부를 표시할 수 있다.

(2) Autodesk Account/Preference/My Profile(계정/환경 설정/프로필)

- Autodesk Account: 자신의 계정과 관련된 정보 확인, 아이디와 비밀번호, 이메일 등의 변경
- Preferences: FUSION 360 작업과 관련된 각종 환경 설정
- My Profile: FUSION 360에서 디자인 작업 후 저장했던 A360 서버의 작업 공간을 나타내며, 파일 관리자의 폴더에 해당하는 프로젝트와 그 안에 들어있는 디자인 파일을 확인할 수 있다. 파일 관리는 물론 프로젝트 편집도 할 수 있다.
- Sign Out: 로그인/로그아웃

(3) Help(도움말)

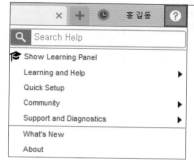

- Show Learning Panel: 화면 오른쪽에 유용한 팁을 동영상 형태로 제공
- Learning and Help: FUSION 360의 사용 설명서나 학습에 필요한 정보, 도움말과 문제 해결 방법 등 디자인 과정에서 필요한 정보 제공
- Quick Setup: 단위(mm, inch 등)와 CAD 프로그램별 마우스 조작 방법을 설정할 수 있으며 사용법에 관한 홈페이지를 불러올 수도 있음.
- Community: FUSION 360 사용자 포럼이나 커뮤니티와 연결된 메뉴로, 회원들의 아이디어와 작품 갤러리, 블로그 등을 함께 공유함으로써 다양한 활동 가능
- Support and Diagnostics: FAQ(자주 묻는 질문) 사이트와 연결되어 있어 궁금한 조작법을 찾아볼 수 있으며 프로그램 사용 중 문제 발생 시 원인을 찾거나 캐시 파일을 삭제함으로써 원인 제거
- What's New: FUSION 360과 관련된 새로운 소식이나 근황 등을 뉴스 형식으로 제공
- About: FUSION 360 버전 정보 표시

3 툴 바(Tool Bar)

디자인 작업에 필요한 모든 메뉴가 있는 곳으로 기본적으로 작업 영역(Workspace)과 작업 도구로 구성되어 있다. 작업 도구에는 여러 가지 도구(Tool)들이 나열되어 있으며, 각 도구에는 실제 작업에 필요한 메뉴들이 포함되어 있다.

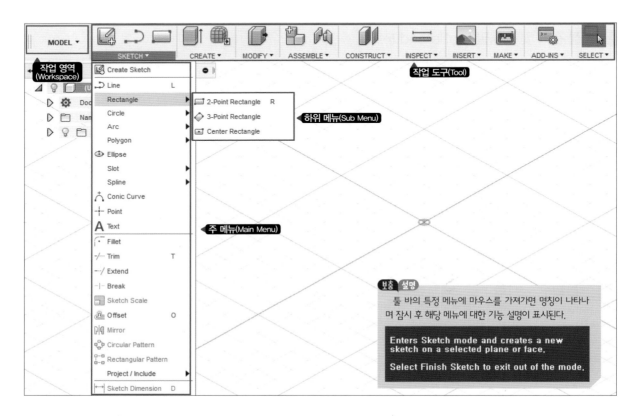

(1) 작업 영역(Workspace)

FUSION 360에서의 작업 영역(Workspace)은 마치 하나의 독립된 디자인 프로그램과 같은 역할을 하며, 기능별로 9개의 영역으로 구성되어 있다.

작업 영역은 화면의 [MODEL]을 누르면 하위 메뉴가 나타나며 원하는 작업 영역을 선택하면 그에 해당하는 작업 도구와 메뉴들이 나타난다.

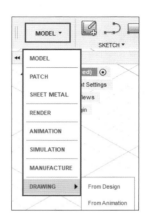

(2) 작업 영역별 도구

🖱 MODEL(솔리드 모델링)

평면이나 입체 도형을 만들고 이를 복제, 결합, 분리하거나 가공하는 메뉴로 구성되어 있으며 3D 모델링의 기본적인 작업이 이루어지는 작업 영역이다.

🖱 PATCH(곡면 모델링)

표면(Surface)의 곡면 모델링 작업이 이루어지는 메뉴로 이루어져 있으며 솔리드 모델링(MODEL 작업 영역)을 통해 만들기 어려운 입체 형상을 만드는 작업 영역이다.

🖱 SHEET METAL(판금/절곡 모델링)

판재를 구부리거나 자르기 등의 판금 작업에 필요한 메뉴로 구성되어 있으며 이미 굽어진 부분을 다시 펴거나 판금에 필요한 평면 전개도 등을 제작하는 작업 영역이다.

🖱 SCULPT(자유형 모델링, Free Form)

점토를 주물러 도자기를 빚듯 자유롭게 형상을 가공(Free Form)할 수 있는 작업 영역으로 [CREATE]-[Create Form] 메뉴를 선택하거나 [Create Form](🔲)을 눌러서 실행할 수 있다.

🖱 RENDER(렌더링)

입체 모형의 표면 색상을 정하거나 투영되는 도형을 사람이 인지할 수 있도록 이미지로 캡처하거나 3차원 형상으로 나타내는 작업 영역이다.

🖱 ANIMATION(애니메이션)

각 부품의 조립/해체 과정이나 작동하는 모습을 동영상으로 표현함으로써, 기계 부품 등이 유기적으로 동작하는 데 문제가 없는지 확인하고 수정할 수 있는 작업 영역이다.

 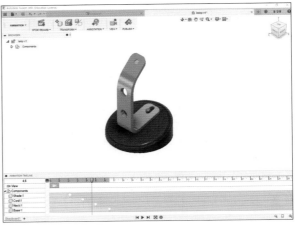

🖱 SIMULATION(시뮬레이션)

설계된 상태의 제품을 여러 조건(열, 마찰, 진동, 하중, 구조 역학 등)으로 시뮬레이션해 봄으로써 문제가 발생되는 부분의 설계를 수정·보완하는 작업 영역이다.

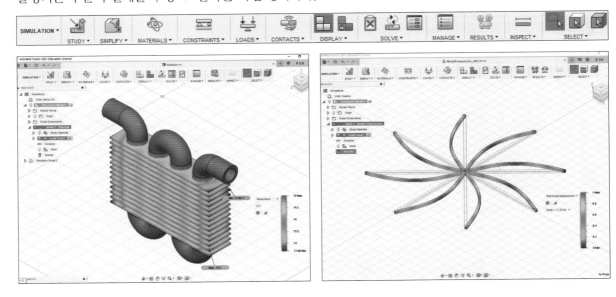

MANUFACTURE(제작 공정)

설계된 부품을 공작 기계(밀링, 드릴, 터닝, 선반 등)에서 작업할 때 바이트나 드릴 날 등의 가공 공구를 선택하고 제조 과정에 관한 정보와 프로세스를 제공함으로써 보다 효율적인 CAM(Computer Aided Manufacturing) 환경을 구축하기 위한 작업 영역이다.

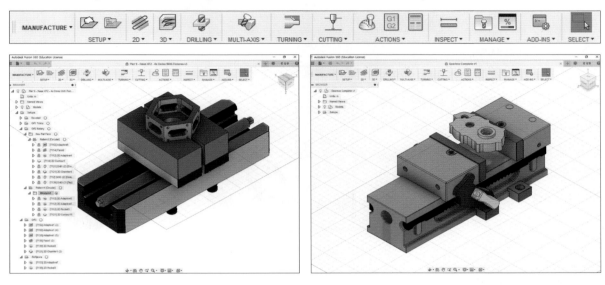

DRAWING(설계도)

설계한 3차원 모델링 데이터를 정투상도 등 평면으로 도면화하는 작업 영역으로 AUTO CAD와 호환되는 DWG 형식으로 내보내거나 기본 템플릿으로 작성할 수 있다.

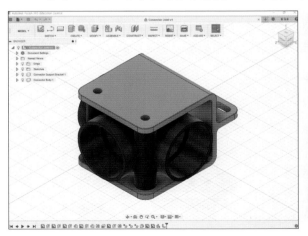
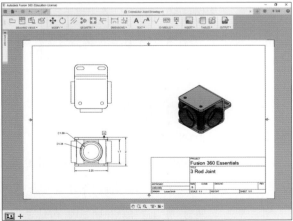

4 뷰 큐브(View Cube)

화면을 회전시켜 개체가 보이는 시점을 변경함으로써, 3차원 모델링 작업을 효율적으로 할 수 있다.

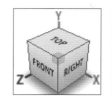

※ 41쪽 '2 뷰 큐브(View Cube) 활용법' 참조

보충 설명

마우스 포인터를 뷰 큐브에 가져가면 [홈](🏠)과 상세 메뉴를 선택할 수 있는 화살표가 나타나며 마우스를 다른 위치로 이동하면 사라진다.

5 브라우저(Browser)

모든 개체의 구성 요소가 나열되어 있으며 작업 중인 모델링 과정이 히스토리(History) 형식으로 표시된다. 또한 각 부품을 구성하는 면, 점, 선이나 조립 상태 등을 보이게(💡) 하거나 보이지 않게(💡) 설정할 수 있다.

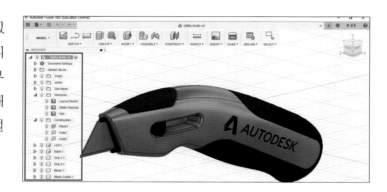

6 작업 창(Stage)

모델링 작업을 하는 공간으로 일종의 작업대(책상) 역할을 하는 곳이다. 가운데 부분의 원점을 중심으로 X, Y, Z 축이 있으며, 그 축을 중심으로 XZ면(바닥면)과 XY면(오른쪽 수직면), YZ면(왼쪽 수직면)이 있다. 선택한 면이나 축을 중심으로 모델링 작업이 이루어진다.

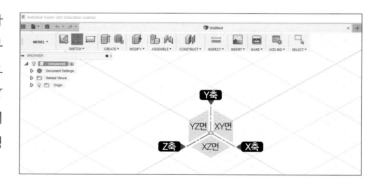

7 타임라인(Timeline)

모델링 작업 과정이 시간별로 기록되는 부분으로, 동영상 컨트롤 버튼 조작으로 디자인 과정을 재생할 수도 있다. 작업 기록 영역에는 모델링 작업을 했던 내용이 시간별로 기록되는데 이미 작업을 마친 부분이라 하더라도 그 부분에서 수정(치수, 각도, 색 등) 작업을 하면 변경된 결과물을 얻을 수 있다.

8 화면 제어 및 화면 표시 설정(Navigation bar and Display settings)

모델링 개체를 여러 가지 형태로 화면에 표시하기 위한 도구이다.
확대와 축소, 물체의 배경이나 그림자, 격자의 표시 유무 등 다양한
설정으로 개체를 표현할 수 있다.

(1) Orbit( )

모델링한 개체를 회전시키는 기능으로 Shift 키와 마우스의 휠 버튼을 누른 채 마우
스를 드래그하는 것과 동일한 기능이다. [Free Orbit]는 자유 회전을, [Constrained
Orbit]는 수평 회전을 의미한다.

(2) Look at( )

선택한 면이 화면의 중앙 또는 정면으로 향하도록 이동할 수 있다.

(3) Pan( )

화면 이동 기능으로 마우스 휠 버튼을 누르고 드래그하는 것과 같은 역할을 한다.

(4) Zoom( )

화면을 확대하거나 축소하는 기능으로 마우스 왼쪽 버튼을 누른 채 드래그한다. 마우스를 아래로 내리면
확대, 위로 올리면 축소된다.

(5) Zoom Window/Fit( )

개체를 화면의 크기에 맞추어서 표시한다.

Zoom Window

확대할 부분을 마우스 왼쪽 버튼을 누른 채 드래그하면 그 부분만 작업 창(Stage)에 가득하도록 확대하는
기능으로, 부분적으로 자세히 관찰할 필요가 있을 때 유용하다.

Fit

전체 화면을 작업 창의 크기에 맞게 확대 또는 축소할 수 있다.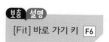

보충 설명
[Fit] 바로 가기 키 F6

(6) Display Settings(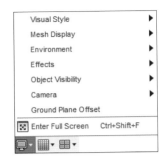)

모델링하고 있는 개체를 다양한 방법으로 나타내거나 배경 등의 주변 환경을 설정한다.

Visual Style

완성된 개체를 어떤 방식으로 표현할 것인지 선택할 수 있다.

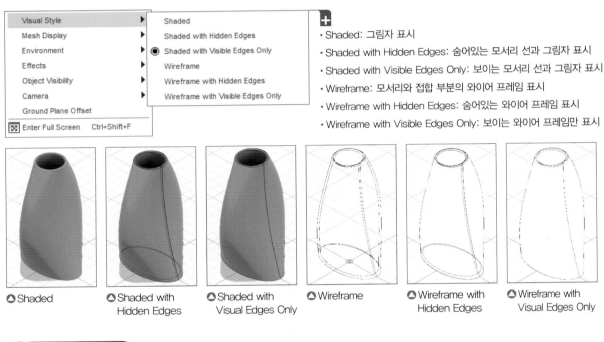

• Shaded: 그림자 표시
• Shaded with Hidden Edges: 숨어있는 모서리 선과 그림자 표시
• Shaded with Visible Edges Only: 보이는 모서리 선과 그림자 표시
• Wireframe: 모서리와 접합 부분의 와이어 프레임 표시
• Wireframe with Hidden Edges: 숨어있는 와이어 프레임 표시
• Wireframe with Visible Edges Only: 보이는 와이어 프레임만 표시

◯Shaded | ◯Shaded with Hidden Edges | ◯Shaded with Visual Edges Only | ◯Wireframe | ◯Wireframe with Hidden Edges | ◯Wireframe with Visual Edges Only

Mesh Display

Mesh(그물망) 형식의 파일에서 해당되는 면을 선택 또는 해제한다.

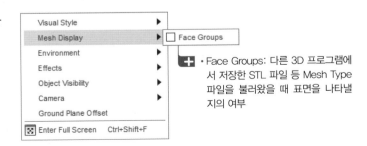

• Face Groups: 다른 3D 프로그램에서 저장한 STL 파일 등 Mesh Type 파일을 불러왔을 때 표면을 나타낼지의 여부

🖱 Environment(배경)

디자인한 개체의 배경 효과를 선택할 수 있다.

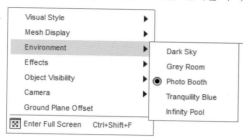

- Dark Sky: 어두운 밤하늘 배경 효과
- Grey Room: 어두침침한 방의 배경 효과
- Photo Booth: 사진 촬영 부스와 같은 배경 효과(기본값)
- Tranquility Blue: 청명한 하늘(푸른 하늘)과 같은 배경 효과
- Infinity Pool: 수영장에서 물에 반사되는 것과 같은 배경 효과

△ Dark Sky   △ Grey Room   △ Photo Booth   △ Tranquility Blue   △ Infinity Pool

🖱 Effects(효과)

개체 주변에 표시할 수 있는 여러 가지 효과를 설정한다.

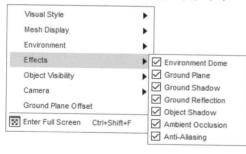

- Environment Dome: 물체 위에 돔 표시 여부
- Ground Plane: 바닥면(그림자, 반사)의 표시 여부
- Ground Shadow: 바닥 그림자 표시 여부
- Ground Reflection: 물체가 바닥에 반사되는 여부
- Object Shadow: 개체에 그림자 표시 여부
- Ambient Occlusion: 구멍과 같이 움푹 들어간 부분의 음영 표시 여부
- Anti-Aliasing: 앤티 에일리어싱 모드(모서리를 부드럽게 표현) 여부

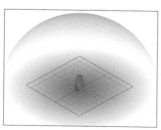

◁ Environment Dome   ◁ Ground Plane 해제   ◁ Object Shadow 해제

Object Visibility(개체 표시)

디자인 과정에서 생성되는 축이나 면, 점, 선 등의 표시 여부를 선택 또는 해제한다.

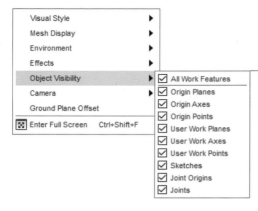

- All Work Feature: 모든 Object Visibility(개체 표시)의 일괄 활성화 여부
- Origin Planes: 좌표의 기준면 표시 여부
- Origin Axes: 좌표의 기준축 표시 여부
- Origin Points: 좌표 원점 표시 여부
- User Work Planes: 사용자가 지정한 기준면 표시 여부
- User Work Axes: 사용자가 지정한 기준축 표시 여부
- User Work Points: 사용자가 지정한 원점 표시 여부
- Sketches: 작성한 스케치 작업의 표시 여부
- Joint Origin: [MODEL]−[ASSEMBLE]의 [Joint Origin] 메뉴 작업 시 기준으로 정한 면과 선 부분의 표시 여부
- Joints: [MODEL]−[ASSEMBLE]의 [Joint] 메뉴 작업 시 기준으로 정한 면과 선 부분의 표시 여부

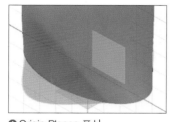

◎ Origin Planes 표시

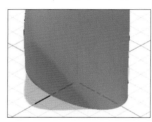

◎ Origin Axes 표시

◎ User Work Planes 표시

◎ Sketches 표시

Camera(투시 방법)

개체를 정투영법 또는 원근법으로 표현할 것인지를 선택할 수 있다.

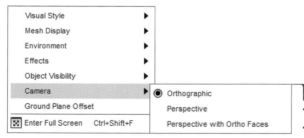

- Orthographic: 정투영법 표시
- Perspective: 원근법으로 표시
- Perspective with Ortho Faces: 스케치 작성은 정투영법으로, 일반 뷰 상태에서는 원근법으로 표시

 **Ground Plane Offsets**

바닥면으로부터 기준면의 거리를 설
정할 수 있다.

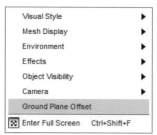

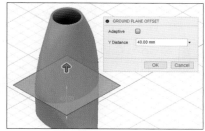

 **Enter Full Screen**

작업 창이 전체 화면으로 표시되도록 할 수 있다.

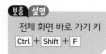
보충 설명
전체 화면 바로 가기 키
Ctrl + Shift + F

(7) Grid and Snaps(⊞▾)

모델의 배경이 되는 그리드(모눈 눈금자)의 간격과 스냅 작동 유무를 설정한다.

 **Layout Grid**

화면에 그리드(모눈 눈금자) 표시 여부를 설정할 수 있다.

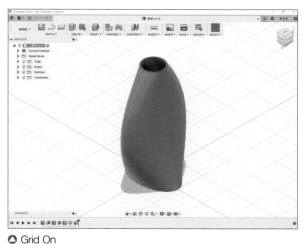

◢ Grid On

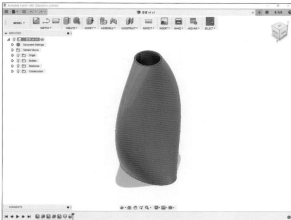

◢ Grid Off

 **Layout Grid Lock**

화면에 그리드(모눈 눈금자) 표시 잠금 여부를 설정할 수 있다.

Snap to Grid

스케치 작업 시 마우스 포인터를 이동할 때 그리드의 눈금과 자동으로 일치하는 스냅 기능 활성화 여부를 설정한다.

Grid Settings

그리드(모눈 눈금자) 간격의 크기(치수)를 조절할 수 있다.

Incremental Move

디자인 작업에서 치수를 늘리거나 줄이는 경우 [SET INCREMENTS] 옵션 창에서 정한 치수만큼씩 스냅을 준다.

Set Increments

지정하는 치수와 회전 각도만큼 마우스의 드래그 스냅 간격을 조절한다.

(8) Viewport

개체를 정투상도 같은 도면으로 표현한다.

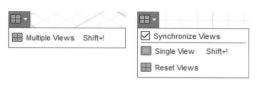

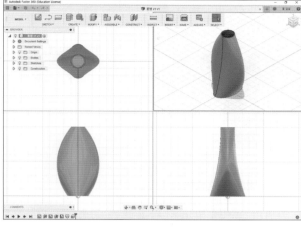

4 디자인 준비 작업

제품 제작을 위한 설계, 즉 디자인을 배우려면 프로그램툴의 도구나 메뉴의 기능을 익히기에 앞서 먼저 알아두어야 할 사항들이 있다. 그리고 이러한 것들을 잘 숙지하고 연습해 두면 디자인 작업을 보다 수월하게 배울 수 있다.

디자인 작업의 대부분을 차지하는 마우스의 사용법은 작업 전 매우 중요한 준비 사항이므로 초보자의 경우 FUSION 360에서의 마우스 조작법을 충분히 익혀둘 필요가 있다. 그 외에도 뷰 큐브의 활용법이나 파일 저장, 불러오기 방법 등을 미리 알아두면 FUSION 360을 배우는 데 많은 도움이 될 것이다.

1 마우스 사용법

마우스에는 왼쪽과 오른쪽 2개의 버튼과 바퀴 모양의 휠(Wheel) 버튼이 있다. 스크롤 버튼이라고도 하는 휠 버튼은 아래 또는 위로 굴려서 스크롤 시키는 기능도 있지만 일반 버튼처럼 클릭과 더블 클릭 기능도 있다.

(1) 화면 확대/축소

 마우스 휠 버튼 스크롤

화면 설정 바의 Zoom(🔍)와 동일한 기능이다.

- 마우스 휠 버튼을 아래로(스크롤 업) 굴리면 화면이 서서히 커진다(Zoom In).
- 마우스 휠 버튼을 위로(스크롤 다운) 굴리면 화면이 서서히 작아진다(Zoom Out).
- 마우스 포인터가 놓인 곳을 중심으로 확대, 축소되므로 마우스 포인터의 위치를 고려해서 휠 버튼을 조작해야 한다.

 마우스 휠 버튼 더블 클릭

개체가 화면의 크기에 맞도록 확대 또는 축소되는 기능으로, 화면 설정 바의 [Fit](🔍▾)과 동일한 기능이다.

보충 설명
[Fit](🔍)는 [Zoom Window](🔍▾)를 누르고 선택한다.

🔍 Zoom Window
🔍 Fit   F6

(2) 화면 좌우상하 이동

마우스 휠 버튼을 누른 채 마우스를 드래그하면 개체가 상하좌우로 이동하는 기능으로, 화면 설정 바의 [Pan](✋)과 동일한 기능이다.

(3) 화면 입체 회전

Shift 키와 마우스 휠 버튼을 동시에 누른 채 마우스를 드래그하면 화면이 입체적으로 회전하는 기능으로, 화면 설정 바(Bar)의 [Orbit](✛)과 동일한 기능이다.

Shift +

2 뷰 큐브(View Cube) 활용법

뷰 박스(View Box)라고도 하며 주사위처럼 생긴 정육면체의 각 면이나 모서리, 꼭짓점을 마우스로 클릭하면 해당되는 방향으로 도형을 회전시킬 수 있다. 이외에도 기준 위치로 되돌리는 [홈](⌂)과 투영 방식을 결정하는 상세 메뉴로 구성되어 있다.

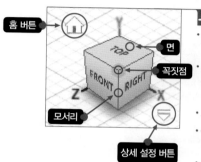

- 홈(Home): 개체가 어떤 방향, 크기의 형상으로 있든지 상관없이 [홈](⌂)을 누르면 처음의 상태로 개체가 되돌아온다.
- 면: FRONT(앞면), RIGHT(오른쪽 면), LEFT(왼쪽 면), TOP(윗면), BOTTOM(바닥면), BACK(뒷면) 등 6개의 면이 있으며, 이들 면을 클릭하면 그 면이 정면을 향하게 되어 평면 작업이 가능한 상태가 된다.
- 모서리: 면과 면 사이의 부분으로 이곳을 클릭하면 인접한 두 면이 경사진 모습으로 입체화된다.
- 꼭짓점: 세 면과 세 모서리 사이의 꼭짓점을 클릭하면 그 점을 기준으로 세 방향의 모서리가 120도를 유지하는 형태로 입체화된다.
- 상세 설정 버튼: 개체가 화면에 다양한 형태로 보이도록 설정한다.

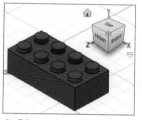

◔ 홈(HOME)

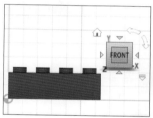

◔ 면(FRONT)

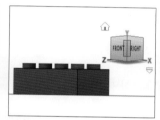

◔ 모서리

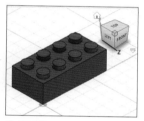

◔ 꼭짓점

 더 알아보기 ➕ [홈] 버튼 완벽 활용법

마우스 휠 버튼으로 화면을 입체적으로 회전하거나 이동시키다보면 모델링한 개체가 화면 밖으로 사라지거나 방향을 잃어버리는 경우가 발생할 수 있는데, 이때는 뷰 큐브의 [홈](⌂)을 누르면 기본 위치로 되돌아온다.

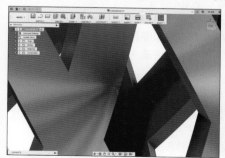

◔ 방향을 잃어버린 상태

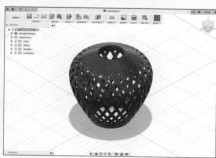

◔ [홈]을 누른 상태

방향 전환

뷰 큐브의 각 부분을 클릭하여 개체를
원하는 방향으로 전환시킬 수 있다.

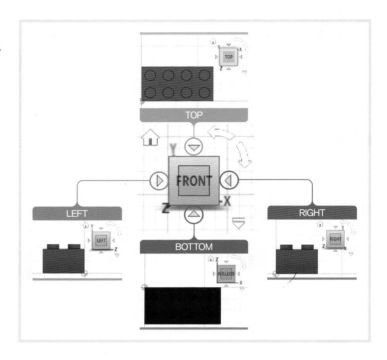

회전

뷰 큐브를 마우스로 드래그하여 회전
시킬 수 있다.

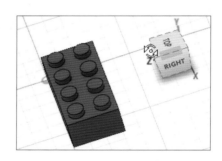

더 알아보기 ⊕ 뷰 큐브 상세 설정

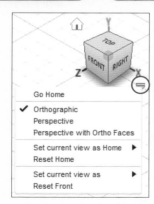

• Go Home: 모델을 기본 위치(초기 상태)로 되돌림([홈](🏠)을 누른 것과 동일).
• Orthographic: 모델을 정투영법으로 화면에 표시
• Perspective: 모델을 원근법으로 표시하여 뒷부분이 작게 보이도록 함.
• Perspective with Ortho Faces: 작업 환경에서는 정투영법으로, 모델 생성 환경에서는 원근법
 으로 표시
• Set Current View as Home: 현재 도형이 보이는 시점을 Home으로 설정
• Reset Home: Set Current View as Home로 지정했던 Home 상태를 원래의 Home 상태로
 되돌림.
• Set Current View as: 현재 도형이 보이는 시점을 TOP 또는 FRONT로 설정
• Reset Front: Set Current View as로 지정했던 Front/Top 상태를 최초의 기본 상태로 되돌림.

3 파일 관리

파일을 저장하고 불러오는 방법에는 클라우드 서버를 이용하는 방법과 사용자의 컴퓨터를 이용하는 방법이 있다. FUSION 360에서는 컴퓨터가 온라인에 접속된 상태에서는 언제든지 자신의 계정에 저장하거나 저장된 파일을 불러올 수 있기 때문에 기본적으로 클라우드 방식을 권장하고 있다.

(1) 파일 저장하기

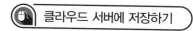 클라우드 서버에 저장하기

1 작업 관리 메뉴에서 [Save](🗄)를 선택하거나 [File]
(🗋▾)–[Save] 메뉴를 선택한다.

★ [File]–[Save] 메
뉴 바로 가기 키
Ctrl + S

2 [Save] 대화 상자의 [Name] 항목에 파일 이름을 입
력한 후 [Location] 항목의 ▾을 누르고, 왼쪽 하단의
[New Project] 버튼을 누른다. [PROJECT] 항목의 입력
란에 프로젝트 이름을 입력한 후 [Save] 버튼을 누른다.

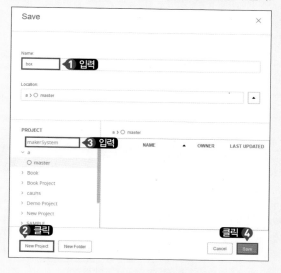

3 다시 왼쪽 하단의 [New Folder] 버튼을 누르고 폴더 이
름을 입력한 후 [Save] 버튼을 누른다.

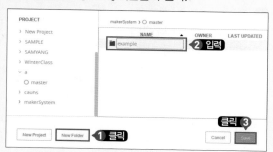

4 파일 이름, 아이디, 작성 날짜 등 상세한 파일 정보를 확
인한 후 [Save] 버튼을 누르면 파일이 저장되며, 파일
탭에 파일명이 표시된다.

컴퓨터에 저장하기

1 작업 관리 메뉴에서 [File]
(■▾)-[Export] 메뉴를
선택한다.

2 [Export] 대화 상자에서
[Name] 항목에 파일명을
입력하고 [Type] 항목의
목록 단추를 누르고 저장
하고자 하는 파일 형식을
선택한다.

FUSION 360의 기
본 저장 형식은 'Archive
Files(*.f3d)'이다.

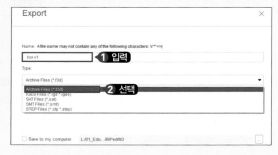

3 [Save to my computer]
항목을 체크한 후 브라우
저 열기(▢) 버튼을 누른다.
저장할 폴더를 지정한 후
[Save] 버튼을 누른다.

[Save to a project
in the cloud] 항목을
체크하면 클라우드 서버에
도 저장된다.

더 알아보기 ⊕ [BROWSER] 창에서 저장하기

[BROWSER] 창에서 파일명이 표시되는 부분(Unsaved)을 마우스 오른쪽
버튼으로 클릭한 후 바로 가기 메뉴에서 [Export] 또는 [Save Copy As] 메뉴
를 선택하여 파일을 저장할 수 있다.

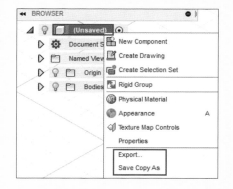

(2) 파일 불러오기

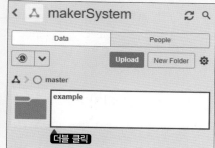

클라우드 서버에서 불러오기

❶ 작업 관리 메뉴에서 [Show Data Panel](▦)을 누른 후 데이터 패널에서 작성한 프로젝트 이름을 더블 클릭하고 프로젝트 안에 작성한 폴더를 더블 클릭한다.

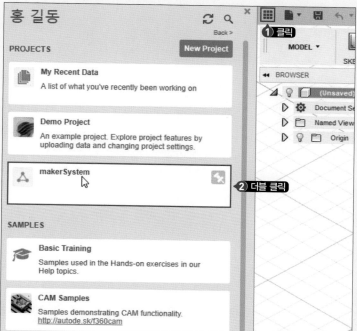

❷ 폴더 안에 작성한 파일을 더블 클릭한다.

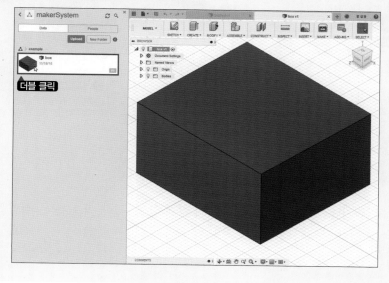

컴퓨터에서 불러오기

작업 관리 메뉴에서 [File](■▾)–[Open] 메뉴를 선택한 후 [Open] 창에서 [Open from my computer] 버튼을 누른다. [열기] 창이 나타나면 컴퓨터에 저장된 F3D 파일을 선택하고 [열기] 버튼을 누른다.

보충 설명
[File](■▾)–[Open]
메뉴의 바로 가기 키
Ctrl + O

4 새 작업 시작하기

작업 관리 메뉴에서 [File](■▾)–[New Design] 메뉴를 선택하거나 [파일 탭]의 [New Design](＋)을 누르면 오른쪽에 새로운 작업 창이 나타난다.

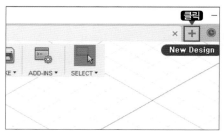

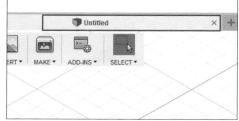

보충 설명
파일을 저장하기 전까지는 'Untitled'로 표기되며 ✕표시를 누르면 저장할 것인지를 묻는 메시지가 나타난다.

5 작업 도구 꾸미기

사용자가 필요한 도구나 패널을 추가하거나 잠시 제거하여 나타나지 않게 할 수 있다. 또한 모든 작업 도구의 배열을 처음 상태로 초기화할 수도 있다.

(1) 도구의 등록과 제거

❶ [MODEL] 작업 영역에서 [SKETCH]-[Circle]-[Center Diameter Circle] 메뉴의 ⋮을 누른 후 하위 메뉴가 나타나면 [Pin to Toolbar]를 체크한다.

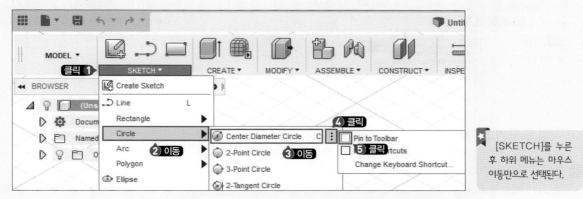

> [SKETCH]를 누른 후 하위 메뉴는 마우스 이동만으로 선택된다.

❷ [SKETCH] 패널에 [Center Diameter Circle](⊘)가 등록된 것을 확인할 수 있다. 같은 방법으로 [Pin to Toolbar]의 체크 표시를 해제하면 해당 도구가 제거된다.

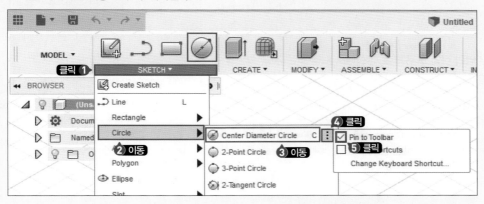

(2) 패널의 표시와 제거

❶ [CREATE] 패널을 마우스 오른쪽 버튼으로 클릭한 후 바로 가기 메뉴의 [Remove Panel from Toolbar]를 선택하면 [SKETCH]와 [MODIFY] 패널 사이의 [CREATE] 패널이 작업 도구에서 제거된 것을 확인할 수 있다.

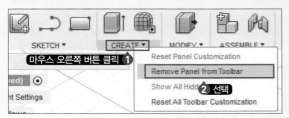 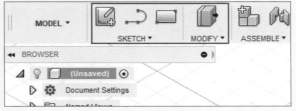

❷ 툴 바의 임의의 위치에서 마우스 오른쪽 버튼을 클릭한 후 바로 가기 메뉴의 [Show All Hidden Panels]를 선택하면 [CREATE] 패널이 다시 화면에 나타난다.

 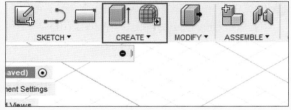

(3) 작업 도구의 초기화

❶ 툴 바의 임의의 위치에서 마우스 오른쪽 버튼을 클릭한 후 바로 가기 메뉴의 [Reset All Toolbar Customization]을 선택한다.

❷ [MODEL] 작업 영역의 작업 도구가 초기 상태로 되돌아 온 것을 확인할 수 있다.

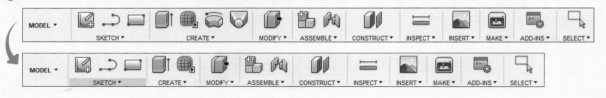

6 기준면/기준축 변경하기

FUSION 360에서 모델링 작업 시 기본이 되는 것은 기준축과 기준면을 일관성 있게 설정해야 한다는 것이다. 가장 일반적인 방향은 바닥면인 XZ면 위쪽에 수직 방향으로 Y축이 위치하는 것으로 프로그램을 처음 설치하는 경우에는 Z축이 위쪽으로 향하도록 설정되어 있으며 환경 설정에서 변경할 수 있다.

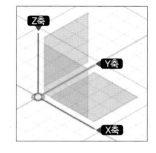

※ 32쪽 '6 작업 창(Stage)' 참조

❶ FUSION 360 화면의 오른쪽 상단의 계정 이름을 누른 후 [Preference] 메뉴를 선택한다.

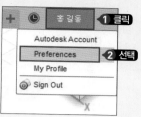

❷ [Preference] 창에서 [Default modeling orientation] 항목을 'Y up'으로 설정하고 [Apply] 또는 [OK] 버튼을 누른다.

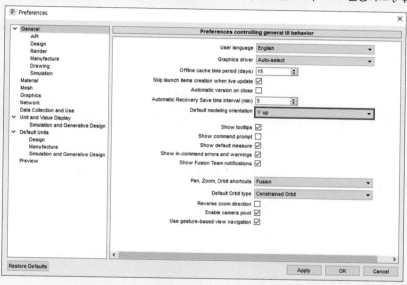

❸ 프로그램을 다시 실행하거나 [File](📄▾)−[New Design] 메뉴를 선택한 후 새 작업 창에서 모델링 작업을 하면 기준축과 기준면이 그림과 같이 변경된다.

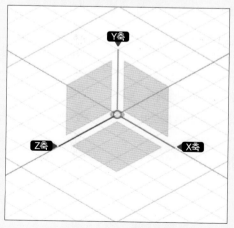

CHAPTER 02

MODEL 작업 영역

기본적인 3D 모델링 작업이 이루어지는 작업 영역으로, 평면과 입체 모델링에 필요한 수정과 편집 도구들로 구성되어 있다.

이 단원에서는 SKETCH(평면 모델링)와 CREATE(입체 모델링), MODIFY(수정) 작업 영역 등 디자인 작업의 기초가 되는 부분에 대해 알아보도록 한다.

[MODEL] 작업 영역은 3D 디자인의 기본인 솔리드 모델링 작업을 할 수 있는 곳으로 대부분의 3D 디자인 작업이 이루어진다.

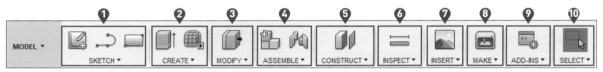

🔺 MODEL 작업 영역

❶ **SKETCH(평면 모델링):** 2차원 평면 도형의 모델링 작업을 할 수 있는 메뉴로 구성되어 있다.

❷ **CREATE(입체 모델링):** 평면 도형을 입체화하거나 직접 여러 가지 입체 도형을 만들고 가공할 수 있는 메뉴로 구성되어 있으며, SCULPT(Free Form, 자유형 모델링) 작업 도구가 포함되어 있다.

❸ **MODIFY(수정):** 입체 도형의 크기와 모서리, 모양을 수정 또는 변경하거나 이동, 복사, 정렬하는 메뉴로 구성되어 있다.

❹ **ASSEMBLE(조립):** 모델링 개체들을 서로 결합(조립)하고 각 부품이 유기적으로 원활하게 작동하는지 확인하기 위한 메뉴로 구성되어 있다.

❺ **CONSTRUCT(기준면, 축, 점 만들기):** 새로운 기준면(작업면)이나 기준축을 부가적으로 설정하는 메뉴로 구성되어 있다.

❻ **INSPECT(측정, 분석):** 모델링 개체의 치수나 각도 등의 데이터를 기록하거나 곡면이나 열, 하중 등의 분포를 나타내는 메뉴로 구성되어 있다.

❼ **INSERT(삽입, 추가):** 모델링에 필요한 사진 또는 자료 파일이나 다른 모델링 프로그램의 결과물 파일을 불러오기 위한 메뉴로 구성되어 있다.

❽ **MAKE(출력):** 모델링 결과물을 3D 프린터로 출력할 수 있는 파일 변환 메뉴로 구성되어 있다.

❾ **ADD-INS:** 메뉴 등의 스크립트나 다이얼로그 박스의 내용을 만들거나 수정할 수 있으며 FUSION 360 앱 스토어 메뉴가 포함되어 있다.

❿ **SELECT:** 모델링 개체를 선택하는 방식에 관한 메뉴로 구성되어 있다.

1 SKETCH(평면 모델링)

[SKETCH] 메뉴는 솔리드 모델링(Solid Modeling) 중에서 2차원(평면) 작업에 관한 메뉴로 구성되어 있으며, 부가적인 작업 도구로 스케치 팔레트(Sketch Palette)가 있다.

[SKETCH] 메뉴는 작업 유형별로 평면 그리기 메뉴와 편집 메뉴로 분류할 수 있으며, [SKETCH PALETTE]는 옵션(Options)과 구속 조건(Constraints)으로 나눌 수 있다.

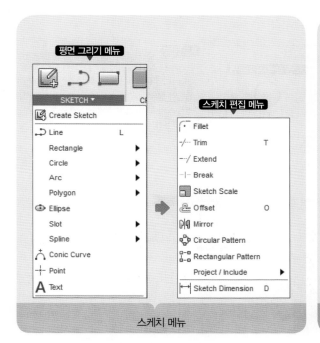

스케치 메뉴

스케치 팔레트

1 평면 그리기 메뉴

선이나 다각형, 원 등의 여러 가지 평면 도형을 그리거나 문자를 입력하는 메뉴로 구성되어 있다.

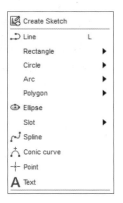

(1) Create Sketch(스케치 작업 시작)

새로운 모델을 스케치할 때 작업 기준면을 선택하는 메뉴이다.

그림과 같이 원점을 중심으로 XZ면(바닥면), XY면(오른쪽 수직면), YZ면(왼쪽 수직면) 등 세

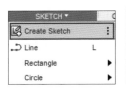

면이 서로 직각을 이룬다. 평면 작업을 할 면을 선택하면 그 면이 모니터 화면과 마주보는 방향으로 회전한다.

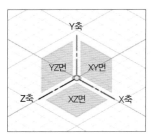

(2) Line(선 그리기)

직선 그리기 메뉴로서 직선 또는 직선에 호(Arc)를 연결시켜 그릴 수 있다.

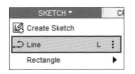

❶ [SKETCH]-[Line] 메뉴를 선택한 후 마우스 포인터가 모양으로 변경되면 XY면(오른쪽 수직면)을 선택한다.

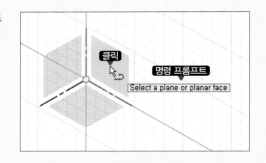

• 선택한 메뉴에 따라 마우스 포인터의 모양도 각각 다르게 표시된다.

• 화면 오른쪽 상단의 계정 이름을 클릭한 후 [Preferences] 메뉴를 선택하고 [Preferences] 창에서 [Show Command Prompt]의 체크를 해제하면 마우스 포인터를 움직일 때 표시되는 명령 프롬프트(Command Prompt)가 화면상에 나타나지 않는다.

❷ ✛ 모양의 포인터가 표시되면 선을 그릴 시작 지점에 마우스 포인터를 위치시키고 마우스를 클릭한 후 이동하여 직선을 그린다.

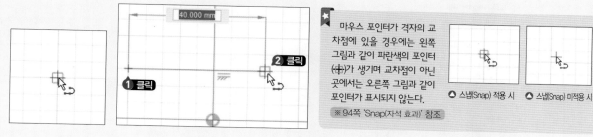

> 마우스 포인터가 격자의 교차점에 있을 경우에는 왼쪽 그림과 같이 파란색의 포인터(✛)가 생기며 교차점이 아닌 곳에서는 오른쪽 그림과 같이 포인터가 표시되지 않는다.
>
> ※ 94쪽 'Snap(자석 효과)' 참조
>
> ❍ 스냅(Snap) 적용 시   ❍ 스냅(Snap) 미적용 시

❸ 직선이 끝나는 지점에서 마우스를 클릭한 후 이동하면 그 지점을 기준으로 다른 직선이 연결된다.

> 수평/수직 또는 대각선 방향으로 그릴 수 있으며 마우스를 이동하는 동안 치수와 각도가 표시된다.
>
> 각도 37.7 deg
> 29.386 mm
> 치수

❹ 직선과 연결된 호를 그리기 위해 마지막으로 클릭했던 지점에서 마우스 왼쪽 버튼을 누른 채 드래그하여 호를 그린 후 마지막 지점에서 손을 뗀다.

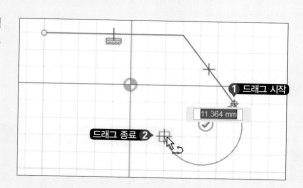

❺ 호의 마지막 부분에서 다시 마우스 포인터를 이동시키면 직선이 그어지며 선 그리기를 시작한 지점에서 마우스를 클릭하면 안쪽이 옅은 주황색으로 채워지면서 도형이 완성된다.

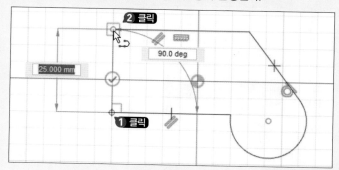
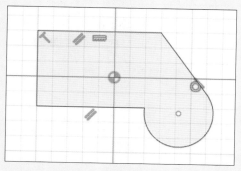

❻ 작업을 마치려면 Enter 키 또는 Esc 키를 누르거나 마우스 오른쪽 버튼을 누른 후 마킹 메뉴에서 [OK]를 누른다.

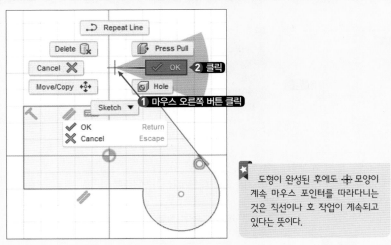

(3) Rectangle(사각형 그리기)

대각선, 변의 길이, 중심점 등을 기준으로 사각형을 그릴 수 있다.

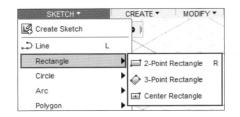

HOT TIP! 마킹 메뉴(Marking Menu)

디자인 작업 중 마우스 오른쪽 버튼을 클릭했을 때 나타나는 메뉴를 말한다. 메뉴 바에서 일일이 메뉴를 찾지 않고도 작업에 필요한 메뉴를 쉽게 볼 수 있으므로 퀵 메뉴(Quick Menu)라고도 한다. 마킹 메뉴는 작업의 종류와 상황에 따라 필요한 메뉴만 나타나기 때문에 시간 단축은 물론 정확한 메뉴를 선택할 수 있다.

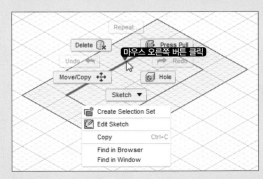

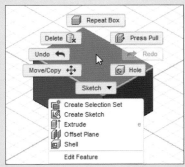

2-Point Rectangle(두 점 연결 사각형 그리기)

사각형의 한쪽 모서리에서 대각선 모서리까지 두 점 사이에 사각형을 그린다.

[SKETCH]-[Rectangle]-[2-Point Rectangle] 메뉴를 선택한 후 XZ(바닥면)을 선택하고, 도형의 시작 지점에서 클릭한 후 마우스 포인터를 대각선 방향으로 이동하여 끝나는 지점에서 클릭한다.

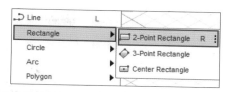

보충 설명
[2-Point Rectangle]의 바로 가기 키 R

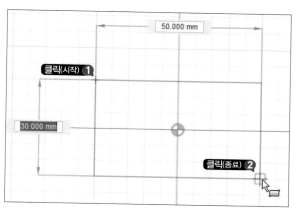

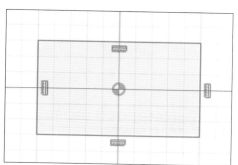

HOT TIP! 선 그리기 작업 시 [Enter]와 ⊘의 차이점

연결되지 않고 떨어진 직선을 그리고자 할 경우 그림과 같이 직선의 마지막 지점에서 마우스를 더블 클릭하거나 마지막 지점을 클릭한 후 체크(⊘)를 누르면 마우스 포인터가 계속 직선 그리기 모드(⌖)를 유지한다. 직선 그리기 모드에서 빠져 나가려면 Enter 키를 누른다.

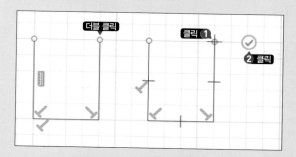

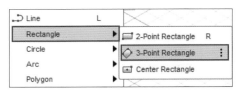 3-Point Rectangle(세 점 연결 사각형 그리기)

사각형의 변의 길이를 기준으로 세 꼭짓점을 마우스로 선택하여 사각형을 그린다.

[SKETCH]-[Rectangle]-[3-Point Rectangle] 메뉴를 선택한 후 XZ면(바닥면)을 선택하고 도형의 시작점에서 마우스를 클릭한 후 원하는 길이만큼 가로(세로) 방향으로 마우스 포인터를 이동하여 클릭한다. 다시 세로(가로) 방향으로 이동하여 사각형이 만들어지면 끝나는 지점에서 클릭한다.

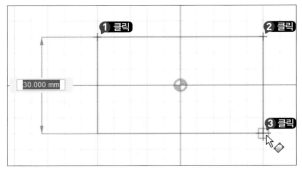

 Center Rectangle(중심점 사각형 그리기)

사각형의 중심을 기준으로 도형을 그린다.

[SKETCH]-[Circle]-[Center Diameter Circle] 메뉴를 선택한다. XZ(바닥면)을 선택하고 사각형의 중심을 클릭한 후 마우스 포인터를 꼭짓점으로 이동하여 클릭하면 사각형이 그려진다.

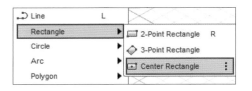

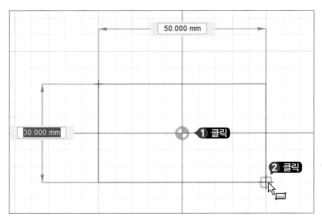

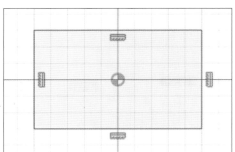

(4) Circle(원 그리기)

중심점, 두 점 연결, 세 점 연결과 같이 다양한 방법으로 원을 그릴 수 있다.

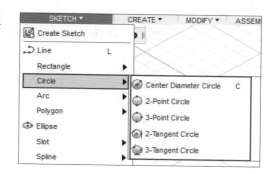

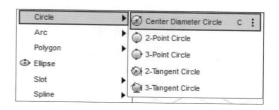

Center Diameter Circle(중심점 원 그리기)

원의 중심을 기준으로 원을 그린다.

[SKETCH]-[Circle]-[Center Diameter Circle] 메뉴를 선택 후 XZ(바닥면)을 선택한다. 원의 중심을 클릭한 후 마우스 포인터를 이동하여 그 거리만큼 원의 지름이 정해지면 마우스를 클릭하여 도형을 완성한다.

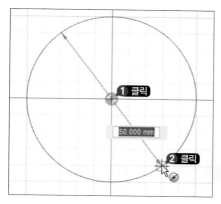

1 클릭

50.000 mm

2 클릭

보충 설명
[Center Diameter Circle]의 바로 가기 키 C

HOT TIP! 작업별 마우스 포인터 모양

메뉴		마우스 포인터	메뉴		마우스 포인터	메뉴		마우스 포인터
Arc	Line		Rectangle	2-Point		Circle	Center Diameter	
	3-Point			3-Point			2-Point	
	Center Point			Center			3-Point	
	Tangent			Ellipse			2-Tangent	
	Fillet			Trim			3-Tangent	

도형을 그릴 때 마우스 포인터를 이동하면서 치수를 정할 수도 있지만 더 정확하게 도형을 만들기 위해서는 직접 치수를 입력한다.

🔍 원의 치수 입력

그림과 같이 치수 입력란에 치수를 입력하면 🔒이 생기는데, 이때 Enter 키를 누르면 치수 보조선과 함께 치수가 표시되면서 원하는 크기의 도형이 완성된다.

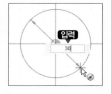

🔍 사각형의 치수 입력

사각형처럼 한 도형에 두 개 이상의 치수가 있는 경우에는 가로와 세로 방향으로 각각 치수 입력란이 생긴다. 사각형의 마지막 지점(오른쪽 아래)에서 마우스를 클릭하지 않고 세로 치수 입력란에 원하는 치수를 입력한다.

Tab 키를 누른 후 가로 치수 입력란에 원하는 치수를 입력하고 Enter 키를 누르면 사각형이 완성된다.

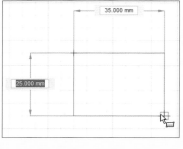 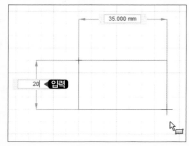

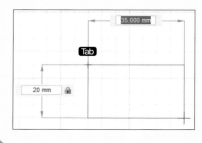 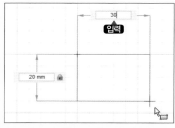 

🔵 2-Point Circle(두 점 연결 원 그리기)

두 점을 선택하여 그 사이에 원을 그리는 기능으로 두 점 사이의 거리가 원의 지름이 된다. 즉 원의 지름을 먼저 결정한 후 원을 그리는 것으로 두 선이나 점 사이에 원을 그리고자 할 때 유용하다.

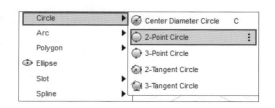

❶ 그림과 같이 평행한 두 직선을 그린다.

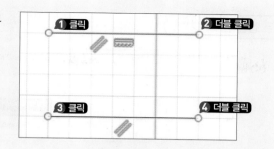

❷ [SKETCH]-[Circle]-[2-Point Circle] 메뉴를 선택한 후 선의 한쪽 끝 지점을 클릭한다. 마우스 포인터를 이동하여 다른 선의 끝 지점을 클릭하면 직선의 끝부분이 연결된 원이 작성된다.

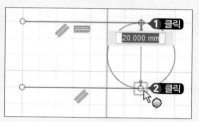 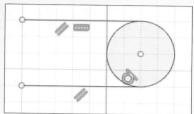

3-Point Circle(세 점 연결 원 그리기)

두 지점을 지나는 원을 그린다.

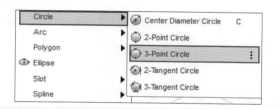

❶ 앞에서 그린 두 직선의 왼쪽 부분에 세 점 연결 원을 그리기 위해 [SKETCH]-[Circle]-[3-Point Circle] 메뉴를 선택한다. 위쪽 선의 끝 지점을 클릭하고 아래쪽 선의 끝 지점을 클릭한다.

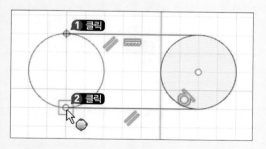

❷ 마우스 포인터를 이동하여 원의 크기가 커지면 원하는 크기만큼 이동한 후 클릭한다.

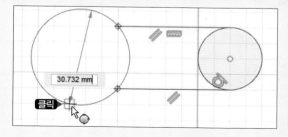 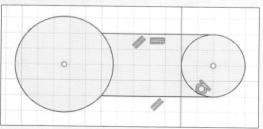

2-Tangent Circle(두 접선 원 그리기)

두 직선과 접선을 이루는 원을 그린다.

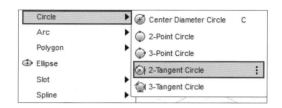

❶ 그림과 같이 두 직선을 그린 후 [SKETCH]-[Circle]-[2-Tangent Circle] 메뉴를 선택한다.

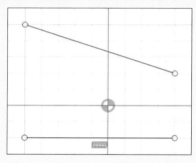

❷ 한 쪽 선의 중간 부분을 마우스로 클릭한 후 다른 선도 중간 부분을 마우스로 클릭한다.

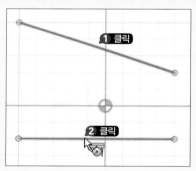

❸ 마우스 포인터를 움직이면 두 직선을 접선으로 하는 원이 생기며 마우스를 좌우로 이동하면 접선을 따라 원도 이동하면서 크기가 달라진다.

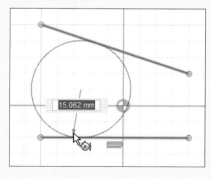
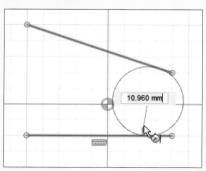

❹ 원하는 크기의 원을 만든 후 마우스를 클릭하면 두 선과 접선인 원이 완성된다.

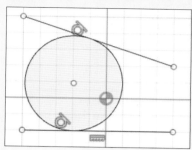

🚩 마우스 포인터를 선 바깥쪽으로 이동시키면 가상의 접선 연장선을 따라 원이 커지거나 작아진다.

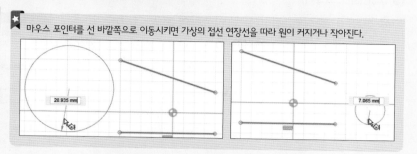

3-Tangent Circle(세 접선 원 그리기)

세 개의 직선과 접선을 이루는 원을 그린다.

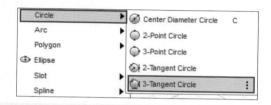

❶ 그림과 같이 서로 연결된 세 개의 직선을 그린 후 [SKETCH]–[Circle]–[3-Tangent Circle] 메뉴를 선택한다.

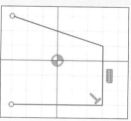

❷ 선을 차례대로 클릭하면 세 개의 선과 접선을 이루는 원이 완성된다.

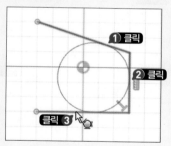

HOT TIP! ⟳ 표시의 의미

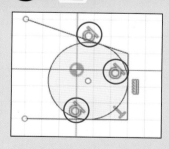

⟳ 표시는 직선과 원이 정확히 접선을 이루고 있다는 뜻이며 [SKETCH PALETTE]의 구속 조건(Constraints) 중 [Tangent](⟳)와 동일한 기능이다. ※ 104쪽 'Tangent(접선)' 참조

(5) Arc(호 그리기)

세 점 연결, 중심점, 접선 등을 이용하여 호를 그릴 수 있다.

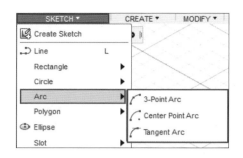

3-Point Arc(세 점 연결 호 그리기)

3-Point Circle과 마찬가지로 두 점을 먼저 클릭하고 원하는 크기만큼 마우스 포인터를 이동한 후 마지막 점을 클릭하여 호를 그린다.

그림과 같이 두 직선을 그린 후 [SKETCH]-[Arc]-[3-Point Arc] 메뉴를 선택한다. 두 직선의 꼭짓점에서 차례대로 마우스를 클릭한 후 원하는 호(Arc)의 크기만큼 마우스 포인터를 이동하여 클릭한다.

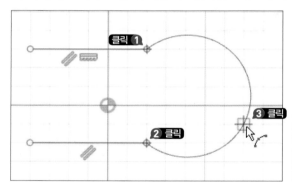

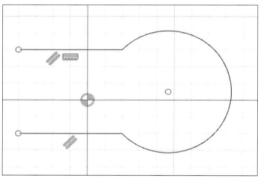

Center Point Arc(중심점 호 그리기)

호의 중심과 반지름을 정하고 원주 방향으로 마우스 포인터를 이동한 후 클릭하여 호를 그린다.

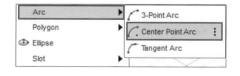

[SKETCH]-[Arc]-[Center Point Arc] 메뉴를 선택한 후 호의 중심점을 클릭하고 마우스 포인터를 원하는 반지름만큼 이동하여 클릭한다. 다시 원하는 각도만큼 원주 방향으로 이동한 후 클릭하면 호가 그려진다.

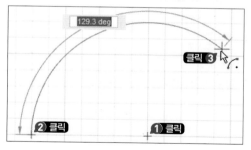 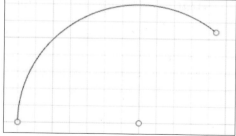

Tangent Arc(접선 호 그리기)

직선과 접선을 이루는 호를 그린다.

그림과 같이 직선을 그린 후 [SKETCH]
-[Arc]-[Tangent Arc] 메뉴를 선택한다.

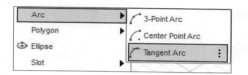

직선의 끝부분을 클릭하고 마우스 포인터를 이동하면 직선과 접선을 이루는 호가 그려진다.

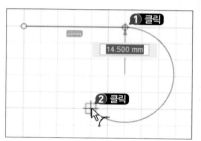 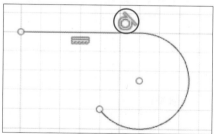

(6) Polygon(다각형 그리기)

여러 유형의 다각형을 그릴 수 있다.

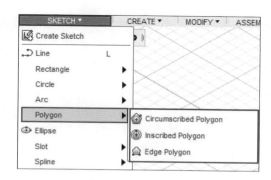

Circumscribed Polygon(외접 다각형 그리기)

원의 접선 바깥쪽에 다각형을 그린다.

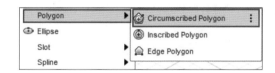

① [SKETCH]–[Polygon]–[Circumscribed Polygon] 메뉴를 선택한 후 중심점을 클릭하고 마우스 포인터를 이동하면 반지름 치수가 변하면서 원의 바깥쪽에 변의 개수가 '6'인 육각형 도형이 생긴다.

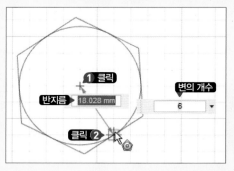

> ★ • 변 개수의 기본값은 '6'이다.
> • 외접 다각형의 반지름은 다각형의 중심점에서 한 변까지의 거리이다.

② 반지름 입력란에 '15'를 입력하고 Tab 키를 누른 후 변의 개수 입력란에 '5'를 입력한다.

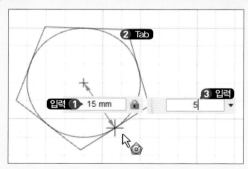

③ 수치를 입력한 후 Enter 키를 누르면 반지름이 '15mm'인 오각형이 만들어진다. 같은 방식으로 삼각형부터 여러 가지 다각형 도형을 만들 수 있다.

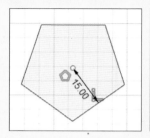
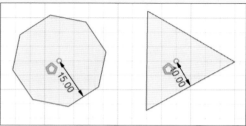

> ★ 반지름을 입력하지 않고 마우스 포인트의 이동만으로 완성할 경우에는 치수와 치수 보조선이 표시되지 않는다.

Inscribed Polygon(내접 다각형 그리기)

원의 접선 안쪽에 다각형을 그린다.

[SKETCH] – [Polygon] – [Inscribed Polygon] 메뉴를 선택한 후 [Circumscribed Polygon] 메뉴와 동일한 방식으로 작업한다.

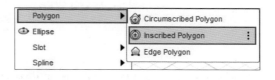

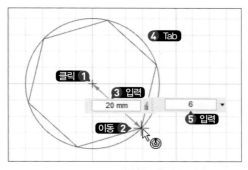

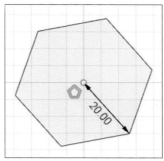

내접 다각형의 반지름은 다각형의 중심점에서 꼭짓점까지의 거리이다.

 Edge Polygon(꼭짓점 다각형 그리기)

먼저 다각형의 변의 길이를 정한 다음 변의 개수를 결정하여 원하는 다각형을 그린다.

❶ [SKETCH]–[Polygon]–[Edge Polygon] 메뉴를 선택한 후 시작점을 클릭하고 원하는 변의 길이만큼 마우스 포인터를 이동한 후 클릭한다.

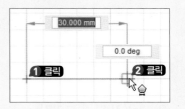

❷ 마지막 클릭 지점에서 마우스 포인터를 약간 움직인 후 다각형 도형이 생기면 변의 개수 입력란에 '5'를 입력하고 Enter 키를 누른다.

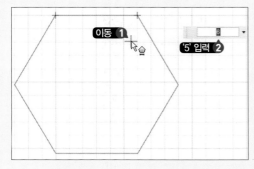

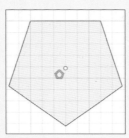

❶번 과정에서 치수 입력란에 값을 입력하고 Enter 키를 누르면 작성한 도형에 치수 보조선과 함께 변의 길이가 표시된다.

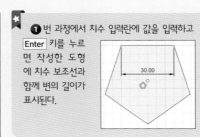

(7) Ellipse(타원 그리기)

두 개의 서로 다른 지름을 가지는 타원을 그릴 수 있다.

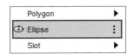

❶ [SKETCH]-[Ellipse] 메뉴를 선택한 후 타원의 중심점을 클릭하고
원하는 지름만큼 이동하여 클릭한다.

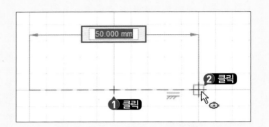

❷ 마지막 클릭 지점으로 마우스 포인터를 이동하여 타원이 생기면 Enter 키를 누르거나 마우스를 클릭하여 타원을 완성한다.

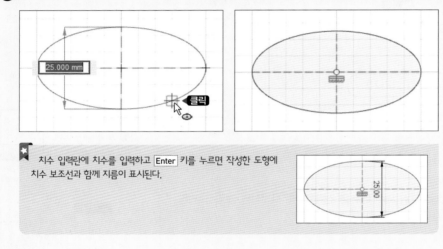

치수 입력란에 치수를 입력하고 Enter 키를 누르면 작성한 도형에
치수 보조선과 함께 지름이 표시된다.

(8) Slot(긴 타원 그리기)

운동장 트랙처럼 한 쪽으로 길쭉한 모양의 긴 타원을 그릴
수 있다.

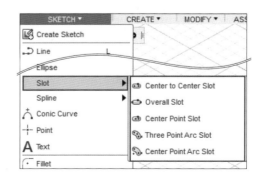

Center to Center Slot(두 중심점 연결 긴 타원 그리기)

두 중심점의 길이를 정한 다음 긴 타원을 그린다.

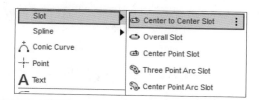

❶ [SKETCH]-[Slot]-[Center to Center Slot] 메뉴를 선택한 후 양쪽 두 중심점을 차례로 클릭한다.

❷ 마지막 클릭 지점에서 원하는 지름만큼 마우스 포인터를 이동하여 긴 타원이 생기면 Enter 키를 누르거나 마우스를 클릭한다.

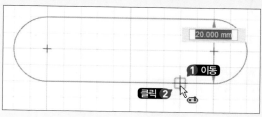 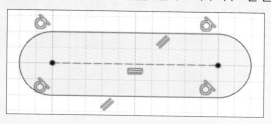

 Overall Slot(긴 지름 긴 타원 그리기)

타원의 긴 지름을 먼저 정하고 짧은 지름을 정하는 방식으로 긴 타원을 그린다.

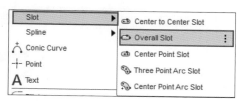

[SKETCH]-[Slot]-[Overall Slot] 메뉴를 선택한 후 시작점을 클릭하고 반대편 긴 지름 쪽으로 이동하여 클릭한다. 마우스 포인터를 원주 쪽으로 이동시킨 후 클릭하여 긴 타원을 그린다.

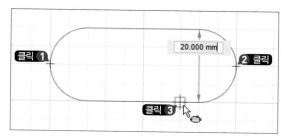 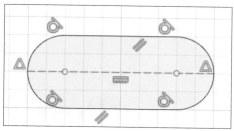

Center Point Slot(중심점 긴 타원 그리기)

먼저 중심점을 정한 후 그 중심으로부터 긴 타원을 그린다.

[SKETCH]-[Slot]-[Center Point Slot] 메뉴를 선택한 후
긴 타원의 중심이 되는 지점을 클릭한다. 그리고 한쪽 원의 중심
을 클릭한 후 마우스 포인터를 원주 쪽으로 이동시킨다.

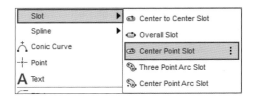

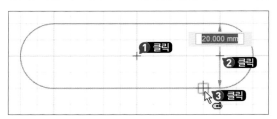
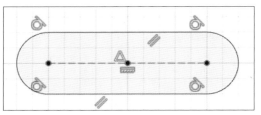

Three Point Arc Slot(세 점과 호 연결 긴 타원 그리기)

휘어진 긴 타원을 그린다.

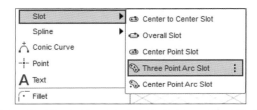

❶ [SKETCH]-[Slot]-[Three Point Arc Slot] 메뉴를 선택한 후 두 지점을 차례대로 클릭하고 마우스 포인터를 이동하여 휘
어진 곡선이 되면 적당한 기울기에서 클릭한다.

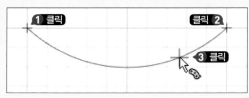

❷ 다시 마우스 포인터를 이동하여 원하는 두께가 되면 클릭한다.

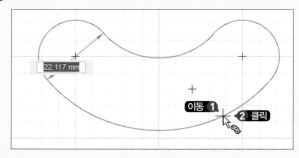
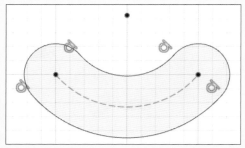

Center Point Arc Slot(중심점과 호 연결 긴 타원 그리기)

　가운데 위치에 기준점을 지정한 후 한쪽 중심점을 클릭한 상
태에서 컴퍼스로 원을 그리듯이 휘어진 원을 그린다.

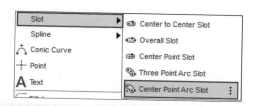

❶ [SKETCH]-[Slot]-[Center Two Point Arc Slot] 메뉴를 선택한 후 긴
　타원의 가운데 기준점을 클릭하고 마우스 포인터를 이동하여 한쪽 중심
　점을 클릭한 상태에서 원을 그리고 다시 마우스 포인터를 이동하여 적당
　한 지점에서 클릭한다.

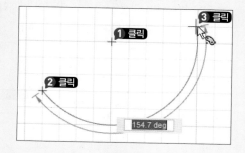

❷ 그림과 같이 마지막으로 클릭한 부분에서 원하는 타원 두께만큼 마우스 포인터를 이동시킨 후 긴 타원이 생기면 클릭한다.

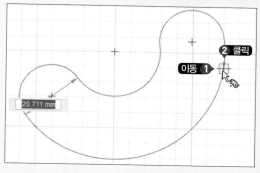
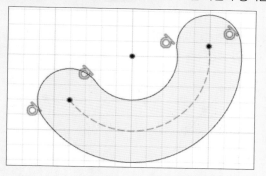

(9) Spline(자유 곡선 그리기)

　틀에 얽매이지 않고 자유롭게 곡선을 그릴 수 있다.

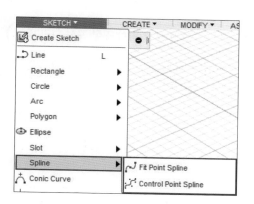

Fit Point Spline(점 따라 곡선 그리기)

선택한 점을 따라 선이 연결되면서 곡선을 그린다.

1 [SKETCH]-[Spline]-[Fit Point Spline] 메뉴를 선택한 후 시작점을 클릭하고 마우스 포인터를 이동하면서 클릭을 반복하여 곡선을 그린다. 곡선의 마지막 지점에서 마우스를 더블 클릭하여 곡선을 완성한다.

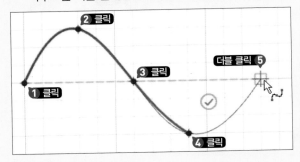

2 선 작업이 끝나면 그림과 같이 곡선 위에 까만색 점과 연두색 접선이 생긴다.

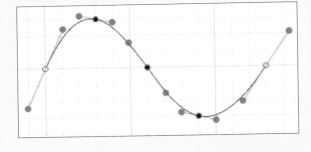

3 연두색 접선의 양쪽 끝의 점을 마우스로 드래그하면 곡선의 기울기를 변경시킬 수 있다.

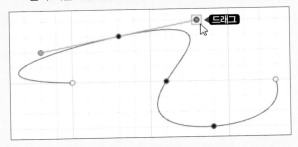

4 곡선 위의 검은색 점을 마우스로 드래그하면 곡선의 위치와 모양을 바꿀 수 있다.

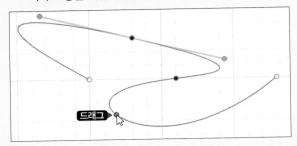

> 🚩 마지막 지점에서 마우스를 클릭한 후 Enter 키를 눌러도 곡선을 완성할 수 있다.

Control Point Spline(점 위치 조절 곡선 그리기)

선택한 점과 점의 곡률(기울기)을 계산하여 중심을 따라 선을 연결하여 곡선을 그린다.

❶ [SKETCH]-[Spline]-[Control Point Spline] 메뉴를 선택하고 시작
점을 클릭한 후 마우스를 이동하면서 클릭을 반복한다.

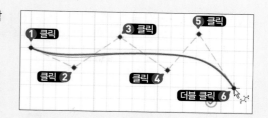

❷ 선 작업이 끝나면 선택한 점들 사이로 완만한 기울기의 곡선이 작성
된다.

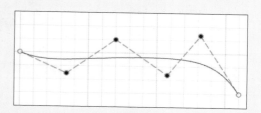

❸ 검은색 점을 마우스 드래그하면 곡선의 기울기가 변경된다.

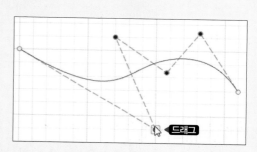

(10) Conic Curve(원뿔 그리기)

고깔모자 형상의 원뿔 도형(포물선)을 그릴 수 있다.

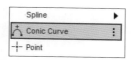

❶ [SKETCH]-[Conic Curve] 메뉴를 선택하고 왼쪽 시작점에서 마우스를 클릭한 후
이동하여 오른쪽 지점에서 클릭한다.

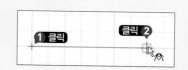

❷ 마우스 포인터를 위쪽으로 이동하여 원뿔 도형이 생기면 원하는 위치에서 마우스를
클릭한다.

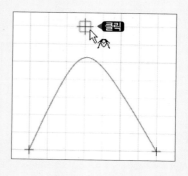

❸ 원뿔의 높이와 곡률을 변경할 수 있는 ⬇을 위나 아래로 드래그하거나 입력란에 원하는 수치를 입력하고 Enter 키를 누르면 곡률이 변경되면서 원뿔이 완성된다.

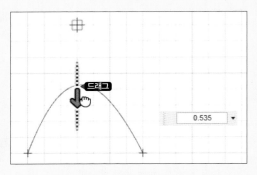

마우스를 드래그하는 동안에는 ✋모양으로 변경된다.

❹ 원뿔 위쪽에 표시되는 점을 드래그하면 원뿔 모양을 변경시킬 수 있다.

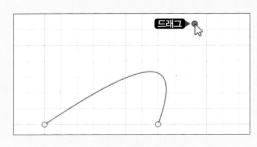

(11) Point(점 찍기)

도형의 선이나 공간에 점(Point)을 추가하는 메뉴로 선이나 도형의 모양을 변경하거나 모델링 개체를 복제 또는 대칭 회전시킬 때 기준점 역할을 한다. 기본적으로 좌표의 원점에도 점이 존재한다.

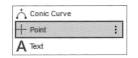

❶ [SKETCH]–[Point] 메뉴를 선택한 후 사각형의 꼭짓점이 될 지점을 클릭하면 점이 생성된다.

❷ [SKETCH]–[Line] 메뉴를 선택한 후 각 점을 클릭하여 꼭짓점을 연결하고 Enter 키를 누르면 사각형 도형이 작성된다.

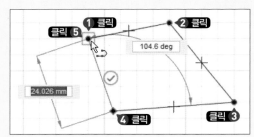
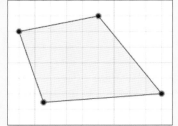

(12) Text(문자 넣기)

문자를 입력하고 수정할 수 있다.

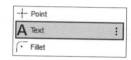

① [SKETCH]−[Text] 메뉴를 선택한 후 글자
가 시작되는 지점을 클릭하고 문자 입력
기준점과 함께 [TEXT] 옵션 창이 표시되
면 [Text] 속성에 원하는 내용을 입력한다.

② 글자 왼쪽 부분에 있는 +을 드래그하면
원하는 위치로 글자를 이동시킬 수 있다.

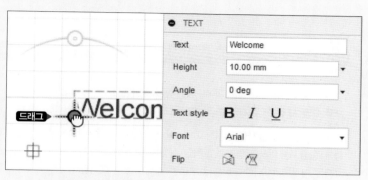

 더 알아보기 ➕ [TEXT] 옵션 창의 속성

① Text: 글자 입력
② Height: 글자 크기
③ Angle: 글자 경사
④ Text style: **B** (Bold; 진하게), *I* (Italic; 기울임), U (Underline; 밑줄)
⑤ Font: 글꼴
⑥ Flip: (가로 뒤집기), (세로 뒤집기)

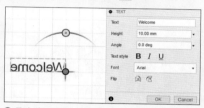

⌂ 글자 가로 뒤집기

⌂ 글자 세로 뒤집기

❸ 글자 위쪽에 있는 ⌒ 을 드래그하거나 [TEXT] 옵션 창의 [Angle] 속성에 원하는 각도를 입력하면 글자를 기울일 수 있다.

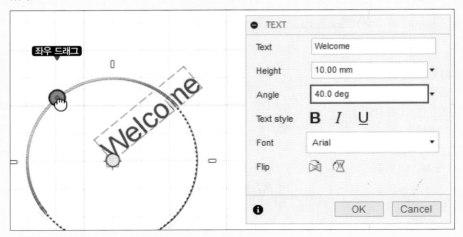

HOT TIP! TEXT(문자 넣기)에서의 한글 작업

TEXT(문자 넣기)는 영문 외에도 특수 문자나 한글도 가능하다. 다만 FUSION 360이 기본적으로 영문을 기반으로 하기 때문에 한글 작업 시 한 두 가지만 주의하면 된다.

대부분 마지막 글자를 입력하고 Spacebar나 Enter 키를 누르면 글자가 완성되는데 FUSION 360에서는 그림과 같이 [Text] 속 성에 '한글사랑'이라고 입력해도 작업 창에는 '랑'이라는 마지막 한 글자가 표시되지 않는다. 이를 해결하기 위해 아무 글자나 한 글자를 더 입력하고 [OK] 버튼을 누르면 글자가 모두 표시된다.

또한 [TEXT] 메뉴를 이용하여 양각 또는 음각 글씨를 입력할 경우 글꼴에 따라 적용되지 않는 것도 있으므로 잘 선택해야 한다.

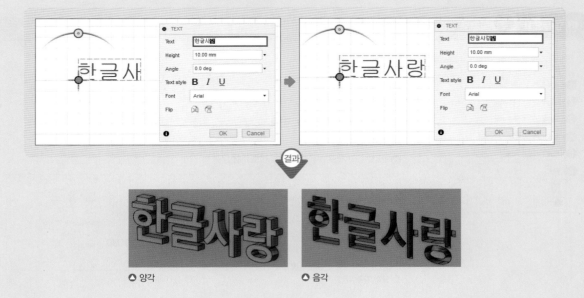

○ 양각   ○ 음각

② 스케치 편집 메뉴

SKETCH(평면 모델링) 메뉴에서 작업했던 여러 가지 선이나 도형의 자르기, 이어 붙이기, 복제하기 등 편집 및 수정 등 가공 작업을 할 수 있다.

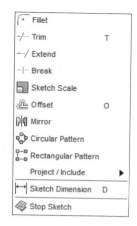

(1) Fillet(모깎기)

두 직선이 만나는 지점의 꼭짓점 부분을 둥글게 다듬을 수 있다.

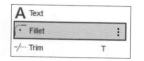

❶ [SKETCH]−[Rectangle]−[2−Point Rectangle] 메뉴를 선택한 후 적당한 크기의 사각형을 그린다.

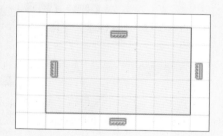

❷ [SKETCH]−[Fillet] 메뉴를 선택한 후 마우스 포인터를 사각형의 꼭짓점 부분에 위치시키고 그림과 같이 빨간색 호(Arc)가 생기면 마우스를 클릭한다.

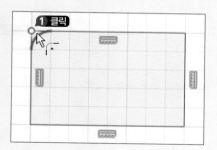

❸ ↘을 드래그하거나 입력란에 수치를 입력하여 모깎기의 정도(호의 반경)를 설정한다.

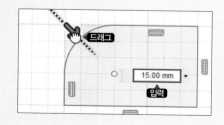

④ Enter 키를 누른 후 다른 지점도 같은 방법으로 도형을 완성한다.

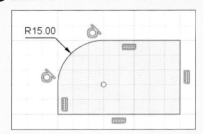 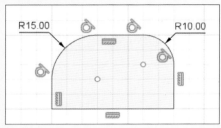

(2) Trim(선 자르기)

불필요한 선을 잘라 내거나 다듬을 수 있다.

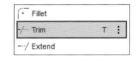

❶ [SKETCH]–[Line] 메뉴를 선택한 후 그림과 같이 시작점에서 마우스를 클릭하고 마우스 포인터를 이동하면서 별의 꼭짓 점마다 클릭하고 시작점에서 다시 클릭하여 별 모양의 도형을 만든다.

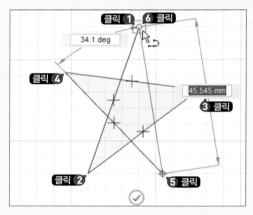

❷ 별 도형에서 불필요한 선을 제거하여 하나의 도형으로 만들기 위해 [SKETCH]–[Trim] 메뉴를 선택한다.

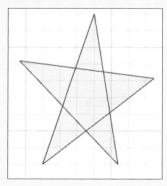

❸ 잘라낼 선 위에 마우스 포인트를 가져간 후 빨간색으로 바뀌면 클릭하여 선을 제거한다. 같은 방법으로 불필요한 선을 차례대로 제거한다.

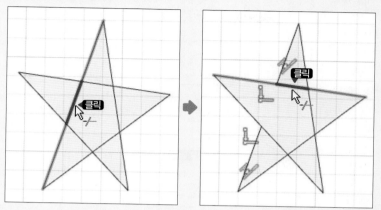

❹ 도형의 안쪽 선을 모두 제거하면 그림과 같이 한 개의 도형으로 이루어진 별이 완성된다.

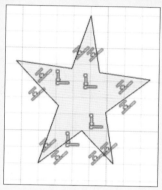

(3) Extend(선 연장하기)

Trim과는 반대로 직선을 연장하거나 서로 연결할 수 있다.

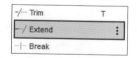

❶ [SKETCH]-[Polygon]-[Circumscribed Polygon] 메뉴를 선택한 후 반지름이 '10mm'인 오각형을 그린다.

※ 64쪽 'Circumscribed Polygon(외접 다각형 그리기)' 참조

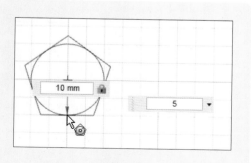

❷ [SKETCH]-[Extend] 메뉴를 선택하고 오각형의 변에 마우스 포인터를 가져간 후 빨간색 연장선이 생기면 마우스를 더블 클릭한다.

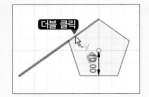

마우스 포인터를 변 위에 가져갔을 때 가까운 쪽에 연장선이 생기며, 마우스를 클릭하면 한쪽에만 연장선이 생긴다.

❸ 같은 방식으로 각 변마다 차례대로 더블 클릭하여 별 모양을 완성한다.

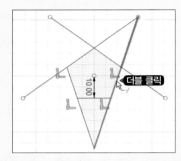

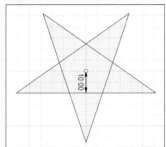

❹ [SKETCH]-[Trim] 메뉴를 선택한 후 별 도형의 안쪽 선을 제거하면 그림과 같이 별 도형이 완성된다.

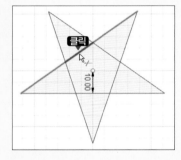

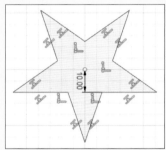

(4) Break(선 나누기)

한 개의 선을 여러 개로 분할할 수 있다.

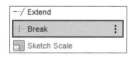

❶ [SKETCH]-[Circle] 메뉴와 [SKETCH]-[Line] 메뉴를 이용하여 그림과 같이 적당한 크기의 원과 이를 가로지르는 직선을 그린다.

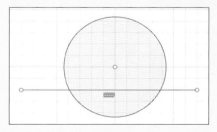

❷ [SKETCH]–[Break] 메뉴를 선택한 후 마우스 포인터를 직선에 가까이 가져가면 직선이 굵게 변하면서 교차점에 ✕ 표시가 나타난다. 마우스를 클릭하여 직선을 세 부분으로 나눈다.

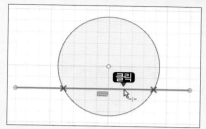

❸ 분할된 직선에 마우스 포인터를 가져가면 세 부분이 각각 굵게 변하는 것을 확인할 수 있다.

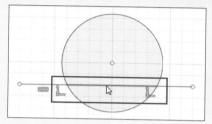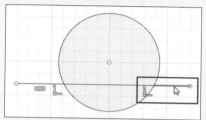

❹ 마우스 포인터를 원의 테두리에 가져가면 선이 굵게 변하면서 직선과의 교차점에 ✕ 표시가 나타난다. 마우스를 클릭하면 원의 테두리도 두 개로 나눌 수 있다.

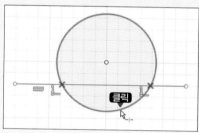

❺ 아래 부분의 원주를 삭제하기 위해 마우스로 클릭한 후 [MODIFY]–[Delete] 메뉴를 선택하면 그림과 같이 아래 부분의 원이 제거된다.

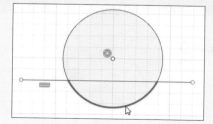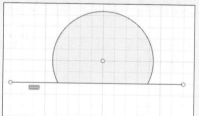

(5) Sketch Scale(축척 변경하기)

도형 또는 선분을 축척 비율로 확대하거나 축소할 수 있다.

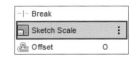

❶ [SKETCH]-[Polygon]-[Circumscribed Polygon] 메뉴를 선택한 후 삼각형을 그린다. [SKETCH]-[Point] 메뉴를 선택한 후 삼각형 주변에 도형을 확대하거나 축소할 때 기준이 되는 점을 하나 만든다.

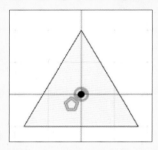
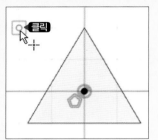

❷ [SKETCH]-[Sketch Scale] 메뉴를 선택한 후 [SKETCH SCALE] 옵션 창의 [Entities] 속성에서 'Select'가 파란색으로 활성화되어 있는지 확인하고 확대할 도형 또는 선분을 차례대로 클릭한다.

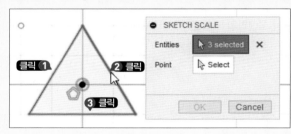

'Select'가 선택되어 있지 않으면 마우스로 클릭한다.

HOT TIP! 마우스를 이용한 축척의 변경

마우스를 왼쪽으로 드래그하면 축척이 작아지므로 도형의 크기가 작아지고, 오른쪽으로 드래그하면 축척이 커져서 도형의 크기도 커진다.

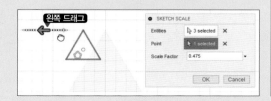
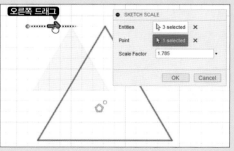

③ 이번에는 [Point] 속성의 'Select'를 선택한 후 앞에서 만든 점을 마우스로 선택한다.

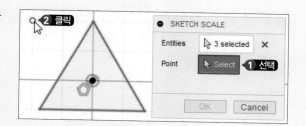

④ 기준점을 마우스로 드래그하거나 [SKETCH SCALE] 옵션 창의 [Scale Factor] 속성에서 값(축척 배율)을 변경하여 크기를 조절할 수 있다.

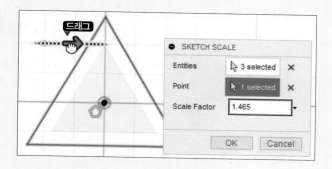

더 알아보기 ➕ 선을 한 개만 선택할 경우

[Entities] 속성에서 'Select'를 한 개만 선택할 경우에는 선택된 선의 축척만 변경되며 선택되지 않은 선도 그에 맞춰 변형된다.

(6) Offset(간격 띄워 복제하기)

도형이나 선분을 복사해서 원본과 일정한 간격을 띄워 복제하는 기능으로 속이 빈 상자나 그릇을 만들 때 유용하다.

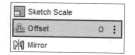

❶ [SKETCH]–[Rectangle]–[2–Point Rectangle] 메뉴를 선택한 후 적당한 크기의 사각형 도형을 그린다. [SKETCH]–[Offset] 메뉴를 선택한 후 [OFFSET] 옵션 창에서 [Sketch curves] 속성의 'Select'가 활성화되어 있는지 확인하고 사각형의 외곽선(변)을 선택한다.

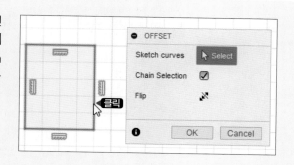

❷ 사각형 테두리 안쪽에 빨간색 선이 나타나면 ◀▮▶을 드래그하거나 [OFFSET] 옵션 창에서 [Offset position] 속성에 수치를 입력한다.

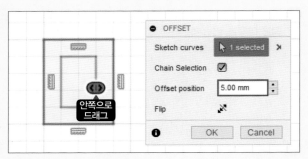

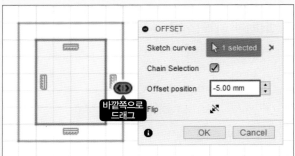

[Offset Position] 속성에 양의 값을 입력하면 원본 사각형보다 작아지며 음의 값을 입력하면 원본 사각형의 바깥쪽으로 확장된다.

❸ 작업을 완료한 후 [OFFSET] 옵션 창에서 [OK] 버튼을 누르면 오프셋 작업이 완성된다.

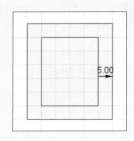

(7) Mirror(대칭 복제하기)

도형의 모서리나 선분의 기준선을 중심으로 대칭이 되도록 복제할 수 있다.

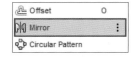

❶ [SKETCH]-[Line] 메뉴를 이용하여 그림과 같이 삼각형과 기준선이 될 직선을 그린다.

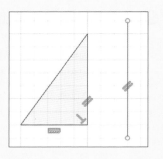

❷ [SKETCH]–[Mirror] 메뉴를 선택한 후 [MIRROR] 옵션 창에서 [Objects] 속성의 'Select'가 활성화되어 있는지 확인하고 드래그하여 복제하려는 원본(삼각형)을 모두 선택한다.

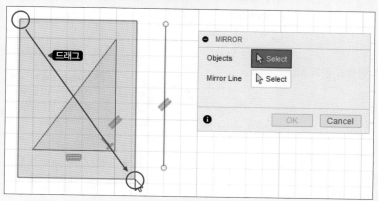

❸ [Objects] 속성에 세 변과 세 꼭짓점이 모두 선택되었음을 의미하는 '6 Selected'가 표시된다.

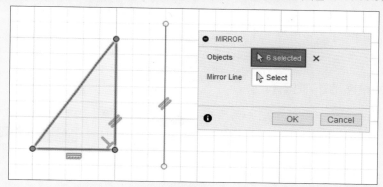

❹ [Mirror Line] 속성에서 'Select'를 선택한 후 기준선을 마우스로 클릭하고 [OK] 버튼을 누르면 기준선을 중심으로 대칭의 도형이 복제된다.

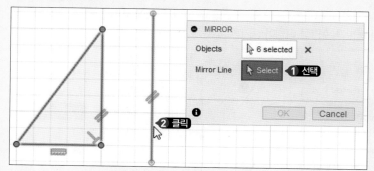 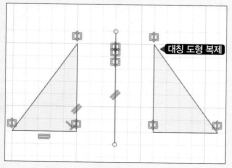

(8) Circular Pattern(원형 패턴)

선택한 점을 중심으로 원형으로 복제할 수 있다.

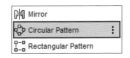

1 [SKETCH]–[Ellipse] 메뉴를 선택한 후 원점의 왼쪽 부분에 타원을 그린다.

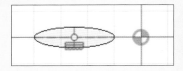

국화꽃 모양으로 원형을 복제할 것이므로 너무 크게 그리지 않도록 한다.

2 [SKETCH]–[Circular Pattern] 메뉴를 선택한 후 [CIRCULAR PATTERN] 옵션 창에서 [Objects] 속성의 'Select'가 활성화되어 있는지 확인하고 타원의 외곽선을 클릭한다.

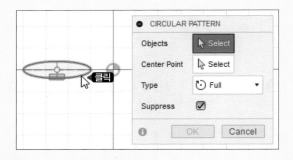

3 [Center Point] 속성에서 'Select'를 선택한 후 원형 패턴으로 복제할 중심점(좌표 원점)을 클릭한다.

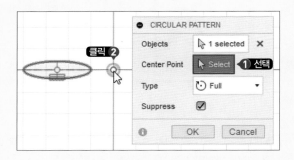

4 원점을 중심으로 [Quantity] 속성의 기본값인 3개의 도형이 복제된 것을 확인할 수 있다. 타원에 표시된 ⊙을 왼쪽 방향으로 드래그하거나 [Quantity] 속성에 값을 입력하면 그 수만큼 타원이 증가한다.

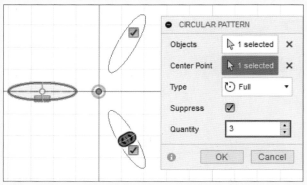

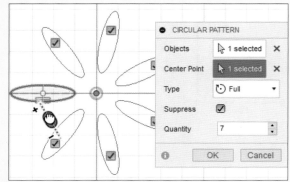

❺ [Quantity] 속성에 '16'을 입력하여 타원이 서로 붙도록 조정한 후 [OK] 버튼을 누른다.

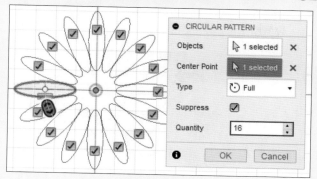

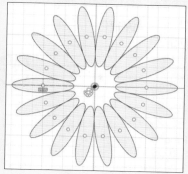

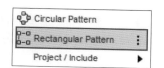

🏷️ 🔘을 시계 방향으로 드래그하면 복제 개수가 늘어나고 시계 반대 방향으로 드래그하면 줄어든다.

(9) Rectangular Pattern(사각 패턴)

도형을 상하 또는 좌우 방향의 배열로 복제하는 기능으로 일정한 간격을 가지는 블록이나 패턴 등을 만들 때 유용하게 사용할 수 있다.

❶ [SKETCH]–[Circle]–[Center Diameter Circle] 메뉴를 선택한 후 XZ면(바닥면)을 선택하고 그림과 같이 작은 원을 그린다.

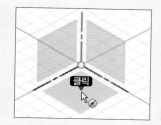

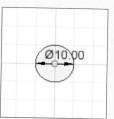

❷ [SKETCH]–[Rectangular Pattern] 메뉴를 선택한 후 [RECT-ANGULAR PATTERN] 옵션 창에서 [Objects] 속성의 'Select'가 활성화되어 있는지 확인하고 원의 테두리를 클릭한다.

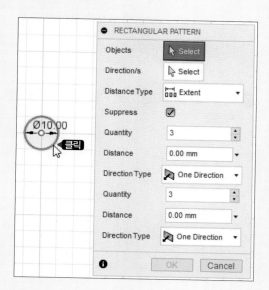

❸ 원을 가로 방향으로 복제하기 위해 [RECT-
ANGULAR PATTERN] 옵션 창에서 위쪽
의 [Quantity] 속성에 '4', [Distance] 속성에
'40mm'를 입력한다.

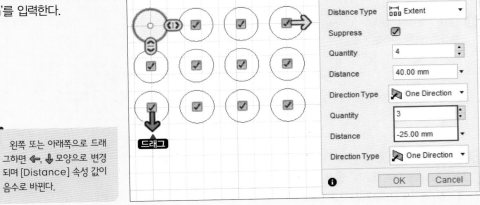

- [RECTANGULAR PATTERN] 옵션
  창의 [Quantity] 속성과 전체 거리를 의
  미하는 [Distance] 속성에서 원하는 개
  수와 거리를 입력해도 된다.
- 위쪽 [Distance] 속성의 '40mm'는
  가로 방향으로 40mm 거리에 동일한 도
  형 4개를 복제하겠다는 의미이다.

❹ 원을 세로 방향으로 복제하기 위해 [RECT-
ANGULAR PATTERN] 옵션 창에서 아래
쪽의 [Quantity] 속성과 [Distance] 속성에
각각 '3'과 '-25mm'를 입력한다.

왼쪽 또는 아래쪽으로 드래
그하면 ⬅, ⬇ 모양으로 변경
되며 [Distance] 속성 값이
음수로 바뀐다.

❺ [OK] 버튼을 누르면 가로, 세로 방향으로 입력한 개수만큼 복
제된다.

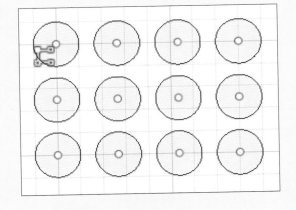

❶ Objects: 복제할 개체를 선택하는 속성으로 선, 점, 면 등을 선택하거나 도형 전체를 선택한다.

❷ Direction/s: 복제 방향을 선택하는 속성으로 주로 선을 선택하며 미리 방향을 지정해 주는 경우 그 방향에 따라 복제가 되지만 선택하지 않을 경우에는 기본적으로 가로와 세로 방향으로 복제한다.

❸ Distance Type: 복제 간격을 지정하는 속성으로 'Extend'는 복제되는 개체를 전체 길이 안에 균등한 간격으로 배열하는 방식이고, 'Spacing'은 개체와 개체의 중심 간의 거리를 지정하는 방식이다.

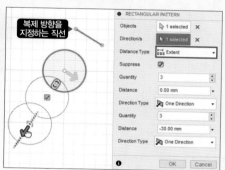
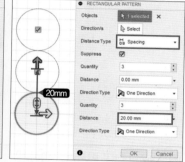

❹ Suppress: 복제되는 개체를 숨기거나 나타내는 속성으로 체크 표시가 되어 있는 상태에서 복제된 도형의 체크 표시를 해제할 경우 해당 도형만 일시적으로 보이지 않게 된다.

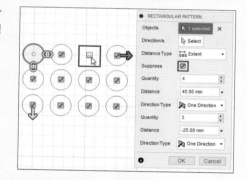

❺ Direction Type: 복제되는 방식으로 'One Direction'은 마우스를 드래그하는 방향으로만 복제되며, 'Symmetric'은 동시에 양쪽 방향으로 개체가 복제한다.

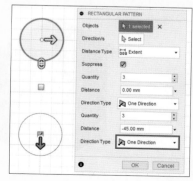
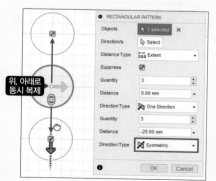

(10) Project / Include(투영 / 포함)

도형을 작업면에 그림자 형태로 투영할 수 있다.

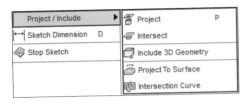

보충 설명

해당 기능은 실전 프로젝트 활용 부분에서 디자인 작업을 통해 익히도록 한다.

Project(투영하기)

작업한 물체의 실루엣이나 윤곽, 점, 선 등을 작업면에 투영한다.

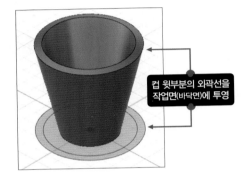

컵 윗부분의 외곽선을 작업면(바닥면)에 투영

Intersect(관통시켜 투영하기)

작업한 물체와 작업면이 교차되는 지점의 윤곽, 점, 선 등을 단면의 형태로 작업면에 투영한다.

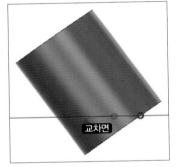

교차면

단면 선

Include 3D Geometry(3차원 물체 포함하기)

작업 중인 물체의 모서리나 점, 선 등을 작업면 등에 투영하지 않고 물체 자체에 포함시킨다.

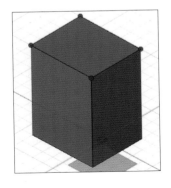

Project To Surface(표면 투영하기)

스케치 도형이나 선 등을 물체의 표면에 투영한다.

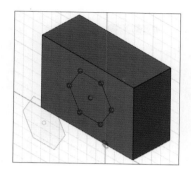

 Intersection Curve(관통시켜 곡선 그리기)

스케치 도형이나 선이 물체를 관통하여 곡선 상태로 투영한다.

(11) Sketch Dimension(치수 작성)

스케치 작업을 한 도형에 완벽한 치수와 각도를 갖는 도형이 되도록 정확한 치수
나 각도를 지정할 수 있다.

❶ [SKETCH]−[Line] 메뉴를 선택한 후 그림과 같이 정형화되어 있지 않은 사각형을 그린다.

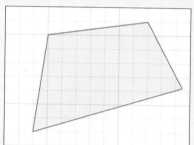

❷ [SKETCH]–[Sketch Dimension] 메뉴를 선택한 후 치수를 지정할 변을 클릭하고 마우스 포인터를 위쪽으로 이동하면 치수 보조선이 생긴다.

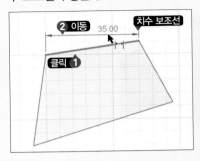

★ 직선과 치수 보조선이 평행한 상태가 아님을 알 수 있다.

❸ 선택한 변과 평행 상태가 되어야 정확한 치수를 정할 수 있으므로 마우스 포인터를 좌우로 조금씩 이동하면서 사각형의 변과 치수 보조선이 평행을 이루는 지점에서 클릭한다.

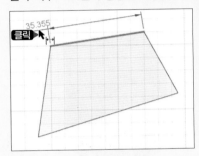

❹ 치수 입력란이 나타나면 '30'을 입력한 후 Enter 키를 누른다.

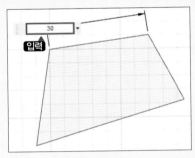

❺ 변의 길이가 30mm가 되면 나머지 세 변도 같은 방법으로 길이를 지정한다.

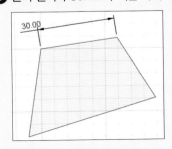
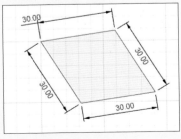

★ 다른 메뉴를 선택하거나 [STOP SKETCH]( )를 누르지 않는 한 치수나 각도 작업을 계속할 수 있다. 치수 지정 작업에서 빠져나간 경우에는 다시 [Sketch Dimension] 메뉴를 선택하여 진행한다.

❻ 모서리 각도를 90도로 지정하기 위해 한 변을 마우스로 클릭하고, 꼭짓점과 인접해 있는 다른 변을 클릭한다. 도형의 안쪽으로 마우스 포인터를 이동하여 각도 치수 보조선이 생기면 클릭한다.

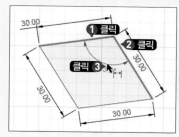

❼ 각도 입력란에 '90'을 입력한 후 Enter 키를 누르면 한 변의 길이가 '30mm'인 정사각형이 만들어진다.

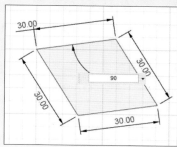 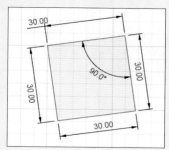

❽ [Sketch Dimension] 메뉴가 선택된 상태에서 변경하고자 하는 변의 치수를 더블 클릭한 후 치수 입력란에 다른 값을 입력하고 Enter 키를 누르면 이미 정해진 치수도 변경할 수 있다.

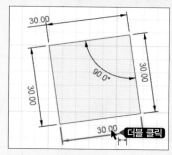 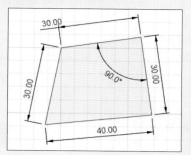

(12) Stop Sketch(스케치 작업 종료)

스케치 작업을 끝내고자 할 때 사용한다. [SKETCH]–[Stop Sketch] 메뉴를 선택하거나 메뉴 바의 [STOP SKETCH]( ) 또는 [SKETCH PALETTE] 메뉴의 [Stop Sketch] 버튼을 누른다.

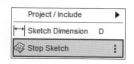

3 스케치 팔레트

스케치 팔레트(SKETCH PALLETTE)는 스케치 모드에서만 활성화되는 기능으로, 평면 모델링에 필요한 다양한 옵션(Options)과 구속 조건(Constraints)으로 구성되어 있다.

△ 옵션   △ 구속 조건

> **보충 설명**
> 구속 조건이란 선이나 도형들이 서로 평행 또는 수직이 되도록 하거나 자동으로 중심점을 찾거나 접선을 이루게 하는 기능이다.

(1) Options(옵션)

Construction(보조선)

도형을 구성하는 실선과는 달리 평면 모델링에 보조 역할만 하는 선을 말하며 주황색 점선으로 표시된다. 평면 도형의 모델링 중 필요한 기준선이나 임시 표시선 등을 표시할 필요가 있을 때 유용하게 사용한다.

❶ [SKETCH]-[Line] 메뉴를 선택한 후 정사각형을 만들고 사각형의 중심을 교차하는 두 직선을 그린다.

> ★ 사각형의 변의 중심점은 마우스 포인터가 △ 표시로 변하는 지점이다.

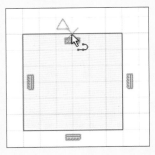

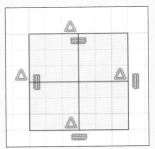

❷ 보조선이 될 안쪽 직선을 마우스로 클릭한 후 [SKETCH PALLETTE]에서 [Construction](◁)을 선택한다.

> ★ [Construction](◁)은 한 번 클릭하면 ◁ 와 같이 활성화되고 다시 클릭하면 비활성화된다.

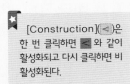

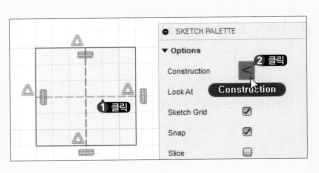

❸ 선택한 직선이 주황색 점선의 보조선으로 바뀌면 다른 직선도 동일하게 작업한 후 ESC 키를 누른다.

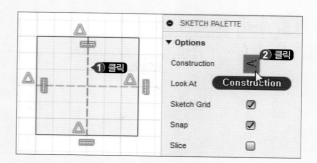

❹ 그림과 같이 정사각형 안에 보조선이 생성되면 두 직선이 교차하는 지점이 사각형의 중심이 되므로 이곳을 기준으로 원을 만들 수 있다.

> ★ 정사각형의 보조선은 치수 보조선과 같이 실제 디자인에는 영향을 미치지 않는다.

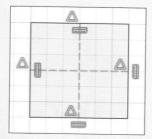
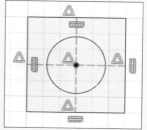

Look At(기본 화면) 🖼

작업 중인 화면을 스케치 기준면(2차원) 상태로 되돌리는 옵션으로, 스케치 좌표 원점이나 작성한 도형을 화면의 중앙에 위치시킨다.

 더 알아보기 ➕ **SKETCH PALETTE와 화면 설정 바에서의 Look At의 차이점**

Look At 명령은 [SKETCH PALETTE] 외에 화면 설정 바에도 있으며 화면을 정렬시킨다는 면에서 비슷하지만 [SKETCH PALETTE]의 [Look At](🖼)이 좌표의 원점을 화면 중앙에 위치하도록 하는 것이라면, 화면 설정 바의 [Look At](🖼)은 작성한 도형을 마우스로 선택한 부분이 화면의 중앙에 위치하도록 하는 것이 다른 점이다.

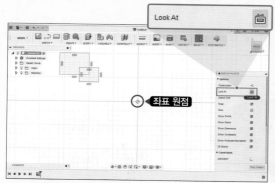
△ 스케치 팔레트의 Look At

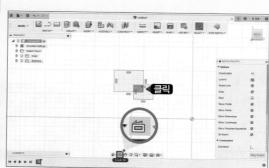
△ 화면 설정 바의 Look At

Sketch Grid(격자 표시)

모델링 배경의 격자(Grid) 표시 유무를
결정하는 옵션이다.

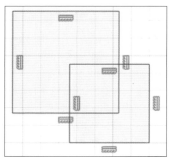
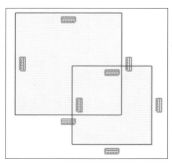

⬢ Sketch Grid 활성화　　　　　⬢ Sketch Grid 비활성화

Snap(자석 효과)

스냅을 활성화 또는 비활성화할 것인가를 정하는 옵션이다. 스냅 기능이 활성
화(기본값)되면 마우스 포인터가 눈금 부분에 있을 때 마우스 포인터에 ✚모양이
표시되지만, 비활성화된 경우에는 아무 표시도 없다.

스냅 효과를 비활성화시키려면 [SKETCH PALETTE]에서 [Snap]의 체크 표
시를 해제하거나 화면 설정 바의 [Grid and Snaps](▦▾)를 누른 후 [Snap to
Grid] 메뉴의 체크 표시를 해제한다. 스케치 작업 도중에는 Ctrl키를 누른 상태에
서 마우스로 드래그하면 일시적으로 스냅 기능이 사라진다.

보충 설명

스냅(Snap)이란 일종의 자석
효과로, 도형 그리기 작업 시 마
우스 포인터가 눈금의 교차 부
분에 자석처럼 달라붙도록 하여
작업을 수월하게 할 목적으로
사용한다. 1mm 이하의 세밀한
작업을 할 경우에는 비활성화시
키는 것이 효율적이다.

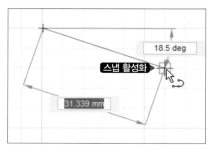
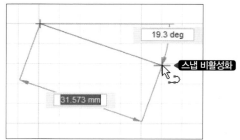

Slice(단면 표시)

입체 모델링 개체의 단면을 잘
라 평면의 도형으로 표시하는 옵
션이다. 도형을 자르는 것이 아니
라 단지 단면을 보여 주기 위한
기능이다.

Show Profile(도형 표시)

작성한 선이 닫힌 상태(폐곡선) 또는 사각형이나 원형 등 여러 가지 도형 안쪽을 옅은 주황색으로 나타내거나(활성화) 또는 아무 색상이 없는 상태(비활성화)로 나타낸다.

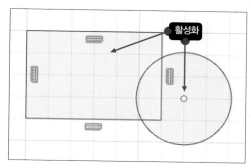 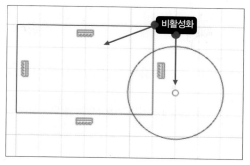

Show Point(점 표시)

스케치 작업 시 원의 중심점 또는 시작과 끝의 점 표시 여부를 결정한다.

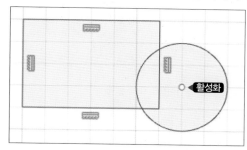 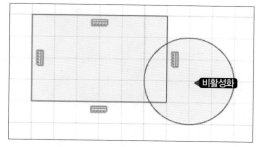

Show Constraints(구속 조건 표시)

스케치 도면에 선의 평행, 수직, 접선, 중심점, 도형의 대칭 여부 등을 기호로 나타내는 구속 조건의 상태 표시 여부를 결정한다.

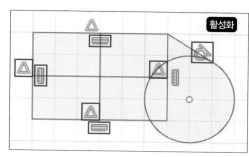 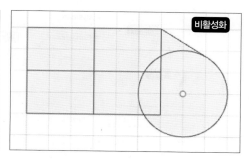

 3D Sketch(3차원 스케치 작성)

3차원 공간(입체)에서도 스케치 작업을 할 수 있는 환경을 만들어 준다.

(2) Constraints(구속 조건)

 Coincident(일치)

서로 다른 개체의 점과 점, 점과 선이 일치되도록 서로 연결하는 구속 조건이다.

❶ [SKETCH] 도구에서 [Line], [Rectangle], [Circle] 메뉴를 이용하여 그림과 같이 서로 맞닿지 않도록 선과 도형을 그린다.

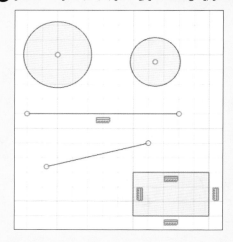

❷ [SKETCH PALETTE]에서 [Coincident](⌐)을 선택하면 ⌐ 모양으로 활성화되고, 두 선의 끝 점을 차례로 클릭하면 그림과 같이 두 지점이 맞붙는다.

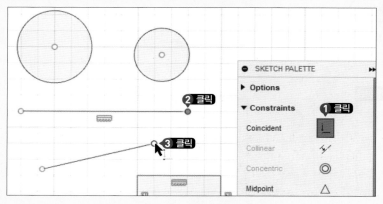

> ★ 한 번 누를 때마다 ⌐ 와 ⌐ 모양으로 변경되어 선택과 해제 상태를 확인할 수 있다.

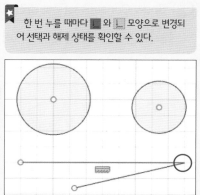

❸ [Coincident]가 활성화된 상태에서 원의 중심점과 선의 임의의 지점을 차례로 클릭하면 원의 중심점과 선이 일치한다.

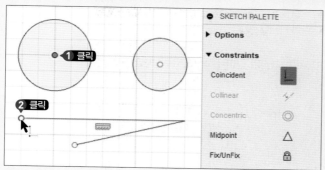 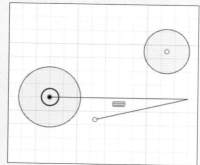

원의 중심과 선의 임의의 부분을 지정하면 원이 수직/수평 방향으로 이동한다. 따라서 원이 선의 길이보다 바깥쪽에 위치해 있을 경우에는 서로 일치하지 않고 원만 선과 같은 위치에 있게 된다.

❹ 이번에는 다른 원의 중심점을 클릭한 후 두 선의 일치점을 클릭하면 원의 중심과 두 선이 맞붙은 점이 일치하게 된다.

원의 중심과 선의 시작/끝 지점을 지정하면 현재 원의 위치에 관계없이 원의 중심과 선의 시작/끝 지점이 일치하게 된다.

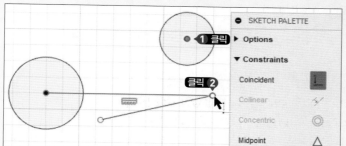 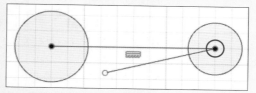

❺ 사각형의 꼭짓점과 선분의 중간 부분을 차례로 클릭하면 그림과 같이 선과 사각형의 꼭짓점이 맞붙는다.

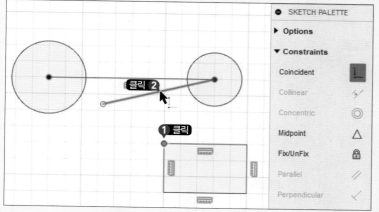 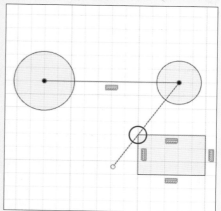

Collinear(동일 선상)

선과 선이 동일 선상에 위치하도록 하는 구속 조건이다.

❶ [SKETCH] 도구에서 [Line], [Rectangle] 메뉴를 이용하여 그림과 같이 선과 도형을 그린다.

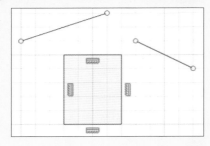

❷ [SKETCH PALETTE]에서 [Collinear]( )을 선택한 후 기준이 되는 선을 클릭하고 다른 선(이동할 선)을 클릭하면 나중에 클릭한 직선이 기준선과 동일한 선상에 위치한다.

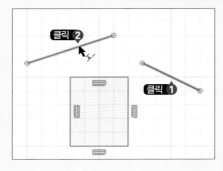 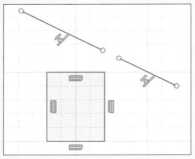

❸ 이번에는 선을 먼저 선택한 후 사각형의 한 변을 클릭하면 직선이 사각형의 변과 동일 선상에 달라붙게 된다.

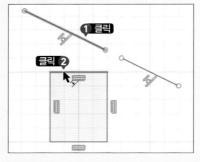 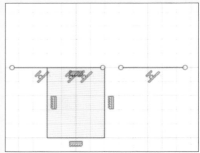

처음 선택한 선을 기준으로 나중에 선택한 선이 이동하므로 도형의 배치를 잘 고려한다.

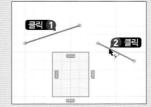 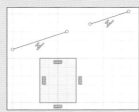

Concentric(중심 일치) ◎

원이나 호 또는 타원의 중심점을 일치시켜 동심원이 되도록 하는 구속 조건이다.

① [SKETCH]–[Circle] 메뉴를 선택한 후 그림과 같이 원을 그린다.

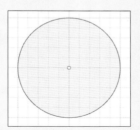

② 다시 원 안쪽에 그림과 같이 중심이 일치하지 않는 작은 원을 하나 더 그린다.

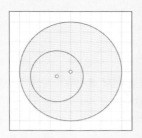

③ [SKETCH PALETTE]에서 [Concentric](◎)을 선택한 후 작은 원의 테두리를 클릭하고 큰 원의 테두리를 클릭하면 그림과 같이 두 원의 중심이 일치하게 된다.)

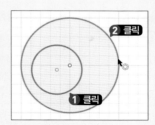

> ★ 원 중심의 ◎ 표시는 원과 호의 중심이 정확히 일치되었다는 것을 나타내는 구속 조건 표시이다.

④ Enter 키를 누르고 작업을 마친 후 마우스로 작은 원의 테두리를 드래그하면 원점을 중심으로 원을 작게 또는 크게 변경할 수 있다.

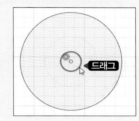

더 알아보기 ➕ Concentric 구속 조건에서 두 원의 클릭 순서는?

두 원의 원점을 일치시키고자 할 때 어느 원을 먼저 선택하는가에 따라 배열 위치가 달라진다. 먼저 선택한 원이 기준(고정)이 되고 나중에 선택한 원이 이동하여 원점을 맞춘다.

🔍 **오른쪽 원 기준**

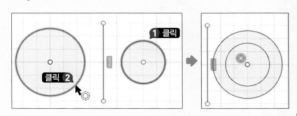

🔍 **왼쪽 원 기준**

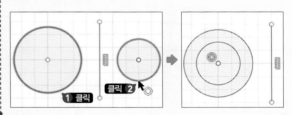

Midpoint(중심점) △

선과 선 또는 선과 점의 중심점을 찾아 연결하는 구속 조건이다.

1 [SKETCH]-[LINE] 메뉴를 선택한 후 그림과 같이 직선을 그린다.

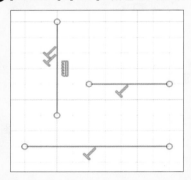

2 [SKETCH PALETTE]에서 [Midpoint](△) 선택한 후 수직선을 먼저 클릭하고 오른쪽 수평선을 클릭한다. 수직선의 중간 지점에 수평선의 중심점이 이동하여 십자 모양의 도형이 만들어진다.

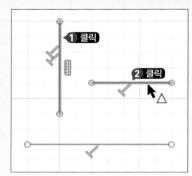 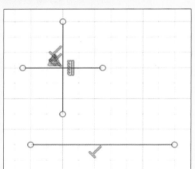

3 십자 도형의 맨 아래 점을 선택한 후 수평선을 클릭하면 처음 선택 지점으로 직선의 중심점이 이동하여 연결된다.

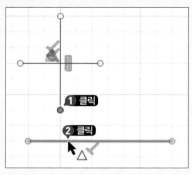 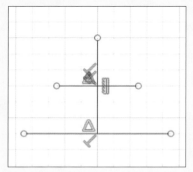

> 교차 지점의 △ 표시는 직선과 점, 직선과 직선의 중심이 정확히 일치되었다는 것을 나타내는 구속 조건 표시이다.

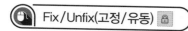 Fix/Unfix(고정/유동) 🔒

작성한 선이나 도형이 움직이지 않도록 고정하는 구속 조건이다.

❶ [SKETCH] 도구에서 [Circle], [Line] 메뉴를 이용하여 그림과 같이 원과 직선을 그린다.

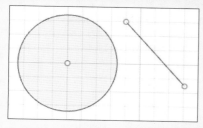

❷ [SKETCH PALETTE]에서 [Coincident](⊥)을 선택한 후 테두리를 클릭하고, 직선의 점을 클릭하면 원과 직선의 점이 일 치한다.

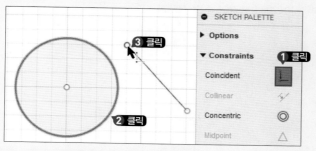 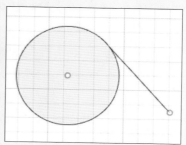

🔖 [Coincident](⊥)을 이용하여 두 도형을 맞붙인 후 Enter 키를 눌러서 [Coincident] 구속 조건을 해제하고 원이나 선 또는 교차된 점을 드래그하면 그림과 같이 원과 직선이 하나의 도형처 럼 움직인다.

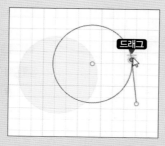 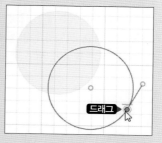

❸ [SKETCH PALETTE]에서 [Fix/Unfix](🔒)을 선택한 후 테두리를 클릭하면 구속 조건이 적용되어 원은 고정되고, 원의 테 두리는 녹색으로 바뀐다.

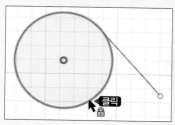 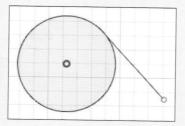

❹ Enter 키를 누르고 구속 조건을 해제한 후 직선과 원의 교차점을 드래그하면 원이 고정된 상태에서 직선의 위치만 변경된다.

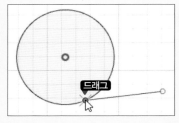 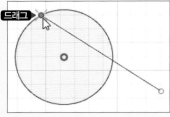

[Fix/Unfix](🔒)을 다시 선택한 후 고정시켰던 선(녹색선)을 클릭하면 구속 조건이 해제되어 원의 테두리가 다시 파란색 선으로 변경된다.

 Parallel(평행)

두 선분이 평행한 상태가 되도록 하는 구속 조건이다.

❶ [SKETCH] 도구에서 [Line], [Rectangle] 메뉴를 이용하여 그림과 같이 수평 상태가 아닌 두 개의 직선과 사각형을 그린다.

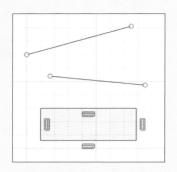

❷ [SKETCH PALETTE]에서 [Parallel](//)을 선택한 후 기준이 되는 직선을 클릭하고, 평행하게 만들 선을 클릭하면 처음 선택한 기준선과 평행이 된다.

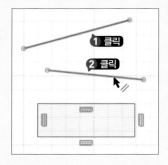 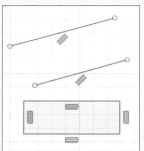

❸ 직선과 사각형의 변을 차례로 클릭하면 직선과 사각형 도형도 수평을 이루게 된다.

 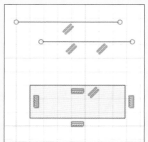

Perpendicular(수직) ✓

두 선분이 수직 상태(직각)를 이루도록 하는 구속 조건이다.

1 [SKETCH]–[Line] 메뉴를 선택한 후 XZ면(바닥면)을 선택하고 직각이 아닌 두 개의 직선을 그린다.

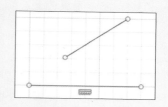

2 [SKETCH PALETTE]에서 [Perpendicular](✓)을 선택한 후 기준이 되는 선을 클릭하고 이동시킬 세로선을 클릭하면 기울어진 세로선이 기준선인 가로선에 수직으로 배치된다.

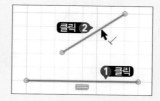 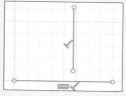

> 세로선 중간의 ✓ 표시는 두 선분이 직각을 이루고 있다는 구속 조건 표시이다.

3 Enter 키를 누르면 구속 조건이 비활성화된다. 수직선의 아래쪽 점을 수평선까지 드래그하면 그림과 같이 두 선이 서로 직교한다.

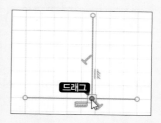

Horizontal/Vertical(수평/수직)

도형의 변이 수평에 가까우면 수평선으로, 수직에 가까우면 수직선으로 변경하는 구속 조건이다.

1 [SKETCH]–[Line] 메뉴를 선택한 후 그림과 같이 사각형을 그린다.

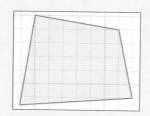

2 [SKETCH PALETTE]에서 [Horizontal/Vertical]()을 선택한 후 사각형의 오른쪽 변을 클릭하면 수평보다는 수직에 가까우므로 수직선으로 변경된다.

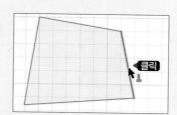 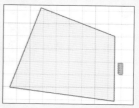

❸ 사각형의 윗변을 클릭하면 수평에 가까우므로 수평
   선으로 변경된다.

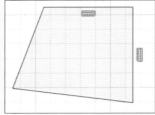

❹ 같은 방법으로 왼쪽 변과 밑변도 마우스로 클릭하면
   그림과 같이 직사각형 도형이 완성된다.

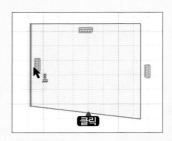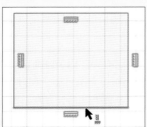

Tangent(접선)

원과 선분 또는 원과 원이 접선을 이루도록 연결하는 구속 조건이다.

❶ [SKETCH] 도구에서 [Line], [Circle] 메뉴를 이용하여 두 개의 원과 두 개의 직선
   이 서로 접선을 이루지 않도록 연결하여 도형을 작성한다.

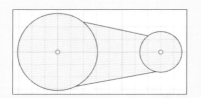

❷ [SKETCH PALETTE]에서 [Tangent]()을 선택한 후 왼쪽 원의 테두리를 클릭하고 위쪽 직선을 클릭하면 왼쪽 원과 직
   선이 접선을 이룬다.

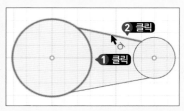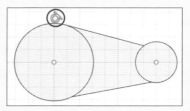

표시는 원과 직선이 접선 상태라는 구속 조건
표시이다.

❸ 이번에는 위쪽 직선을 먼저 클릭하고
   오른쪽 원의 테두리를 클릭하면 직선
   과 오른쪽 원이 접선을 이룬다.

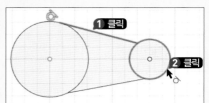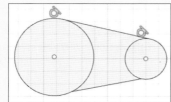

❹ 아래쪽 원과 선도 같은 방법으로 구속 조건을 적용하면 그림과 같이 직선과 원이 접선을 이루는 도형이 만들어진다.

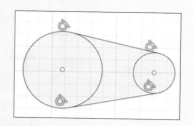

 더 알아보기 ✚ **[Trim] 기능을 이용하여 하나의 도형으로 만들기**

[SKETCH]–[Trim] 메뉴를 선택한 후 도형의 안쪽에 있는 원에 마우스 포인터를 위치시키고, 반원의 테두리가 빨간색으로 바뀌면 마우스를 클릭하여 제거한다. 다른 쪽 원도 같은 방법으로 작업하면 한 개의 도형이 된다.

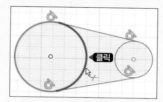 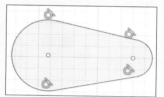

Ⓐ Curvature(곡률, 휨) ✏

직선과 곡선이 연결되는 부위의 곡률을 부드럽고 자연스럽게 하는 구속 조건이다.

❶ [SKETCH]–[Rectangle] 메뉴를 이용하여 그림과 같이 서로 다른 위치에 두 개의 사각형을 그린다.

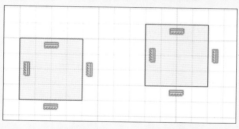

❷ [SKETCH]–[Spline]–[Fit Point Spline] 메뉴를 선택한 후 왼쪽 사각형의 꼭짓점을 클릭하고, 오른쪽 사각형의 꼭짓점으로 마우스 포인터를 이동한 후 더블 클릭하여 두 사각형을 곡선으로 연결한다. 아래 부분도 같은 방법으로 작업한다.

 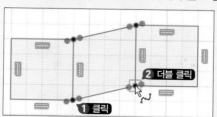

❸ [SKETCH PALETTE]에서 [Curvature]()을 선택한 후 왼쪽 사각형의 윗변을 클릭하고 곡선을 클릭하면 사각형 사이의 곡선의 곡률이 부드럽게 변경된다.

 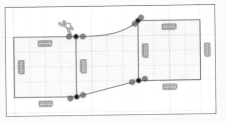

❹ 사각형 사이의 곡선을 클릭한 후 오른쪽 사각형의 윗변을 클릭하면 두 사각형 사이에 곡률이 적용된 부드러운 곡선으로 변경된다. 두 사각형의 밑변과 그 사이의 곡선도 같은 방법으로 부드럽게 변경한다.

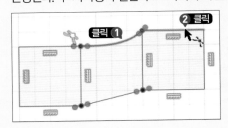 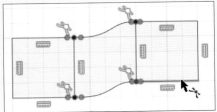

Equal(동일) =

두 직선의 길이를 똑같게 하거나 두 도형의 크기를 동일하게 하는 구속 조건이다.

❶ [SKETCH] 도구에서 [Line], [Circle] 메뉴를 이용하여 그림과 같이 서로 길이가 다른 두 직선과 크기가 다른 두 개의 원을 그린다.

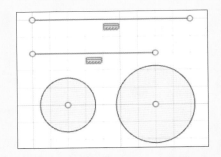

❷ [SKETCH PALETTE]에서 [Equal](=)을 선택한 후 긴 직선을 클릭하고 짧은 직선을 클릭한다. 먼저 선택한 직선이 기준선이 되어 나중에 클릭한 직선이 기준선의 길이만큼 변하여 두 직선의 길이가 같아진다.

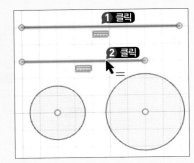 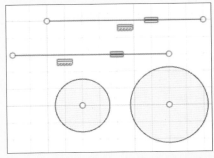

❸ 이번에는 왼쪽 작은 원의 테두리를 클릭한 후 오른쪽 큰 원의 테두리를 클릭하면 두 원의 크기가 기준 원(처음 클릭한 원)의 크기와 같아진다.

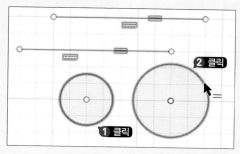 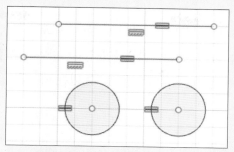

❹ Enter 키를 누르고 구속 조건을 해제한 후 한쪽 원의 테두리를 드래그하면 나머지 원의 크기도 똑같이 커지거나 작아진다.

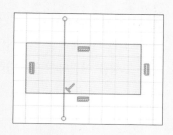

Symmetry(대칭) 🖱️

두 개의 도형이나 선분이 기준선을 중심으로 대칭이 되도록 하는 구속 조건이다.

❶ [SKETCH] 도구에서 [Line], [Rectangle] 메뉴를 이용하여 그림과 같이 직사각형을 그리고 비대칭의 수직선을 그린다.

❷ [SKETCH PALETTE]에서 [Symmetry](🖱️)를 선택한 후 사각형의 왼쪽 변과 오른쪽 변을 차례대로 클릭한다. 마지막으로 가운데 기준선을 클릭하면 기준선을 중심으로 왼쪽 변의 거리만큼 오른쪽 변이 대칭 상태가 된다.

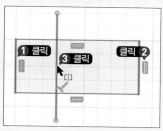 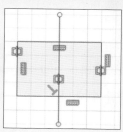

- 🖱️ 표시는 정확히 대칭(Symmetry)이 되었다는 구속 조건 표시이다.
- 나중에 선택한 선이 먼저 선택한 선의 중심선과의 거리만큼 대칭을 이루게 된다.

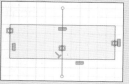

CREATE(입체 모델링)

　[CREATE] 메뉴는 3D 디자인의 핵심이 되는 도구로서 [SKETCH] 메뉴를 이용하여 디자인 한 평면 도형을 돌출, 회전, 적층 등의 기능을 이용하여 입체화하거나 직접 입체 도형을 모델링 또는 복제할 수 있으며 [SCULPT], 즉 Free Form 등의 작업을 할 수 있는 메뉴를 포함하고 있다.

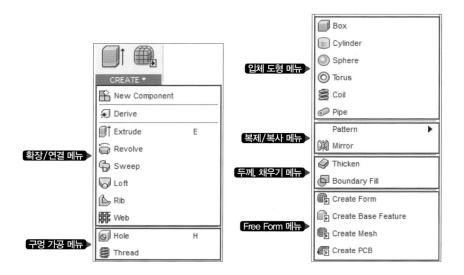

1 확장/연결 메뉴

　[SKETCH] 메뉴를 이용하여 그린 평면의 도형을 3차원 공간으로 확장하거나 도형과 도형을 연결하여 입체화하는 메뉴들로 구성되어 있다.

(1) New Component(컴포넌트 생성)

　새로운 모델을 구성하는 데 있어서 일종의 부품을 의미하는 컴포넌트(구성 요소)를 생성하거나 기존의 개체(Body)를 컴포넌트로 변경할 수 있다.

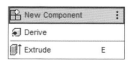

(2) Extrude(돌출 입체 만들기)

[SKETCH] 메뉴로 만든 평면 도형을 돌출(당김) 또는 압출(밀어냄)하여 입체로 만들거나 반대로 일정 부분을 잘라낼 수 있다.

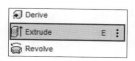

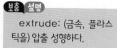

보충 설명
extrude: (금속, 플라스틱을) 압출 성형하다.

🖰 육면체와 원기둥

❶ [SKETCH]-[Rectangle]-[2-Point Rectangle] 메뉴를 선택한 후 XZ면(바닥면)을 선택하고 원점을 중심으로 사각형을 그린다.

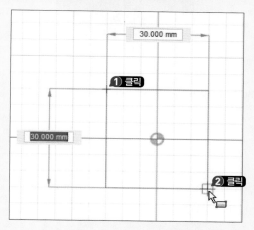

❷ [CREATE]-[Extrude] 메뉴를 선택한 후 화면이 3차원 보기로 바뀌면 [EXTRUDE] 옵션 창에서 [Profile] 속성의 'Select'가 활성화되어 있는지 확인하고 사각형 안쪽 부분을 클릭한다.

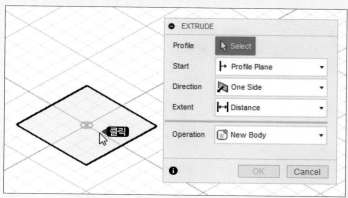

⭐ [CREATE]-[Extrude] 메뉴 바로 가기 키 E

❸ [Profile] 속성이 '1 Selected'가 되면서 ⬆을 위쪽으로 드래그하거나 [Distance] 속성에 '20mm'을 입력하고 [OK] 버튼을 누르면 육면체 도형이 생성된다.

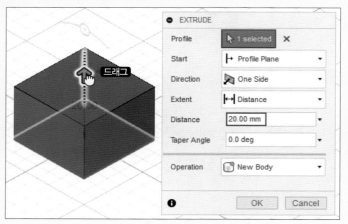
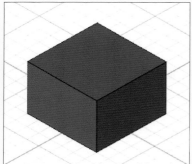

❹ 육면체 위에 원을 작성한 후 밀거나 당겼을 때 어떤 변화가 일어나는지 알아보기 위해 [SKETCH]-[Circle]-[Center Diameter Circle] 메뉴를 선택한 후 육면체의 윗면을 클릭한다.

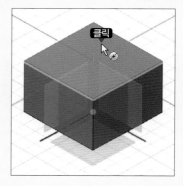

❺ 화면이 2차원으로 바뀌면서 육면체의 윗면이 정면으로 보이면 중심(원점)을 클릭하고 마우스 포인터를 이동하여 적당한 크기의 원을 하나 그린다.

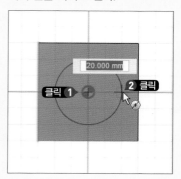

❻ 다시 [CREATE]-[Extrude] 메뉴를 선택한 후 [EXTRUDE] 옵션 창에서 [Profile] 속성의 'Select'가 활성화되어 있는지 확인하고 원의 안쪽 부분을 클릭한다.

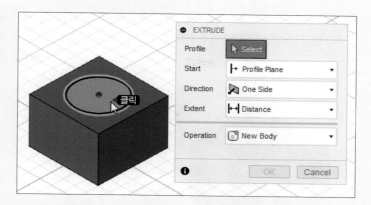

❼ ⬆을 위쪽으로 드래그하거나 [Distance] 속성에 '20mm'을 입력하면 [Operation] 속성이 'Join'으로 변경된다. [OK] 버튼을 누르면 원기둥과 육면체가 하나의 Body로 합쳐진다.

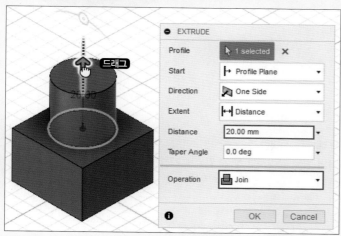
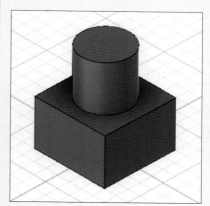

❽ 이번에는 원을 육면체의 아래쪽으로 밀어내어 원의 크기만큼 구멍을 만들기 위해 [CREATE]-[Extrude] 메뉴를 선택한 후 [Profile] 속성의 'Select'가 활성화되어 있는지 확인하고 원기둥의 윗면을 클릭한다.

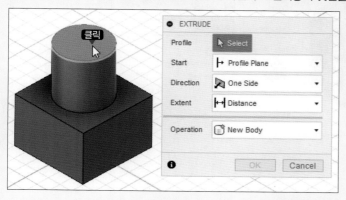

❾ ⬆을 아래로 드래그하는 동안 원기둥의 색이 빨간색으로 변하면서 [Operation] 속성이 'Cut'으로 바뀐 것을 확인할 수 있다. 빨간 원기둥이 육면체의 범위를 벗어날 때까지 충분히 드래그한 후 Enter 키를 누르거나 [OK] 버튼을 누른다.

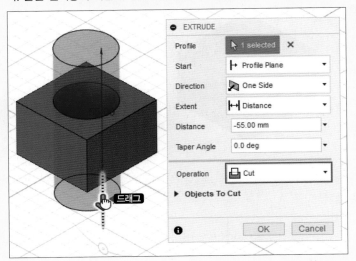

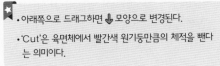

• 아래쪽으로 드래그하면 ⬇ 모양으로 변경된다.
• 'Cut'은 육면체에서 빨간색 원기둥만큼의 체적을 뺀다는 의미이다.

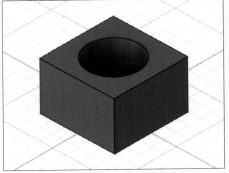

원기둥 변형하기

❶ [SKETCH]–[Circle]–[Center Diameter Circle] 메뉴를 선택한 후 XZ면(바닥면)을 선택하고 지름이 '20mm'인 원을 그린다. [CREATE]–[Extrude] 메뉴를 선택한 후 바닥의 원을 클릭하고 ⬆을 위로 드래그하거나 [Distance] 속성에 '20mm'를 입력하여 원기둥을 만든다.

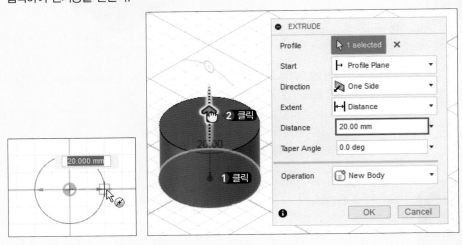

❷ ⌒ 을 오른쪽으로 드래그하거나 [EXTRUDE] 옵션 창에서 [Taper Angle] 속성에 양수 값을 입력하면 원기둥의 윗면이 벌어지면서 그릇 모양으로 변형된다.

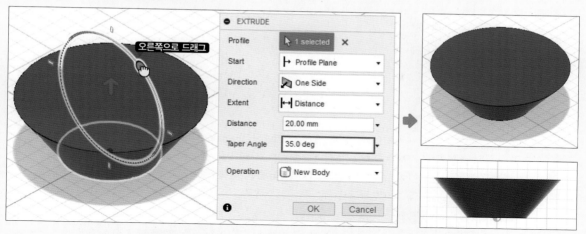

❸ ⌒ 을 왼쪽으로 드래그하거나 [EXTRUDE] 옵션 창에서 [Taper Angle] 속성에 음수 값을 입력하면 원기둥의 윗면이 오므라들면서 원뿔 모양으로 변형된다.

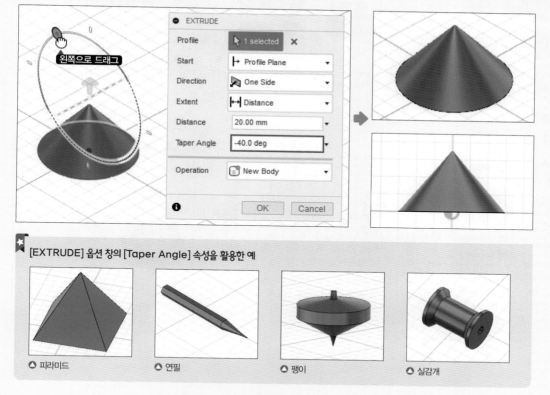

[EXTRUDE] 옵션 창의 [Taper Angle] 속성을 활용한 예

🔺 피라미드 🔺 연필 🔺 팽이 🔺 실감개

✅ Start

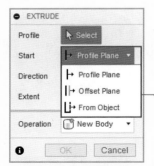

- Profile Plane: 선택한 면에서 밀거나 당김(Extrude) 시작(기본값)
- Offset Plane: 지정한 거리에서부터 밀거나 당김 시작
- From Object: 지정한 물체의 면으로부터 밀거나 당김 시작

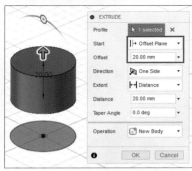

🔺 Offset Plane

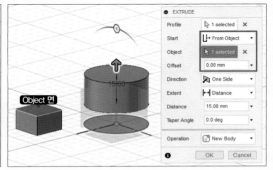

🔺 From Object

✅ Direction

- One Side: 한 방향으로만 밀거나 당김(기본값).
- Two Sides: 양 방향으로 밀거나 당기거나 경사각을 각각 지정
- Symmetric: 한 방향으로 밀거나 당기면 양 방향으로 대칭이 되도록 똑같은 크기와 경사각 지정

🔺 Two Sides

✅ Measurement

- Measurement: 늘어나거나 줄어드는 치수가 한쪽(Half Length) 또는 양쪽(Whole Length)에 적용
- –Half Length(🖳): [Distance]를 '20mm'로 하면 도형 전체 길이는 '40mm'
- –Whole Length(🖳): [Distance] 값이 도형 전체의 길이

▲ Half Length

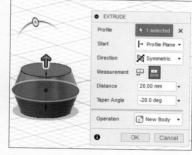

▲ Whole Length

✅ Extend

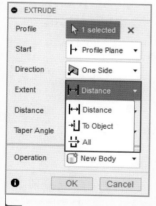

- Distance: 마우스를 드래그한 만큼 밀거나 당김(기본값).
- To Object: 지정하는 물체의 면까지 밀거나 당김.
- All: 지정하는 물체를 관통하여 끝 부분까지 밀거나 당김.

✅ Operation

- Join: 새로 돌출된 물체와 결합하여 한 개의 Body가 됨.
- Cut: 기존의 물체 중에서 새로 밀고 당기는 물체만큼 제거
- Intersect: 기존의 물체와 새로 밀고 당기는 물체의 교집합 부분만 남김.
- New Body: 새로 돌출하는 물체가 새로운 Body 형태로 생성(기본값)
- New Component: 새로 밀고 당기는 물체가 새로운 컴포 넌트 형태로 생성

(3) Derive(추출하기)

여러 개의 바디(Body), 컴포넌트(Component) 또는 평면 도형으로 이루어진 부품
에서 특정한 부품만을 추출하여 편집 또는 출력할 수 있다.

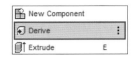

❶ [SKETCH]-[Rectangle]-[2-Point Rectangle] 메뉴를 선택한 후 XZ
　면(바닥면)을 선택하고 그림과 같이 정사각형을 그린다.

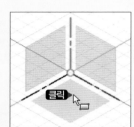 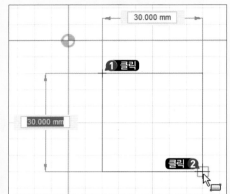

❷ [CREATE]-[Extrude] 메뉴를 선택한 후 화면이 3차
　원 보기로 바뀌면 [EXTRUDE] 옵션 창에서 [Profile]
　속성의 'Select'가 활성화되어 있는지 확인하고 사각
　형 안쪽 부분을 클릭한다.

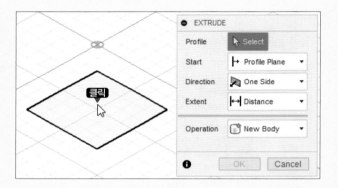

❸ ⬆을 위로 '5mm' 만큼 드래그하거나 [Distance] 속
　성에 '5mm'를 입력한 후 [OK] 버튼을 누른다.

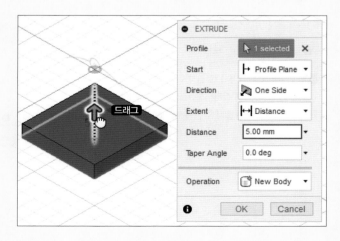

❹ [SKETCH]–[Circle]–[Center Diameter Circle] 메뉴를 선택한 후 육면체의 윗면을 클릭하고 사각형의 중심점을 클릭하여 지름이 '20mm'인 원을 그린다.

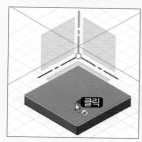 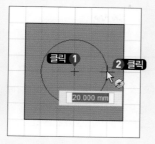

❺ [CREATE]–[Extrude] 메뉴를 선택한 후 [EXTRUDE] 옵션 창에서 [Profile] 속성의 'Select'가 활성화되어 있는지 확인하고 원의 안쪽 부분을 클릭한다. 각 속성 값을 다음과 같이 설정하고 [OK] 버튼을 누른다.

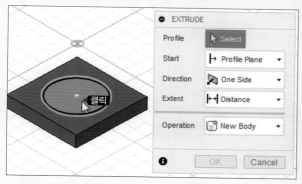 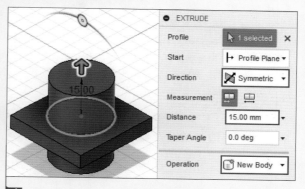

➕ • Direction: Symmetric(양쪽 방향으로 동일한 치수만큼 돌출)
　• Distance: 15mm
　• Operation: New Body(새로운 도형 추가)

❻ [BROWSER] 창에서 [Bodies]의 ▷을 누르면 완성된 도형이 두 개의 독립된 Body로 구성된 것을 알 수 있다.

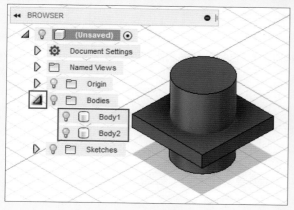

❼ [CREATE]-[Derive] 메뉴를 선택한 후 [Save and Continue] 버튼을 누른다. [SAVE] 창에서 파일명을 입력한 후 [Save]
버튼을 누른다.

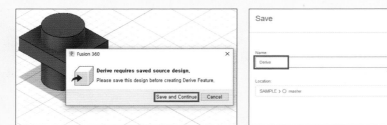

도형에서 원기둥
만 분리하여 새로
운 파일로 저장하
는 작업이다.

❽ 추출하려는 도형(원기둥)을 클릭하면 [Derive] 옵션 창의 [Model Objects] 속성이 '1 selected'로 변경된다. [OK] 버튼을
누르면 [BROWSER] 창에 'Body2'가 자동으로 선택된다.

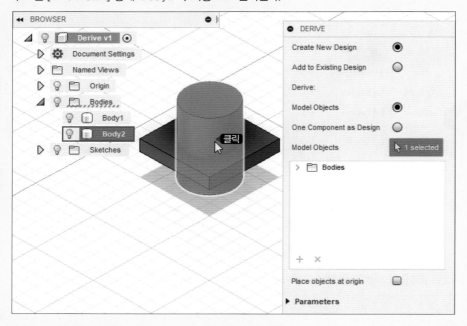

❾ 원래의 도형에서 원기둥만 추출되었으며 [BROWSER] 창에 'Body1'만 남아 있는 것을 확인할 수 있다.

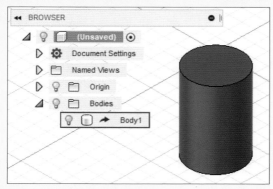

(4) Revolve(회전 입체 만들기)

기준이 되는 축을 중심으로 평면 도형을 회전시키면서 입체 형상을 만드는 기능으로 컵이나 그릇 같은 원형의 입체 모형을 디자인하기에 적합하다.

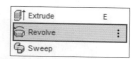

❶ [SKETCH]–[Line] 메뉴를 선택한 후 XY면(오른쪽 수직면)을 선택하고, 그림과 같이 Y축(연두색 수직선) 오른쪽에 도형을 만든다.

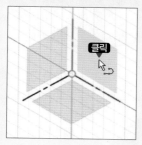 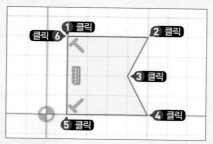

❷ [CREATE]–[Revolve] 메뉴를 선택한 후 화면이 3차원 보기로 바뀌면 [REVOLVE] 옵션 창에서 [Profile] 속성의 'Select'가 활성화되어 있는지 확인하고 도형을 클릭한다.

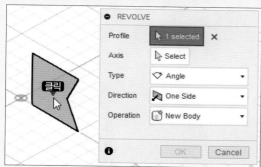 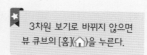

3차원 보기로 바뀌지 않으면 뷰 큐브의 [홈](🏠)을 누른다.

❸ 평면의 도형이 Y축을 기준으로 360도 회전하는 입체 도형을 만들기 위해 [Axis] 속성의 'Select'를 선택한 후 Y축(연두색 수직선)을 클릭한다.

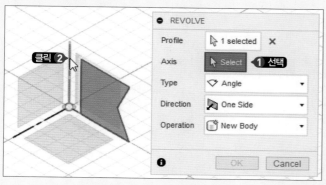

❹ Enter 키 또는 [OK] 버튼을 누르면 그림과 같이 입체 도형이 완성된다.

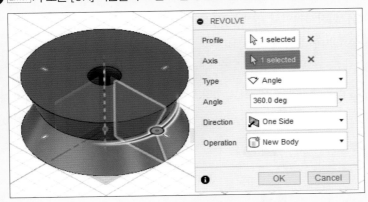 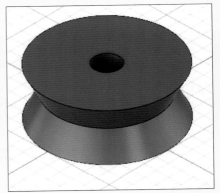

[Angle] 속성에 다른 값을 입력하거나 을 드래그하여 각도를 조절하면 모양을 바꿀 수 있다.

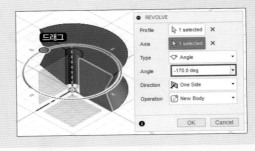

(5) Sweep(경로 입체 만들기)

미리 지정한 기준선을 경로로 지정하면 경로를 따라 입체 형상을 만들 수 있다.

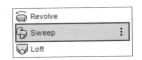

❶ [SKETCH]–[Polygon]–[Circumscribed Polygon] 메뉴를 선택한 후 YZ면(왼쪽 수직면)을 선택한다.

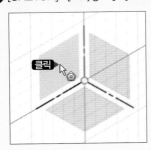

• sweep: (방 등을 빗자루로) 쓸다, (손으로) 쓸다.
• L렌치 혹은 육각 렌치(Allen Wrench)라고 하는 공구를 디자인한다.

❷ 좌표의 원점을 클릭한 후 아래쪽으로 마우스 포인터를 이동하고 치수 입력란에 '5mm'를 입력하여 반지름이 '5mm'인 육각형을 그린다. 메뉴 바의 [STOP SKETCH](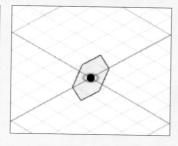)를 누르고 작업을 마친다.

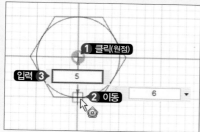

원점을 중심으로 육각형 도형이 세로로 서있는 것을 확인할 수 있다.

❸ 기준선을 그리기 위해 [SKETCH]−[Line] 메뉴를 선택한 후 XZ면(바닥면)을 선택한다.

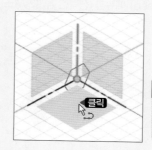

도형이 입체로 보이지 않으면 뷰 큐브의 [홈](🏠)을 누른다.

❹ 원점을 클릭한 후 X축(빨간 선)을 따라 왼쪽으로 '30mm' 이동하고 마우스를 클릭한다.

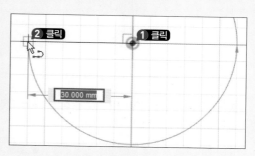

❺ 마우스 포인터를 다시 아래쪽으로 '80mm' 이동한 후 더블 클릭하여 선 그리기 작업을 종료한다.

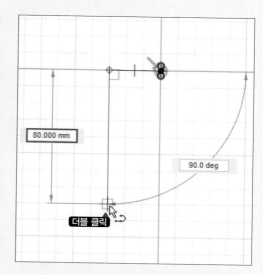

⑥ [SKETCH]−[Fillet] 메뉴를 선택한 후 모서리 부분을 클릭하여 곡률 반경 입력란에 '10mm'를 입력하고 Enter 키를 누른다.

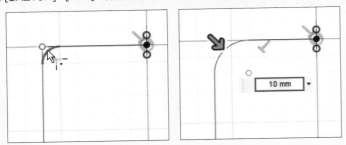

⑦ [CREATE]−[Sweep] 메뉴를 선택한 후 [SWEEP] 옵션 창에서 [Profile] 속성의 'Select'가 활성화되어 있는지 확인하고 육각형 도형을 클릭한다.

> 도형이 입체로 보이지 않으면 뷰 큐브의 홈(⌂)을 누른다.

⑧ [SWEEP] 옵션 창에서 [Path] 속성의 'Select'를 선택한 후 경로가 되는 선을 클릭하고 [OK] 버튼을 누르면 입체 도형(육각 렌치)이 완성된다.

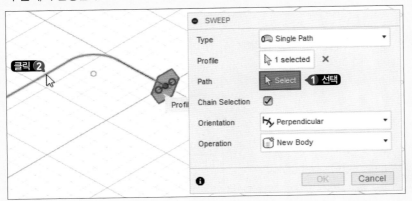

(6) Loft(적층 입체 만들기)

두 개 이상의 프로파일(면)을 연결하여 입체 도형을 만드는 기능으로, 다른 형태와 크기의 평면 도형을 여러 겹 쌓아서 다양한 입체 도형을 만들 수 있다.

보충 설명
loft: 다락방, 교회·회관·강당 등의 위층

❶ [SKETCH]–[Polygon]–[Circumscribed Polygon] 메뉴를 선택한 후 XZ면(바닥면)을 선택하고 원점을 중심으로 반지름이 '25mm'인 육각형 도형을 그린다. 메뉴 바의 [STOP SKETCH](✎)를 누르고 화면과 도형을 입체 모양으로 바꾼다.

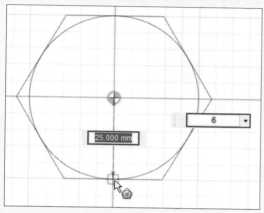

❷ [CONSTRUCT]–[Offset Plane] 메뉴를 선택한 후 [OFFSET PLANE] 옵션 창에서 [Plane] 속성의 'Select'가 활성화되어 있는지 확인하고 육각형 도형을 클릭한다.

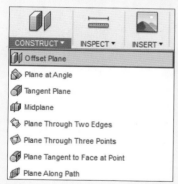

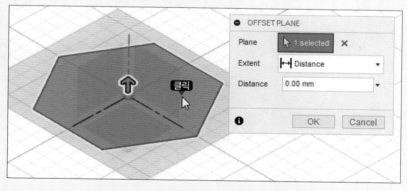

⭐ **[CONSTRUCT] 메뉴**

세 개의 기준면(xy면, xz면, yz면) 외에 작업자가 새롭게 기준면(작업면)을 생성하여 그 면에 도형이나 선 작업을 할 수 있는 기능으로 [Offset Plane] 속성은 기준면 또는 물체의 평면에서 일정한 간격을 띄운 상태에서 또 하나의 기준면을 생성한다. ※ 185 쪽 '❹ CONSTRUCT' 참조

❸ ⬆을 위쪽으로 드래그하거나 [Distance] 속
성에 새로운 기준면을 만들 위치로 '60mm'
를 입력하고 [OK] 버튼을 누른다.

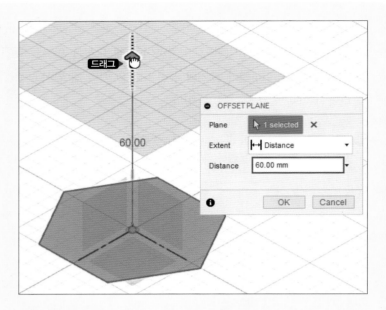

❹ [SKETCH]–[Circle]–[Center Diameter Circle] 메뉴를 선택한 후 새
로 만든 기준면을 클릭한다.

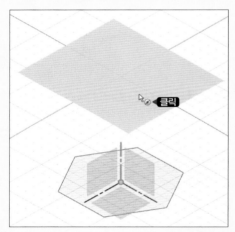

❺ 원점을 중심으로 지름이 '30mm'인 원을 그린 후 메뉴 바의 [STOP
SKETCH](🖰)를 누른다.

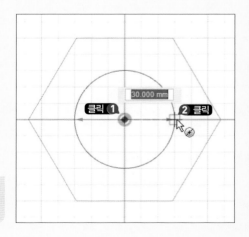

📌 평면적으로는 육각형 위에 그리는 것처럼 보이지만 실제로
는 60mm 떨어져 있는 새 기준면에 원을 그리는 것이다.

❻ [CREATE]−[Loft] 메뉴를 선택한 후 [LOFT] 옵션 창에서 [Profiles] 속성이 와 같이 활성화되어 있는지 확인하고 위쪽의 원과 아래쪽의 육각형을 차례대로 클릭한다.

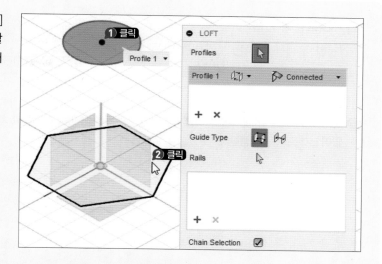

❼ 두 개의 프로파일이 면과 선으로 연결되면 Enter 키를 누르거나 [OK] 버튼을 누르고 그림과 같이 입체 도형을 완성한다.

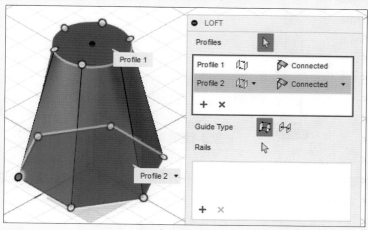 

- 원 둘레의 각 흰색 점을 드래그하면 변형된 입체 도형을 만들 수 있다.
- [SHELL] 메뉴를 이용하면 속이 비어 있는 연필꽂이 등도 만들 수 있다. ※ 160 쪽 '(1) Shell(속 비우기)' 참조

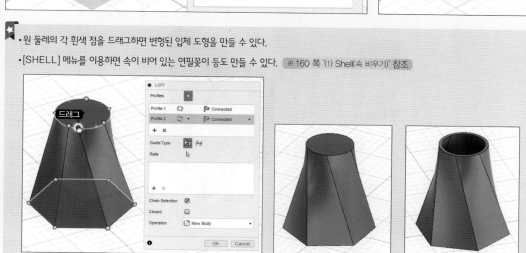

(7) Rib(보강대 만들기)

일정한 두께를 가지는 보강대를 만들 수 있다.

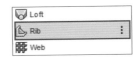

rib: 갈비뼈, 늑골

---

1 [SKETCH]–[Line] 메뉴를 선택한 후 XY면(오른쪽 수직면)을 선택하고 치수에 관계 없이 L자 도형을 작성한다.

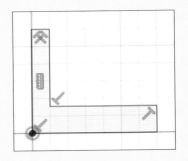

2 [SKETCH]–[Sketch Dimension] 메뉴를 선택한 후 아래쪽 변을 클릭하고 마우스 포인터를 아래로 이동하여 치수 입력란에 '30'을 입력하고 Enter 키를 눌러 밑변의 크기를 정한다. 같은 방법으로 다른 변의 크기도 지정하여 오른쪽 그림과 같이 평면 도형을 작성한다.

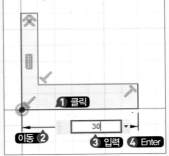

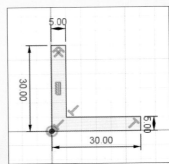

3 [CREATE]–[Extrude] 메뉴를 선택한 후 [EXTRUDE] 옵션 창에서 [Profile] 속성의 'Select'가 활성화되어 있는지 확인하고 도형을 클릭한다. ✎을 드래그하거나 [Distance] 속성에 '40mm'을 입력하고 [OK] 버튼을 누른다.

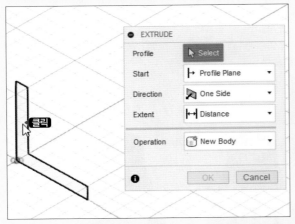

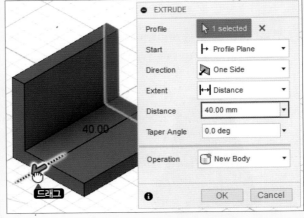

④ [CONSTRUCT]–[Midplane] 메뉴를 선택한 후 [Midplane] 옵션 창에서 [Planes] 속성의 'Select'가 활성화되어 있는지 확인하고 입체 도형의 옆면을 클릭한다.

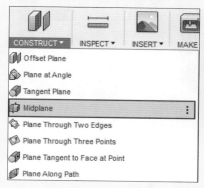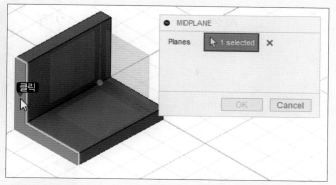

⑤ 뷰 큐브의 오른쪽 상단 모서리 부분을 클릭하여 도형의 반대쪽 옆면이 앞으로 나오도록 방향을 바꾼 후 옆면을 클릭한다.

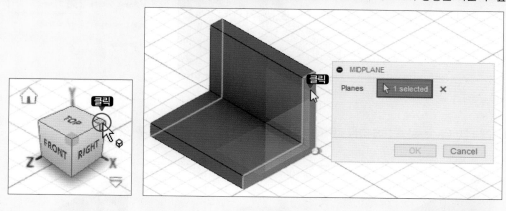

⑥ [Planes] 속성이 '2 selected'로 바뀌면서 도형의 중간 부분에 새로운 기준면이 생성되면 [OK] 버튼을 누른다.

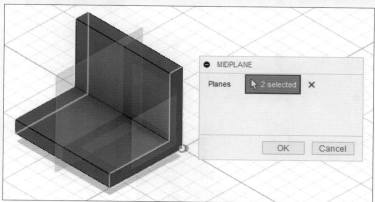

7 [SKETCH]-[Line] 메뉴를 선택한 후 새로 생성
된 기준면을 클릭하고 그림과 같이 도형을 연결
할 직선을 그린다.

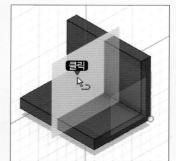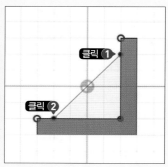

8 [CREATE]-[Rib] 메뉴를 선택한 후
[RIB] 옵션 창에서 [Curve] 속성의
'Select'가 활성화되어 있는지 확인
하고 [Thickness Options] 속성에서
'Symmetric'을 선택하고 직선을 클릭
한다.

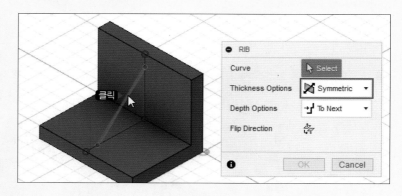

9 ▶을 드래그하거나 [Thickness] 속성에 값을 입력하여 적당한 두께의 보강대를 작성한 후 [OK] 버튼을 누르면 도형이 완
성된다.

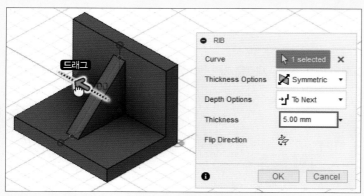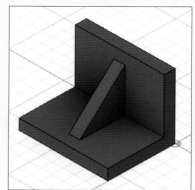

[RIB] 옵션 창에서 [Flip Direction] 속성을 선택하여 활성화시키면 그림
과 같은 모양의 보강대를 만들 수 있다.

(8) Web(격자 뼈대 만들기)

격자나 거미줄 모양의 보강대를 만들 수 있다.

보충 설명
web: 복잡하게 연결된 망 또는 거미줄

❶ [SKETCH]−[Slot]−[Center to Center Slot] 메뉴를 선택한 후 XZ면(바닥면)을 선택하고 두 개의 긴 타원을 만든다.

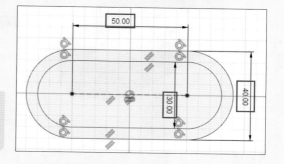

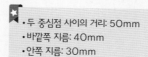
• 두 중심점 사이의 거리: 50mm
• 바깥쪽 지름: 40mm
• 안쪽 지름: 30mm

❷ [CREATE]−[Extrude] 메뉴를 선택한 후 [EXTRUDE] 옵션 창에서 [Profile] 속성의 'Select'가 활성화되어 있는지 확인하고 바깥쪽 원 부분을 클릭한다.

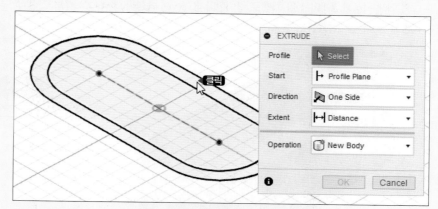

❸ ⬆을 위쪽으로 드래그하거나 [Distance] 속성에 '20mm'를 입력한다.

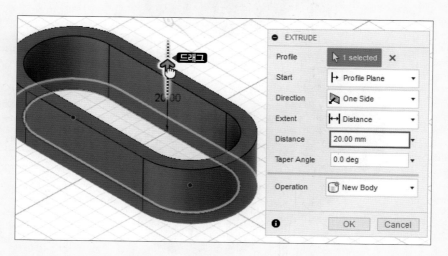

④ [SKETCH]-[Line] 메뉴를 선택한 후 기준면으로 사용할 입체 도형의 윗면 부분을 클릭하고 그림과 같이 보강대를 만들 3개의 선을 그린다.

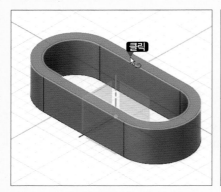 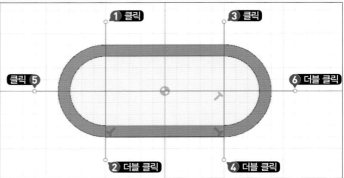

⑤ [CREATE]-[Web] 메뉴를 선택한 후 [WEB] 옵션 창에서 [Curve] 속성의 'Select'가 활성화되어 있는지 확인하고 입체 도형 위에 작성한 3개의 선을 차례로 클릭한다. [Curve] 속성이 '3 selected'로 변경되면 보강대의 두께인 [Thickness]의 속성에 '3mm'를 입력한다.

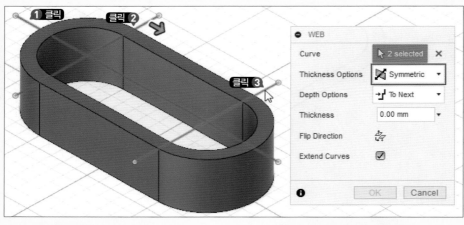

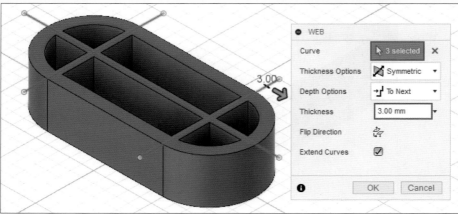

[Flip Direction] 속성이 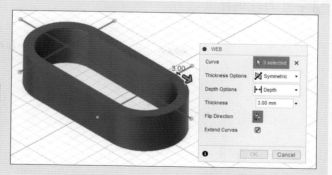 와 같이 활성화되어 있으면 다음과 같이 오류 메시지가 나타나므로 비활성화한다.

❻ [Depth Options] 속성에서 'Depth'를 선택한 후 [Depth] 속성이 추가되면 '5mm'을 입력한다. [OK] 버튼을 누르면 해당 길이만큼의 보강대가 만들어진다.

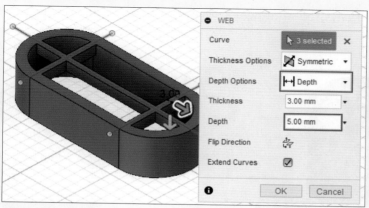

더 알아보기 ➕ WEB 작업에서의 Flip Direction의 차이

• WEB 작업에서 [Flip Direction] 속성에 따라 보강대가 형성되는 방향이 달라지는데, 와 같이 활성화되어 있으면 아래에서 위로, 와 같이 비활성화되어 있으면 위에서 아래로 보강대가 만들어지며 보강대가 되는 선을 그리는 위치도 달라야 한다.

• 기준면을 xz면(바닥면)을 선택한 경우에는 도형의 안쪽에 선을 그리고 [Flip Direction] 속성을 활성화한다.

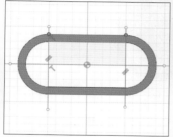

2 구멍 가공 메뉴

도형에 구멍을 뚫거나 나사산을 가공하는 메뉴로 구성되어 있다.

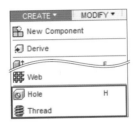

(1) Hole(구멍 뚫기)

입체화한 개체에 구멍을 뚫는 기능으로 일반적인 구멍 외에
나사산도 만들 수 있다.

보충 설명
Hole: 구멍, 구덩이, 굴

❶ [SKETCH]−[Circle] 메뉴와 [CREATE]−[Extrude] 메뉴를 이용하여 XZ면(바닥면)을 선택하고 그림과 같이 적당한 크기의
원기둥을 만든다.

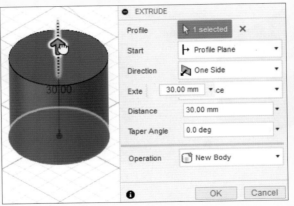

❷ [CREATE]−[Hole] 메뉴를 선택한 후
[HOLE] 옵션 창에서 [Face/Sketch
Points] 속성의 'Select'가 활성화되어
있는지 확인하고 구멍을 뚫을 면을 클
릭한다.

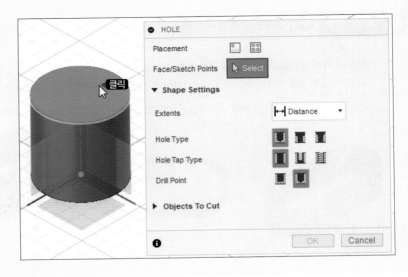

❸ 클릭한 부분에 구멍의 위치를 변경할 수 있는 빨간색 원이 표시되면 을 원의 중심으로 드래그하여 구멍의 위치를 옮긴다.

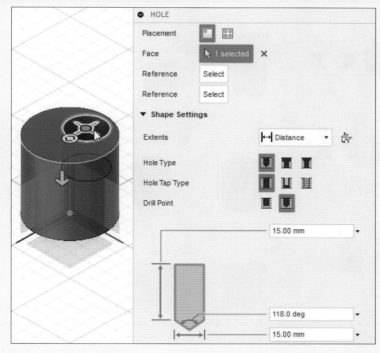

❹ [HOLE] 옵션 창에서 구멍의 형태를 선택하고 ⬇을 드래그하거나 값을 입력한 후 [OK] 버튼을 누르면 도형이 완성된다.

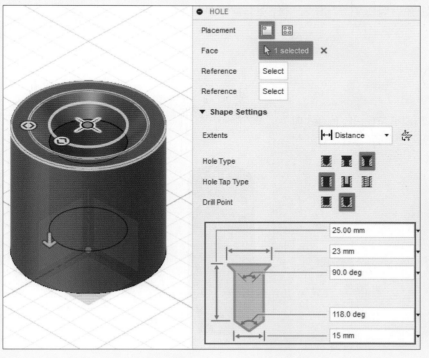

[HOLE] 옵션 창의 속성별 구멍 형태

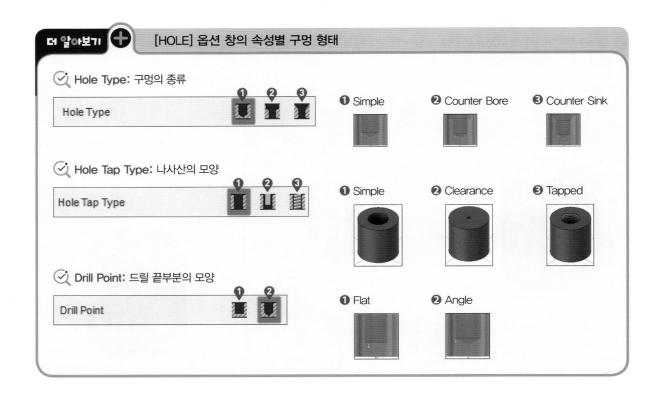

🔍 Hole Type: 구멍의 종류

| Hole Type | ❶ | ❷ | ❸ |

❶ Simple   ❷ Counter Bore   ❸ Counter Sink

🔍 Hole Tap Type: 나사산의 모양

| Hole Tap Type | ❶ | ❷ | ❸ |

❶ Simple   ❷ Clearance   ❸ Tapped

🔍 Drill Point: 드릴 끝부분의 모양

| Drill Point | ❶ | ❷ |

❶ Flat   ❷ Angle

(2) Thread(나사산 만들기)

원기둥이나 구멍에 나사산을 만드는 기능으로 수나사(볼트)와 암나사(너트)를 모두 디자인할 수 있다.

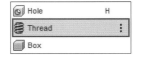

🔩 Hole	H
🧵 Thread	⋮
📦 Box	

🖱️ 수나사(볼트) 만들기

❶ [SKETCH]-[Circle] 메뉴와 [CREATE]-[Extrude] 메
뉴를 이용하여 XZ면(바닥면)을 선택하고 그림과 같이 적
당한 크기의 원기둥을 만든다.

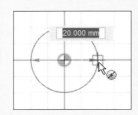

20.000 mm

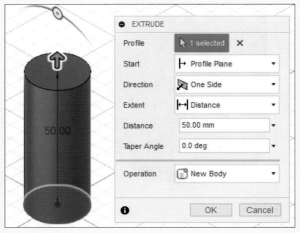

⊖ EXTRUDE	
Profile	▶ 1 selected ✕
Start	⊢ Profile Plane ▾
Direction	⬿ One Side ▾
Extent	↦ Distance ▾
Distance	50.00 mm ▾
Taper Angle	0.0 deg ▾
Operation	🗔 New Body ▾
❶	OK Cancel

50.00

❷ [CREATE]–[Thread] 메뉴를 선택한 후 [THREAD] 옵션 창에서 [Faces] 속성의 'Select'가 활성화되어 있는지 확인하고
원기둥의 옆면을 클릭하면 나사산이 생긴다.

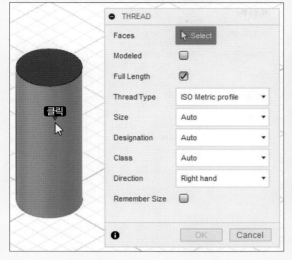 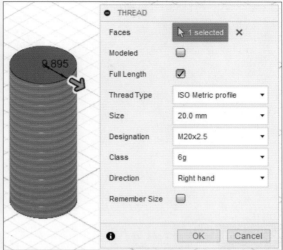

❸ ⟋을 드래그하거나 [THREAD] 옵션 창에서
[Size] 속성에 값을 입력하여 나사의 굵기와
피치 등의 규격을 지정할 수 있다.

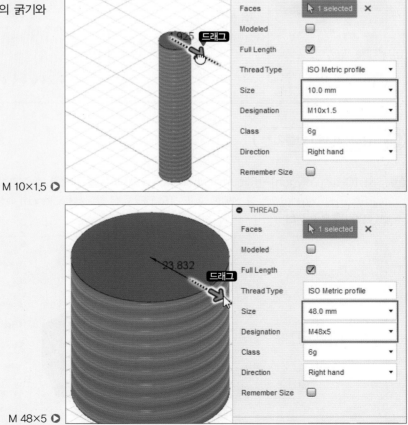

M 10×1.5 ▶

M 48×5 ▶

❹ [Modeled] 속성을 체크 표시하면 실제 나
사산의 모양이 되며 [OK] 버튼을 누르면
그림과 같이 수나사(볼트)가 완성된다.

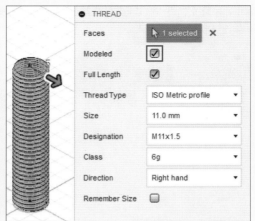

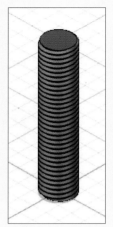

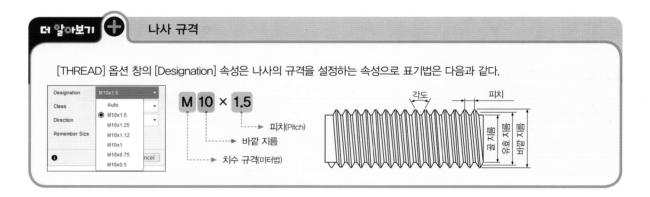

더 알아보기 ➕ 나사 규격

[THREAD] 옵션 창의 [Designation] 속성은 나사의 규격을 설정하는 속성으로 표기법은 다음과 같다.

🖱 **암나사(너트) 만들기**

❶ [SKETCH]-[Polygon]-[Circumscribed Polygon] 메뉴를 선택한 후 XZ면(바닥면)을 선택하고 육각형을 그린다.
[CREATE]-[Extrude] 메뉴를 선택한 후 [EXTRUDE] 옵션 창에서 [Distance] 속성에 '15mm'을 입력하고 [OK] 버튼을 눌
러 육각기둥을 만든다.

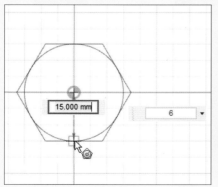

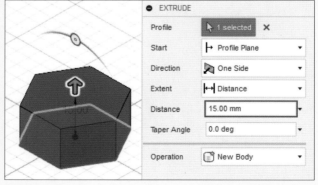

❷ [CREATE]-[Hole] 메뉴를 선택한 후 육각기둥의 윗면을 클릭하여 구멍을 만들고 마우스로 드래그하여 육각면의 가운데
에 위치시킨다.

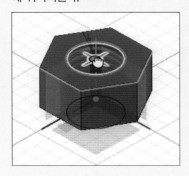

❸ [HOLE] 옵션 창에서 그림과 같이 속성을 정한 후 [OK] 버튼을 눌러 도형을 완성한다.

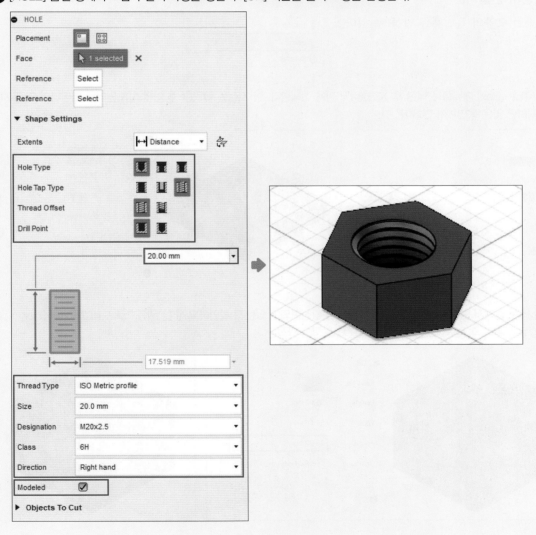

3 입체 도형 만들기 메뉴

지금까지는 입체 도형을 만들기 위해 [SKETCH] 메뉴로 평면 도형을 그린 후 EXTRUDE나 REVOLVE와 같은 확장, 연결 기능을 이용하여 입체화했다.

이에 비해 입체 도형 만들기 메뉴는 이런 번거로움 없이 직접 입체 도형을 만들 수 있다.

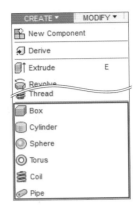

(1) Box(상자 만들기)

상자(Box) 모양의 육면체를 만들 수 있다.

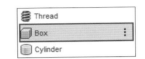

❶ [CREATE]−[Box] 메뉴를 선택한 후 XZ면(바닥면)을 선택한다. 한 지점을 클릭한 후 마우스 포인터를 이동하여 다른 지점을 클릭하면 얇은 육면체가 만들어진다.

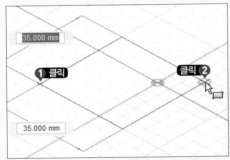
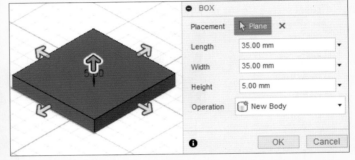

❷ [BOX] 옵션 창에서 [Placement] 속성의 'Plane'이 활성화되어 있는지 확인하고 ⬆를 위쪽으로 드래그하거나 [Height] 속성에 값을 입력한 후 [OK] 버튼을 누르면 육면체 도형이 완성된다.

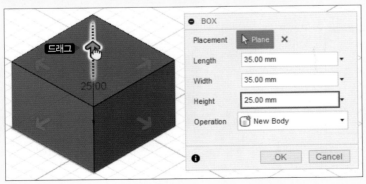
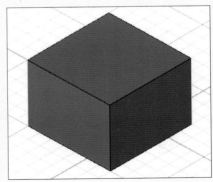

(2) Cylinder(원기둥), Sphere(구), Torus(도넛)

상자 만들기와 같은 방법으로 Cylinder
(원기둥), Sphere(구), Torus(도넛) 등의
입체 도형을 만들 수 있다.

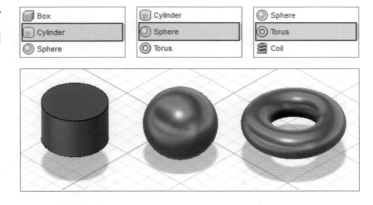

(3) Coil(코일 만들기)

코일(Coil)이나 용수철(스프링) 등의 입체 도형을 만들 수 있다.

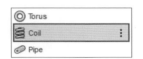

❶ [CREATE]-[Coil] 메뉴를 선택한 후 XZ면(바닥면)을 선택하고 그림과 같이 원을 그린다.

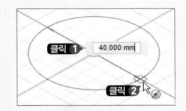

❷ [COIL] 옵션 창에서 각 속성 값을 정하고 [OK] 버튼을 누르면 코일 도형이 완성된다.

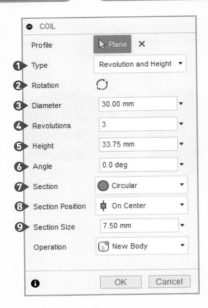

❶ Type: 코일의 높이와 감긴 횟수, 코일 간격 조절 방법 선택

- Revolution and Height: 감긴 횟수와 전체 높이
- Revolution and Pitch: 감긴 횟수와 피치 간격
- Height and Pitch: 전체 높이와 피치 간격
- Spiral: 모기향이나 열선 같은 평평한 나선형

🔵 Spiral

❷ Rotation: 회전 방향(시계 방향, 반 시계 방향)

🔵 시계 방향   🔵 반 시계 방향   🔵 Angle: 30 deg   🔵 Angle: −10 deg

❸ Diameter: 코일의 직경

❹ Revolution: 코일의 감긴 횟수

❺ Height: 코일의 높이

❻ Angle: 코일의 기울기

❼ Section: 코일 단면의 형상

    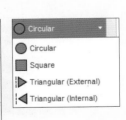

🔵 Circular   🔵 Square   🔵 Triangular(External)   🔵 Triangular(Internal)

❽ Section Position: 단면 기준선의 위치

   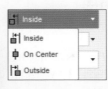

⬥ Inside   ⬥ On Center   ⬥ Outside

❾ Section Size: 단면의 지름

⬥ Section Size: 3mm   ⬥ Section Size: 8mm

▐ 코일 만들기 응용 ▐

[CREATE]−[Cylinder] 메뉴를 이용하여 원기둥을 만든 후 같은 위치에 Coil을 만들어 Diameter, Pitch, Section Size 등을 조절하고 원기둥과 코일이 약간 겹치도록 하여 [Operation] 속성을 'Cut'으로 설정하면 원기둥을 나선형(Screw) 형상으로 만들 수 있다.

 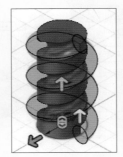 

(4) Pipe(파이프 만들기)

미리 설정한 곡선(Path)을 따라 막대(봉)나 파이프(관) 형상을 만들 수 있다.

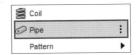

❶ [SKETCH]-[Spline]-[Fit Point Spline] 메뉴를 선택한 후 XZ면 (바닥면)에 그림과 같이 임의의 곡선을 그리고 마지막 지점에서 더블 클릭하여 곡선을 완성한다.

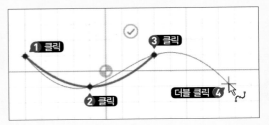

🚩 휨의 정도가 너무 급격하지 않고 원만하게 휘어지도록 그린다.

❷ [CREATE]-[Pipe] 메뉴를 선택한 후 [PIPE] 옵션 창에서 [Path] 속성의 'Select'가 활성화되어 있는지 확인하고 선(Path) 을 클릭하면 그림과 같이 파이프가 만들어진다.

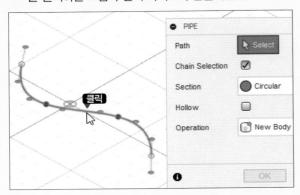

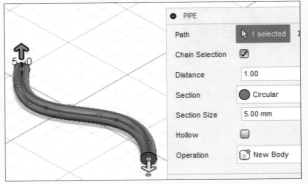

❸ [PIPE] 옵션 창에서 [Distance] 속성 값을 '1' 이하로 변경하거나 파이프 단면 방 향의 ⬇을 드래그하면 파이프의 길이가 짧아진다. 수직 방향의 ⬆을 드래그하거 나 [Section Size] 속성 값을 바꾸면 파이프의 지름을 늘이거나 줄일 수 있다.

🚩 곡선의 곡률을 벗어나는 수치를 입력하면 오류 메시지가 나타나면서 파이프 형상이 사 라지므로 주의한다.

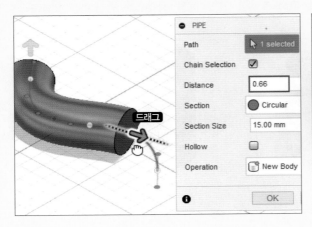

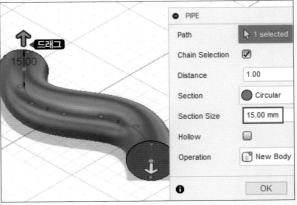

❹ 파이프 길이와 지름을 지정한 후 [OK] 버튼을 눌러 도형을 완성한다.

 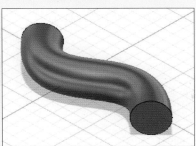

 더 알아보기 ➕ [Pipe] 옵션 창의 속성

◈ Section(단면의 형상): Circular(원형) / Square(사각형) / Triangular(삼각형)

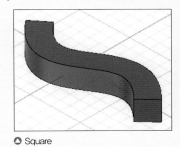 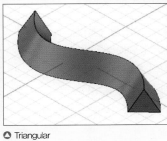 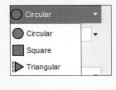

🔺 Square　　　　🔺 Triangular

◈ Hollow(단면의 구멍, 파이프)

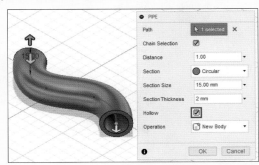

4 복사/복제 메뉴

모델링한 입체 도형을 기준면 또는 축을 중심으로 복제하는
메뉴로 구성되어 있다.

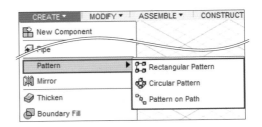

(1) Renctangular Pattern(사각 패턴)

입체 도형을 가로와 세로 방향으로 여러 개 복제(패턴)할 수
있다.

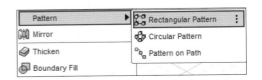

❶ [CREATE]-[Cylinder] 메뉴를 선택한 후 XZ면(바닥면)을 선택
하고 그림과 같이 원기둥을 만든다.

> ★ 패턴 복제를 할 것
> 이므로 너무 크게 그
> 리지 않도록 한다.

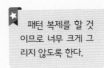

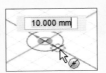

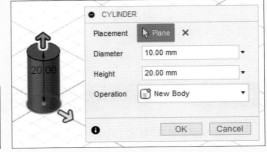

❷ [CREATE]-[Pattern]-[Rectangular Pattern] 메뉴를 선택한
후 [RECTANGULAR PATTERN] 옵션 창에서 [Pattern Type]
속성을 'Bodies'로 변경한다. [Objects] 속성의 'Select'가 활성
화되어 있는 것을 확인하고 원기둥을 클릭한다.

> ★ 'Bodies'는 원기둥의 아무 곳이나
> 클릭해도 전체가 선택되는 속성이며 필
> 요에 따라 다른 속성을 선택할 수 있다.

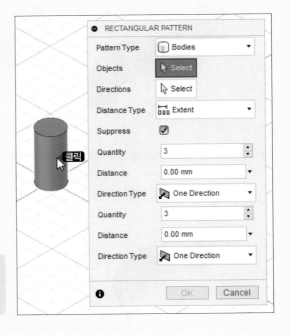

❸ [Directions] 속성의 'Select'를 선택한 후 원점을 중심으로 세 개의 축과 기준면이 나타난다. 원기둥을 복제할 방향(X축)을 클릭하면 화살표가 나타난다.

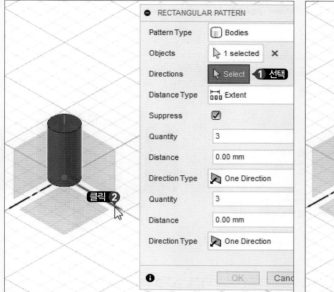 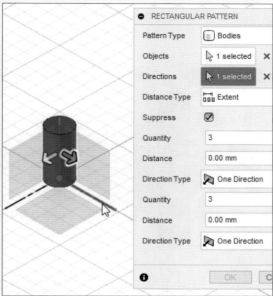

❹ 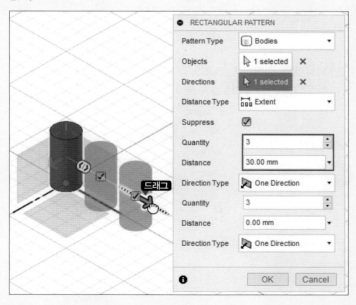을 드래그하거나 [Distance] 속성에 패턴을 형성할 전체 길이(30mm), [Quantity] 속성에 복제할 개수를 입력한다(기본 값 3).

❺ 을 드래그하거나 아래쪽 [Distance] 속성에 값을 입력하면 원기둥이 복제되며 [OK] 버튼을 누르면 도형의 복제가 완성된다.

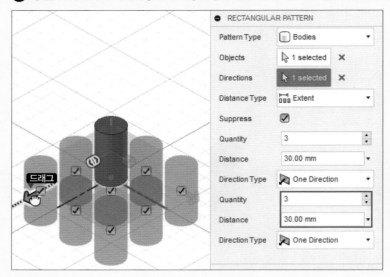

(2) Circular Pattern(원형 패턴)

축을 중심으로 입체 도형을 원형의 형태로 여러 개 복제하는 기능이다.

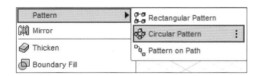

❶ [CREATE]-[Sphere] 메뉴를 선택한 후 XZ면(바닥면)을 선택하고 그림과 같이 원점 근처에 작은 공(구)을 만든다. [Sphere] 옵션 창에서 [Diameter] 속성에 '10mm'을 입력하고 [OK] 버튼을 누른다.

❷ [CREATE]-[Pattern-[Circular Pattern] 메뉴를 선택한 후 [CIRCULAR PATTERN] 옵션 창에서 [Pattern Type] 속성을 'Bodies'로 변경한다. [Objects] 속성의 'Select'가 활성화되어 있는지 확인하고 공 도형을 클릭한다.

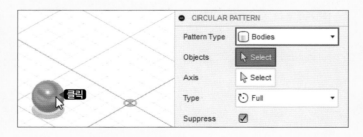

❸ [Axis] 속성의 'Select'를 선택하면 세 개의 축과 기준면이 나타난다. 원형 패턴의 기준축이 될 Y축(녹색)을 클릭하면 선택한 축을 중심으로 세 개의 구가 원형으로 복제된다.

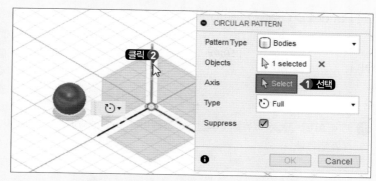

[Quantity] 속성의 기본 값이 '3'이므로 처음에는 3개의 도형이 복제된다.

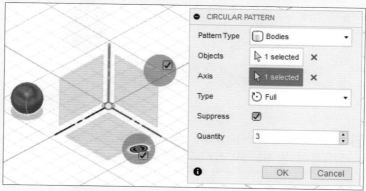

❹ ◉을 드래그하거나 [Quantity] 속성에 값을 입력하면 그 수만큼 도형이 복제되며 [OK] 버튼을 누르면 원형 패턴이 완성된다.

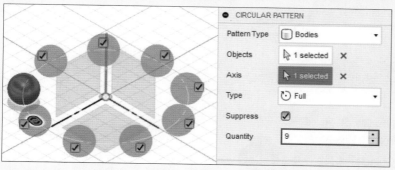

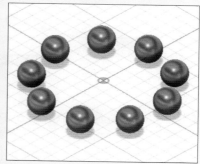

• 구와 구가 맞닿을 만큼 [Quantity] 속성의 개수를 조절하면 원형 반지와 같은 도형을 만들 수 있다.

• [CIRCULAR PATTERN] 옵션 창에서 [Type] 속성을 'Angle'로 설정하고 [Total Angle] 속성의 각도를 변경하면 그 각도의 범위 안에 지정한 개수만큼의 도형이 복제된다.

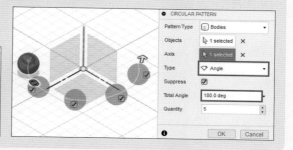

(3) Pattern on Path(경로 패턴)

미리 정해둔 경로(Path)를 따라 입체 도형을 복제하는 기능이다.

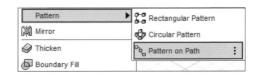

① [CREATE]-[Box] 메뉴를 선택한 후 XZ면(바닥면)을 선택하고 그림과 같이 원점의 위쪽에 각 변의 길이가 '10mm'인 육면체를 만든다.

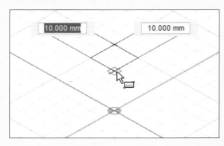

② [SKETCH]-[Spline]-[Fit Point Spline] 메뉴를 선택한 후 XZ면(바닥면)을 선택한다. 그림과 같이 곡선을 그려서 경로를 만들고 마지막 지점에서 더블 클릭하여 선 작업을 마친다.

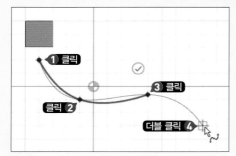
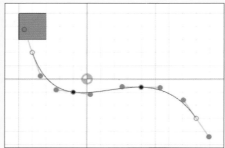

> 곡선의 기울기가 너무 급격하게 꺾이지 않도록 한다.

③ [CREATE]-[Pattern]-[Pattern on Path] 메뉴를 선택한 후 [PATTERN ON PATH] 옵션 창에서 [Pattern Type] 속성을 'Bodies'로 변경한다. [Objects] 속성의 'Select'가 활성화되어 있는지 확인하고 복제할 상자를 클릭한다.

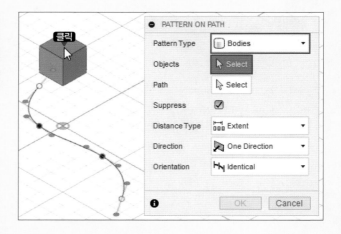

❹ [Path] 속성의 'Select'를 선택한 후 곡선 부분을 클릭한다.

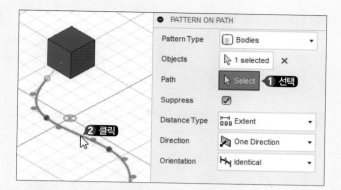

❺ 경로(곡선) 부근에 나타난 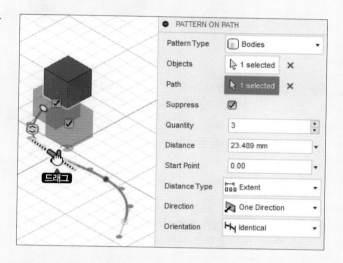을 드래그하면 선을 따라 두 개의 상자가 복제된다.

❻ [Quantity] 속성과 [Distance] 속성에 값을 입력하고 [OK] 버튼을 누르면 그림과 같이 경로(곡선)를 따라 복제한 도형이 완성된다.

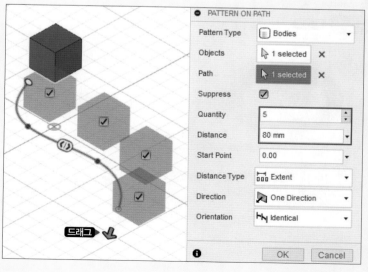

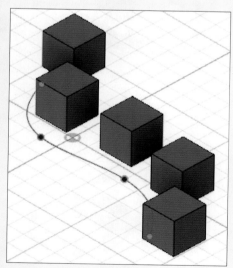

(4) Mirror(대칭 복제)

기준면을 중심으로 입체 도형을 대칭으로 복제할 수 있다.

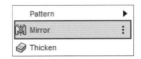

❶ [CREATE]–[Torus] 메뉴를 선택한 후 XZ면(바닥면)을 선택하고 그림과 같이 도넛 모양의 입체 도형을 만든다.

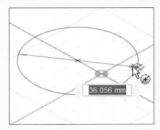

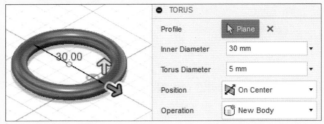

> 🚩 두 개의 고리가 겹치는 형상으로 복제할 것이므로 원점 부근에 도넛을 위치시킨다.

❷ [CREATE]–[Mirror] 메뉴를 선택한 후 [MIRROR] 옵션 창의 [Pattern Type]을 'Bodies'로 변경하고 [Object] 속성의 'Select'가 활성화되어 있는지 확인한 후 도넛 부분을 클릭한다.

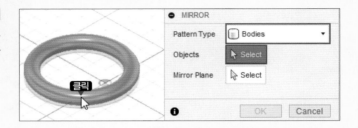

❸ [Mirror Plane] 속성의 'Select'를 선택하면 원점에 축과 기준면이 나타나며 YZ면(왼쪽 수직면)을 선택하고 도넛 도형이 대칭으로 복제되면 [OK] 버튼을 누르고 도형을 완성한다.

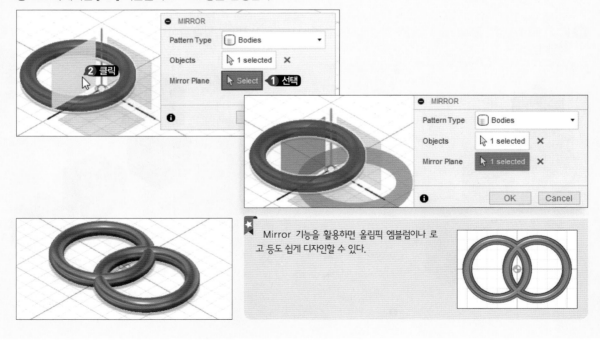

> 🚩 Mirror 기능을 활용하면 올림픽 엠블럼이나 로고 등도 쉽게 디자인할 수 있다.

③ MODIFY(편집 모델링)

[MODIFY] 메뉴는 [SKETCH]나 [CREATE] 메뉴를 이용하여 만든 입체 도형을 정밀하게 다듬거나 수정하는 경우, 두 도형을 합치거나 분리하고 정렬하는 경우에 주로 사용되는 명령으로 입체 도형 디자인을 마무리하는 단계의 메뉴들로 구성되어 있다.

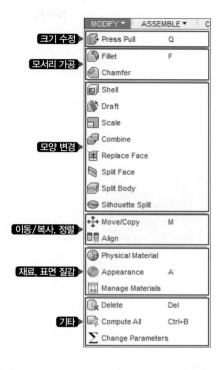

1 크기 수정 메뉴

(1) Press Pull(밀고 당기기)

이미 작성된 입체 도형의 크기를 추가로 확대하거나 축소할 수 있다.

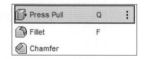

❶ [CREATE]-[Box] 메뉴를 선택한 후 XZ면(바닥면)을 선택하고 그림과 같이 육면체를 만든다.

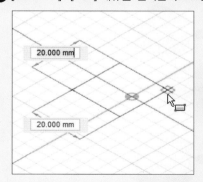

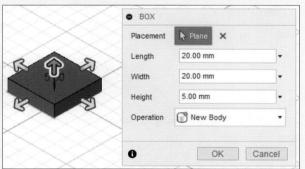

❷ [MODIFY]–[Press Pull] 메뉴를 선택한 후 [PRESS PULL] 옵션 창에서 [Selection] 속성의 'Select'가 활성화되어 있는지 확인하고 확장 또는 축소할 면을 클릭한다.

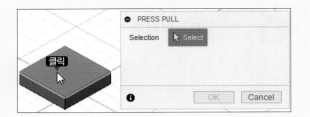

❸ [PRESS PULL] 옵션 창이 [OFFSETFACES] 옵션 창으로 변경되면 ⬆을 드래그하거나 [Distance] 속성에 값을 입력한다.

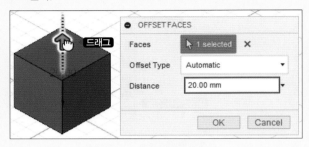

> 확대/축소할 방향의 면을 마우스 오른쪽 버튼으로 클릭한 후 마킹 메뉴에서 [Press Pull]을 선택하여 드래그해도 된다.

더 알아보기 ➕ [Offset Type] 속성

높이가 '5mm'인 육면체의 윗면을 Press Pull 기능을 이용하여 '15mm' 확대할 경우 Offset Type별로 다음과 같은 차이가 있다.

🔍 Modify Existing Feature

기존의 높이(5mm)를 무시하고 바닥에서부터 '15mm'가 확장되어 육면체의 높이가 '15mm'가 된다.

🔺 Modify Existing Feature

🔍 New Offset

기존의 높이(5mm)에 확장 길이(15mm)를 더하여 육면체의 높이가 '20mm'가 된다.

🔺 New Offset

2 모서리 가공 메뉴

날카로운 모서리를 부드럽게 다듬기 위한 메뉴들로 구성되어 있으며 둥글게 가공하는 모깎기(Fillet)와 모서리를 경사면으로 가공하는 모따기(Chamfer)가 있다.

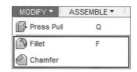

(1) Fillet(모깎기)

날카로운 모서리를 부드럽게 하기 위해 둥글게 다듬을 수 있다.

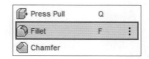

> 한 모서리 모깎기

❶ [CREATE]-[Box] 메뉴를 선택한 후 XZ면(바닥면)을 선택하고 그림과 같이 치수대로 육면체를 만들고 [OK] 버튼을 누른다.

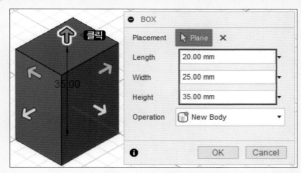

❷ [MODIFY]-[Fillet] 메뉴를 선택한 후 [FILLET] 옵션 창에서 [Edges] 속성이 ▨와 같이 활성화되어 있는지 확인하고 육면체의 모서리를 클릭한다.

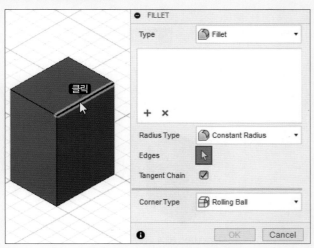

❸ 🖱을 드래그하거나 선택한 모서리(1Edge)의 모깎기 반경(Radius)을 입력하면 모깎기가 완성된다.

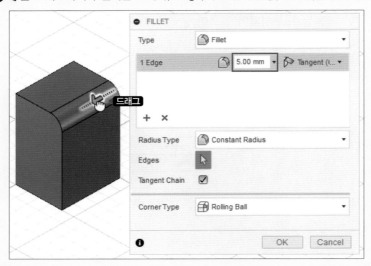

🔍 **Constant Radius**: 짧은 면의 끝까지 Fillet이 끝나도 긴 면 끝까지 Fillet 가능

🔍 **Chord Length**: 짧은 면의 끝까지만 Fillet이 적용되며 초과할 경우 오류 메시지

🔍 **Variable Radius**: 좌, 우의 Fillet 크기를 다르게 적용 가능

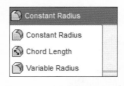

🔺 Constant Radius

🔺 Chord Length

🔺 Variable Radius

❶ [CREATE]–[Box] 메뉴를 선택한 후 XZ면(바닥면)을 선택한다. 한 지
점을 클릭한 후 마우스 포인터를 이동하여 다른 지점을 클릭한다.

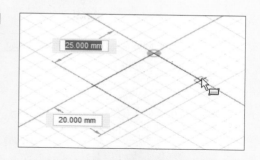

❷ [BOX] 옵션 창에서 [Placement] 속성의 'Plane'이 활성화되어 있는지 확인하고 치수대로 육면체를 작성한 후 [OK] 버튼
을 누른다.

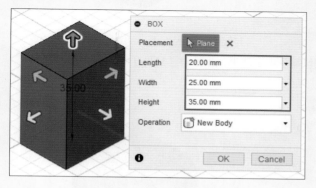

❸ [MODIFY]–[Fillet] 메뉴를 선택한 후 [FILLET] 옵션 창에서 [Type] 속성은 'Fillet', [Edges] 속성은 🔖로 활성화되어 있는
지 확인하고 육면체의 세 모서리를 차례로 클릭한다.

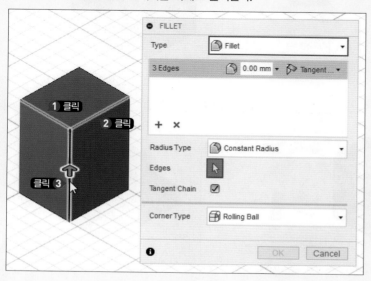

❹ ⬆을 드래그하거나 선택한 세 모서리(3Edge)의 모깎기 반경(Radius)을 입력(5mm)하면 세 모서리에 동시에 적용된다.

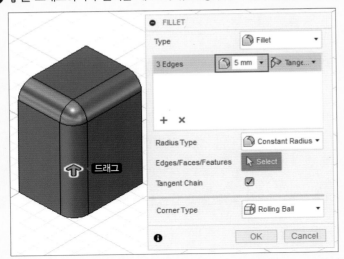

❺ [Corner Type] 속성을 'Setback'으로 설정하면 꼭짓점 부근에 보강대를 댄 것 같은 모깎기 형상이 된다.

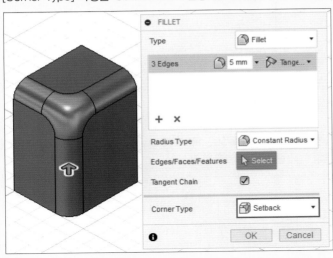

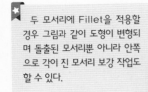 두 모서리에 Fillet을 적용할 경우 그림과 같이 도형이 변형되며 돌출된 모서리뿐 아니라 안쪽으로 각이 진 모서리 보강 작업도 할 수 있다.

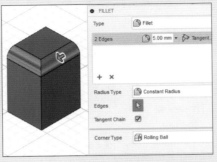
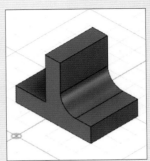

❶ 정육면체의 모서리를 클릭한 후 [FILLET] 옵션 창에서 [Radius Type] 속성을 'Variable Radius'로 변경하고 선택된 모서리의 중간 부분을 클릭한다.

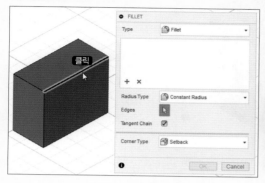
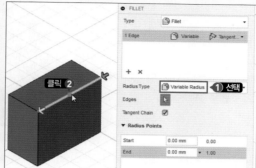

❷ 클릭한 부분에 새로 나타난 ✥을 드래그하거나 [Radius Points] 속성의 [Point 1]의 값을 조절하면 모서리의 가운데 부분만 Fillet이 적용되어 도형이 변경된다.

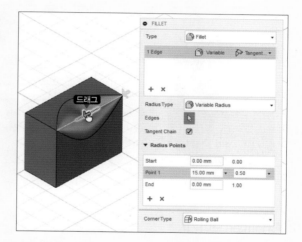

❸ 같은 방법으로 Fillet을 다양하게 활용하면 독특한 형상의 입체 도형을 만들 수 있다.

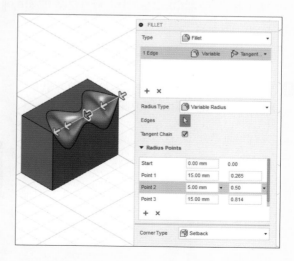

Rule Fillet(일괄 모깎기)

1 [CREATE]-[Box] 메뉴를 선택한 후 XZ면
(바닥면)을 선택하고 그림과 같이 육면체를
만든다. [MODIFY]-[Fillet] 메뉴를 선택한 후
[FILLET] 옵션 창에서 [Type] 속성을 'Rule
Fillet'으로 변경하고 [Faces/Feature] 속성
의 'Select'가 활성화되어 있는지 확인하고
육면체의 윗면을 클릭한다.

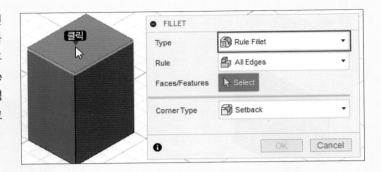

2 🔧을 드래그하거나 [Fillet] 옵션 창에서 [Radius] 속성에 값을 입력하면 선택한 면에 속한 모든 모서리에 동시에 모깎기가
적용된다.

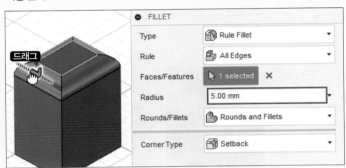

(2) Chamfer(모따기)

모따기 또는 모떼기라고도 하며 날카로운 모서리에
비스듬한 경사면이 생기도록 깎는 가공법이다.

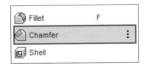

> **보충 설명**
> 모서리를 평평하게 깎는다는 점
> 에서 모서리를 둥글게 가공하는 모
> 깎기 작업과 차이가 있다.

1 [CREATE]-[Box] 메뉴를 선택한 후 XZ면(바닥면)
을 선택하고 그림과 같이 육면체를 작성한다.

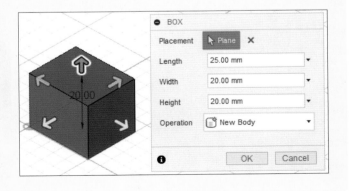

❷ [MODIFY]–[Chamfer] 메뉴를 선택한 후 [CHAMFER] 옵션 창에서 [Edges] 속성의 'Select'가 활성화되어 있는지 확인하고 모따기를 적용할 모서리를 클릭한다.

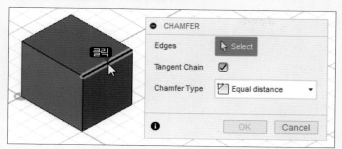

❸ [Chamfer Type] 속성에서 'Equal distance'를 선택한 후 모서리 부분에 나타난 ✎을 드래그하거나 [Distance] 속성에 Chamfer에 적용할 값을 입력하면 모서리에 인접한 두 면이 대칭의 형태로 모따기가 적용된다.

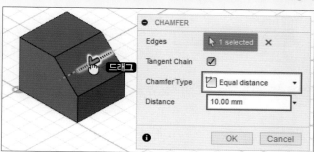 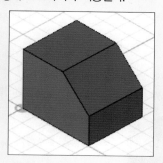

 더 알아보기 ➕ [Chamfer Type] 속성

✓ **Equal distance**: 선택한 모서리를 기준으로 두 면에 동일한 모따기 치수 적용

✓ **Two Distance**: 선택한 모서리를 기준으로 두 면에 서로 다른 모따기 치수 적용

✓ **Distance and angle**: 모따기 치수를 먼저 정한 후 추가로 기울기 적용

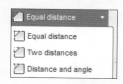

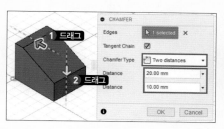 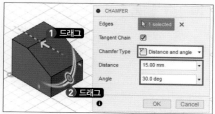

3 모양 변경 메뉴

입체 도형의 안쪽을 비우거나 표면 기울이기, 합치거나 분리시키는 등 목적에 따라 도형의 모양을 바꾸는 메뉴로 구성되어 있다.

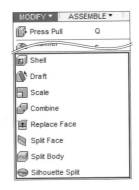

(1) Shell(속 비우기)

물체의 내부에 빈 공간을 만들어 그릇이나 꽃병 등을 모델링할 수 있다.

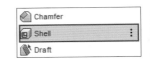

보충 설명

Shell: 달걀이나 호두 또는 조개류의 딱딱한 껍데기

❶ [CREATE]−[Cylinder] 메뉴를 선택한 후 XZ면(바닥면)을 선택하고 그림과 같이 적당한 크기의 원기둥을 만든다.

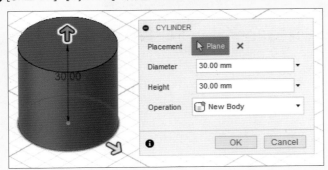

❷ [MODIFY]−[Shell] 메뉴를 선택한 후 [SHELL] 옵션 창에서 [FACE/BODY] 속성의 'Select'가 활성화되어 있는지 확인하고 속을 비울 입구 면을 클릭한다.

❸ [SHELL] 옵션 창에서 [Direction] 속성이 'Inside'일 경우 ↖을 원기둥 안쪽으로 드래그하거나 [Inside Thickness] 속성에 값을 입력하면 원기둥 표면의 안쪽으로 두께가 형성된다.

화살표는 클릭한 위치에 따라 방향이 다른 모양으로 표시된다.

더 알아보기 ➕ **[Direction] 속성**

◎ **Inside:** Shell의 두께가 표면 안쪽으로 생성

◎ **Outside:** Shell의 두께가 표면 바깥쪽으로 생성

◎ **Both:** 표면 안쪽과 바깥쪽의 두께를 각각 설정

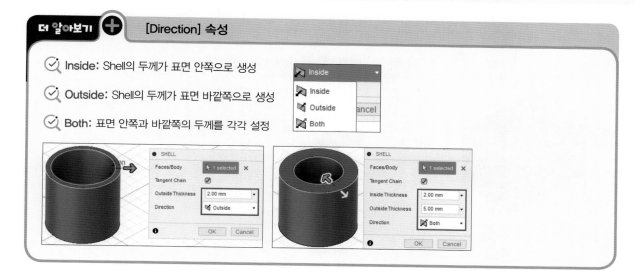

(2) Draft(경사주기)

입체 도형에서 선택한 면이 경사지도록 기울일 수 있다.

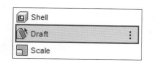

❶ [CREATE]-[Box] 메뉴를 선택한 후 XZ면(바닥면)을 선택하고 원점 옆에 다음과 같은 크기의 육면체를 만든다.

원점을 벗어난 위치에 작성하는 이유는 Draft의 기준이 되는 면을 선택할 때 잘 보이도록 하기 위해서이다.

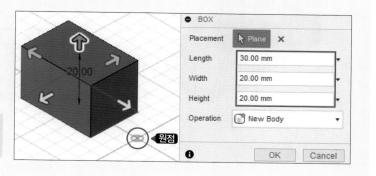

❷ [MODIFY]–[Draft] 메뉴를 선택한 후 [DRAFT] 옵션 창에서 [Plane] 속성의 'Select'가 활성화되어 있는지 확인하고 기준면(기울이지 않을 면)을 클릭한다.

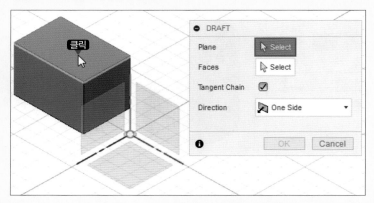

❸ [Faces] 속성의 'Select'가 자동으로 활성화되면 기울일 면(앞쪽 수직면)을 클릭한다.

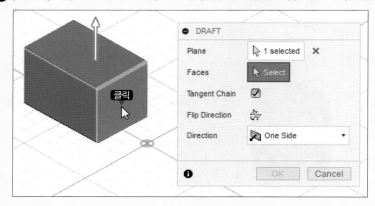

❹ 을 드래그하거나 [Angle] 속성에 각도를 입력하면 선택한 면이 기울어지게 된다.

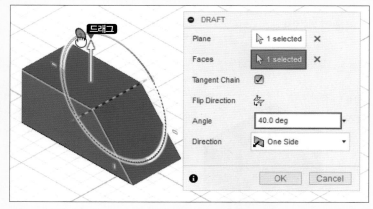
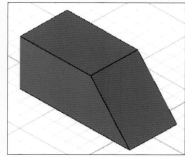

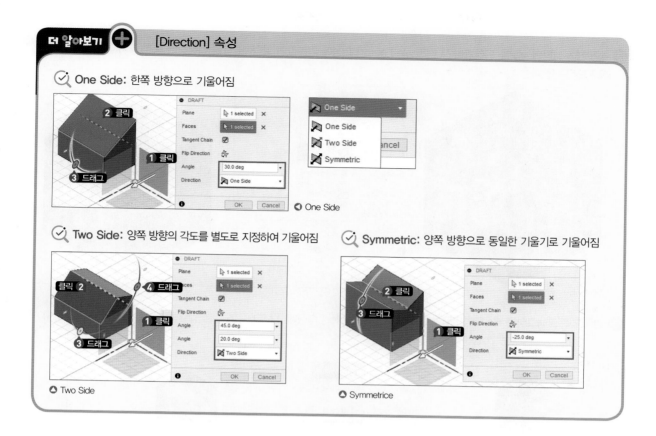

🔍 One Side: 한쪽 방향으로 기울어짐

◀ One Side

🔍 Two Side: 양쪽 방향의 각도를 별도로 지정하여 기울어짐

🔺 Two Side

🔍 Symmetric: 양쪽 방향으로 동일한 기울기로 기울어짐

🔺 Symmetrice

(3) Scale(축척 변경하기)

도형의 축척을 변경하여 다른 크기로 만들 수 있다.

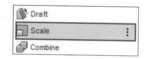

❶ [CREATE]–[Box] 메뉴를 선택한 후 XZ면(바닥면)을 선택하고 그림과 같이 적당한 크기의 육면체를 만든다. [MODIFY]–[Scale] 메뉴를 선택한 후 [SCALE] 옵션 창에서 [Entities] 속성의 'Select'가 활성화되어 있는지 확인하고 확대나 축소의 기준이 되는 육면체의 꼭짓점을 클릭한다.

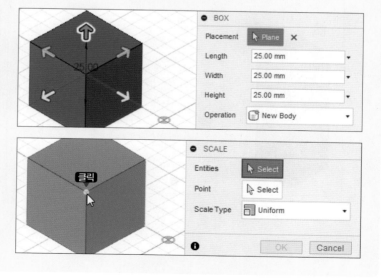

❷ 꼭짓점에 나타난 ➡️을 드래그하거나 [Scale Factor] 속성에 기본값 '1'보다 큰 값을 입력하면 축척(크기)이 변경되어 원본 크기보다 커진다.

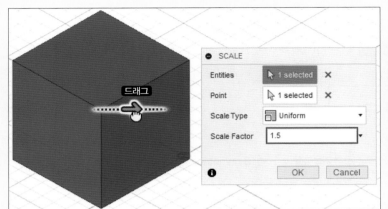
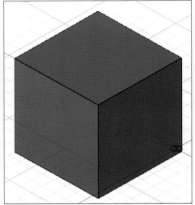

❸ 왼쪽으로 드래그하면 ⬅️모양으로 변경되며 [Scale Factor] 속성에 '1'보다 작은 값을 입력하면 원본 크기보다 작아진다.

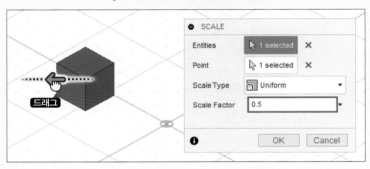
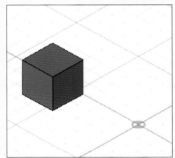

❹ [Scale Type] 속성을 'None Uniform'으로 선택하면 X, Y, Z축 방향으로 각각 다른 축척을 적용할 수 있다.

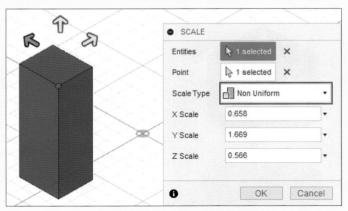

> 속성을 변경하면 [Scale Factor] 속성의 각 축의 축척이 모두 '1'로 초기화된다.

(4) Combine(결합하기)

두 개 이상의 입체 도형을 결합하거나 겹친 부분을 제거하고 서로 교차되는 부분(교집합)만 남기는 등 여러 가지 기하학적 형상의 도형을 만들 수 있다.

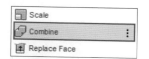

❶ [CREATE]–[Box] 메뉴를 선택한 후 XZ면(바닥면)을 선택하고 육면체 도형을 만든다. 원기둥을 만들기 위해 [CREATE]–[Cylinder] 메뉴를 선택하고 육면체 윗면을 클릭한다.

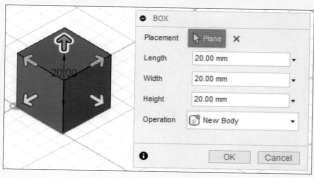
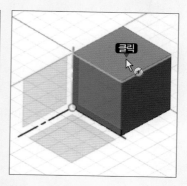

❷ 육면체 윗면의 중심을 기준으로 원기둥을 만든 후 [CYLINDER] 옵션 창에서 [Operation] 속성을 'New Body'로 변경하고 [OK] 버튼을 누른다.

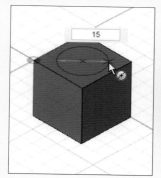
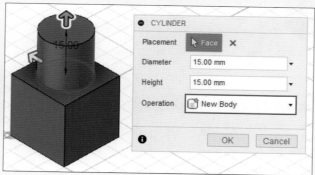

❸ [BROWSER] 창에서 ▷을 누르면 Body1(육면체), Body2(원기둥)이 서로 독립된 도형임을 확인할 수 있다.

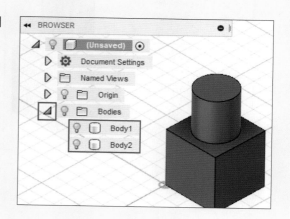

❹ 두 도형을 결합하기 위해 [CREATE]-[Combine] 메뉴를 선택한 후 [COMBINE] 옵션 창에서 [Target Body] 속성의
'Select'가 활성화되어 있는지 확인하고 두 도형 중 하나(육면체)를 클릭한다.

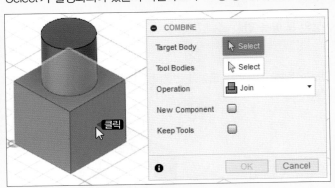

❺ [Tool Bodies] 속성의 'Select'가 활성화되면 나머지 도형(원기둥)도 클릭하고 [Operation] 속성을 'Join'으로 변경한다.

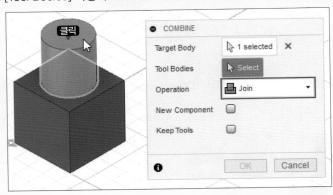

❻ [BROWSER] 창의 두 개체가 하나의 개체(Body1)로 된 것을 확인할 수 있다.

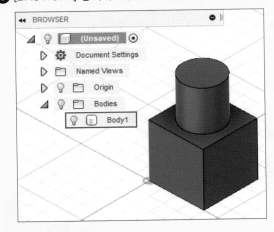

두 개 이상의 입체 도형을 연결하여 디자인할 때 Join(합치기) 속성을 이용해도 COMBINE 기능과 동일한 작업을 할 수 있으며 Cut(빼기)이나 Intersect(교차 도형)등의 작업도 가능하다.

[CREATE]-[Box] 메뉴를 선택한 후 XZ면(바닥면)을 선택하고 육면체 도형을 만든다. [CREATE]-[Sphere] 메뉴를 선택한 후 육면체의 윗면을 선택하고 다시 오른쪽 위 꼭짓점을 클릭한다.

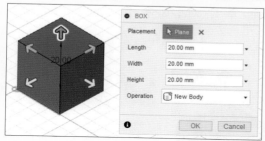 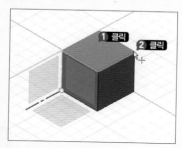

✅ Cut

두 도형이 교차하는 부분을 제거한다.

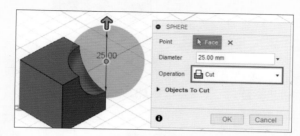 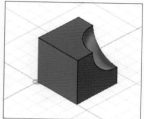

✅ Join

두 도형을 하나로 결합한다.

 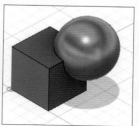

✅ Intersect

두 도형이 교차하는 부분만 남기고 나머지는 모두 제거한다.

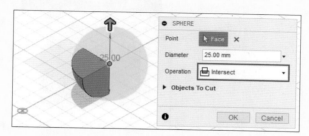 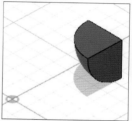

(5) Replace Face(면 대체하기)

입체 도형 가운데 선택된 면을 다른 형태의 면으로 대체할 수 있다.

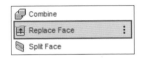

❶ [CREATE]-[Box] 메뉴를 선택한 후 XZ면(바닥면)을 선택하고 그림과 같이 육면체를 만든다. 육면체 위에 새로운 기준면
을 만들기 위해 [CONSTRUCT]-[Offset Plane] 메뉴를 선택한 후 육면체의 윗면을 클릭하고 ⬆을 드래그하거나
[Distance] 속성에 '15mm'을 입력한다.

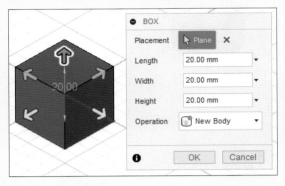
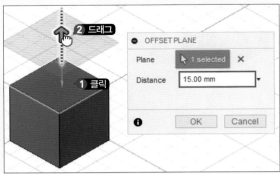

❷ [SKETCH]-[Circle]-[Center Diameter Circle] 메뉴를 선택한 후 새 기준면을 클릭하고 기준면이 평면 상태가 되면 육면체 가운데 지점을 중심으로 육면체보다 더 큰 원을 그린다.

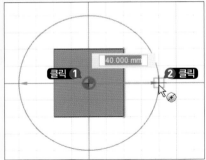

❸ [STOP SKETCH]( )를 누르고 화면이 입체 상태가 되면 [CREATE]-[Extrude] 메뉴를 선택한 후 원을 클릭하고 [EXTRUDE] 옵션 창에서 [Distance] 속성에 '0.1mm'을 입력하고 [OK] 버튼을 누른다.

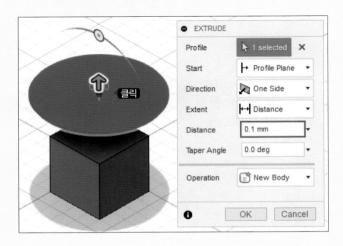

❹ 원판의 윗면에서 마우스 오른쪽 버튼을 클릭한 후 마킹 메뉴(marking menu)에서 [Move/Copy]를 선택한다. [MOVE/COPY] 옵션 창에서 [Move Object] 속성을 'Bodies'로 변경한 후 ⟶ 을 드래그하거나 [X Angle] 속성을 '20deg'로 설정하고 [OK] 버튼을 누른다.

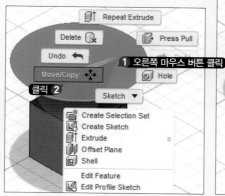

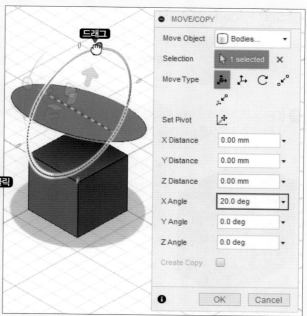

❺ [MODIFY]-[Replace Face] 메뉴를 선택한 후 [REPLACE FACE] 옵션 창에서 [Source Faces] 속성의 'Select'가 선택되어 있는지 확인하고 육면체의 윗면을 클릭한다. [Target Faces] 속성의 'Select'를 클릭한 후 원판을 클릭하고 [OK] 버튼을 누른다.

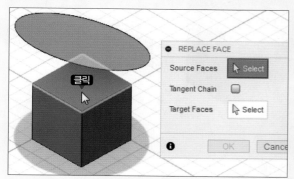

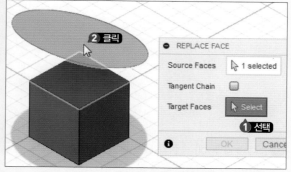

❻ 육면체의 윗면이 원판으로 대체되고 뷰 큐브의 [RIGHT]를 클릭하여 도형을 회전시키면 육면체 위에 지붕을 얹은 것처럼 기울어진 것을 확인할 수 있다.

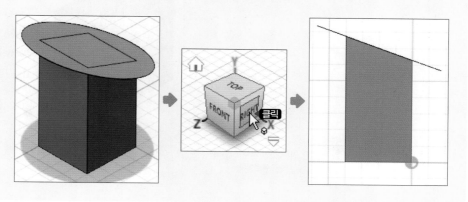

(6) Split Face(면 분할하기)

입체 도형의 면(Face)을 분할할 수 있다.

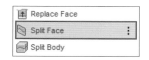

① [CREATE]-[Box] 메뉴를 선택한 후 XZ면(바닥면)을 선택하고 그림과 같이 육면체를 만든다. [SKETCH]-[Line] 메뉴를 선택한 후 육면체의 옆면을 기준면이 되도록 클릭하고 분할할 선을 작성한다.

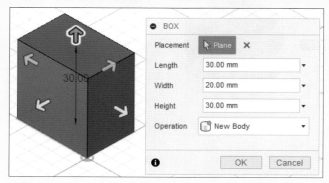
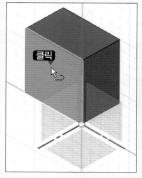
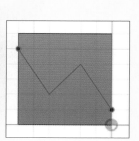

② [MODIFY]-[Split Face] 메뉴를 선택한 후 [SPLIT FACE] 옵션 창에서 [Faces to Split] 속성의 'Select'가 활성화되어 있는지 확인하고 분할할 면을 클릭한다.

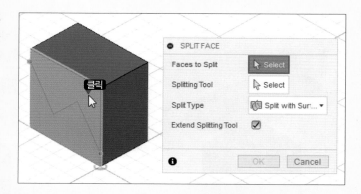

③ [Splitting Tool] 속성의 'Select'를 선택한 후 분할하기 위해 작성한 선을 클릭한다.

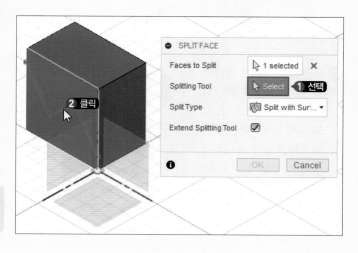

> ★ 선택한 면과 선이 모두 파란색이므로 잘 구분하여 클릭한다.

❹ 선을 따라 붉은색 분할 면이 생성되면 [OK] 버튼을 클릭한다. 옆면의 어느 한 부분에 마우스 포인터를 위치시키거나 클릭하면 두 개의 면으로 분할된 것을 확인할 수 있다.

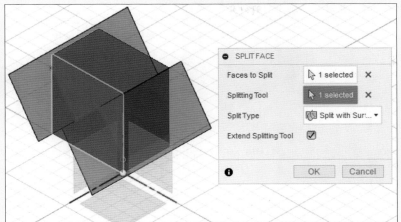
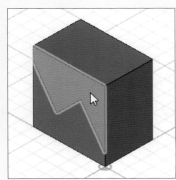

(7) Split Body(몸체 분할하기)

입체 도형의 몸체(Body)를 분할할 수 있다.

❶ [CREATE]−[Box] 메뉴를 선택한 후 XZ면(바닥면)을 선택하고 그림과 같이 육면체를 만든다.

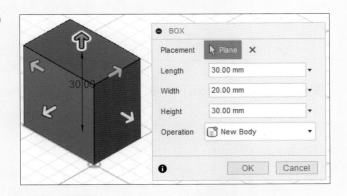

❷ [SKETCH]−[Line] 메뉴를 선택한 후 육면체의 옆면을 기준면이 되도록 클릭하고 분할할 선을 작성한다.

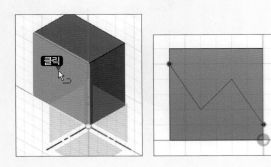

❸ [MODIFY]-[Split Body] 메뉴를 선택한 후 [SPLIT BODY] 옵션 창에서 [Body to Split] 속성의 'Select'가 활성화되어 있는지 확인하고 분할할 몸체를 클릭한다.

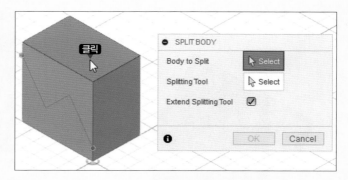

❹ [Splitting Tool] 속성의 'Select'를 선택한 후 분할하기 위해 작성한 선을 클릭하고 붉은색 분할면이 생성되면 [OK] 버튼을 누르고 몸체를 둘로 나눈다.

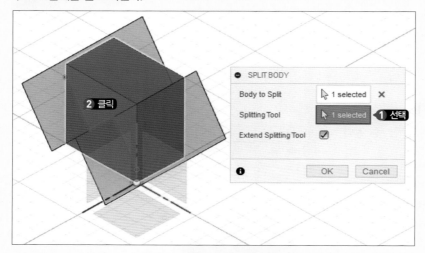

❺ [MODIFY]-[Move/Copy] 메뉴를 선택한 후 위쪽 도형을 선택하고 ⬆을 드래그하면 도형이 분리되는 것을 확인할 수 있다.

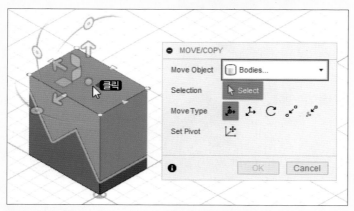

⭐ 육면체를 마우스 오른쪽 버튼으로 클릭한 후 마킹 메뉴(Marking Menu)에서 [Move/Copy]를 선택해도 된다.

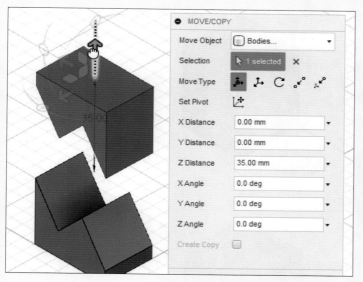

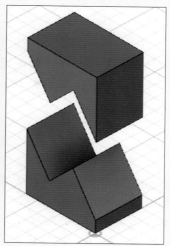

(8) Silhouette Split(실루엣 분할하기)

입체 도형의 윤곽 라인을 기준으로 분할하는 기능으로 실루엣이 없는 경우에는 반으로 분할한다.

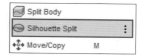

❶ [CREATE]─[Box] 메뉴를 선택한 후 XZ면(바닥면)을 선택하고 그림과 같이 육면체를 만든다. [MODIFY]─[Shell] 메뉴를 선택한 후 윗면을 클릭하고 👈을 드래그하거나 [Inside Thickness] 속성에 값을 입력한 후 [OK] 버튼을 누른다.

※ 160쪽 '(1) Shell(속 비우기)' 참조

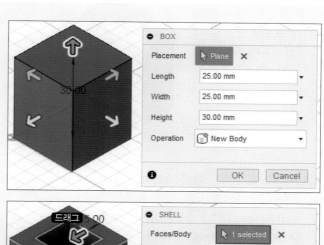

❷ [MODIFY]–[Silhouette Split] 메뉴를 선택한 후 [SILHOUETTE SPLIT] 옵션창에서 [View Direction] 속성의 'Select'가 활성화되어 있는지 확인하고 분할하고자 하는 방향의 면(윗면)을 클릭한다.

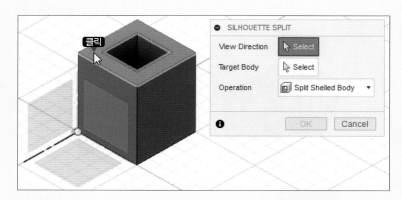

❸ [Target Body] 속성의 'Select'가 활성화되면 [Operation] 속성이 'Split Shelled Body'로 설정되어 있는지 확인한 후 분리하고자 하는 몸체를 클릭한다.

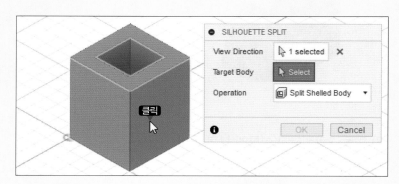

❹ 육면체가 파란색으로 바뀌면서 가운데 부분에 붉은색 분할 표시가 나타나면 [OK] 버튼을 누르고 분리를 완료한다.

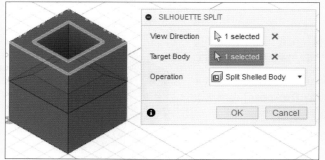
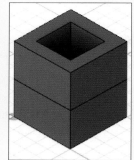

❺ 정상적으로 분리되었는지 확인하기 위해 [MODIFY]–[Move/Copy] 메뉴를 선택한 후 [MOVE/COPY] 옵션 창에서 [Move Object] 속성에 'Bodies'를 선택하고 분리된 몸체의 윗부분을 클릭한다.

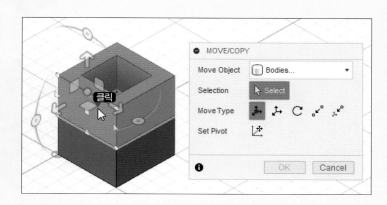

❻ ⬆을 드래그하면 도형이 두 개로 분리되는 것을 확인할 수 있다.

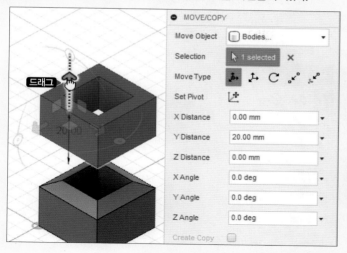
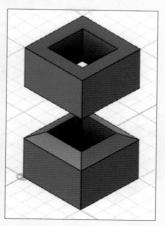

4 이동/복사, 정렬 메뉴

디자인한 입체 도형을 이동, 회전시키거나 복사 또는 정렬하는 메뉴로 구성되어 있다.

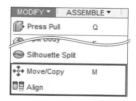

(1) Move/Copy(이동/복사)

입체 도형을 이동, 회전 또는 복사할 수 있다.

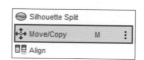

❶ [CREATE]-[Box] 메뉴를 선택한 후 XZ면(바닥면)을 선택하고 육면체를 작성한다. [MODIFY]-[Move/Copy] 메뉴를 선택한 후 [MOVE/COPY] 옵션 창에서 [Selection] 속성의 'Select'가 활성화되어 있는지 확인하고 육면체의 몸체(Body) 부분을 클릭한다.

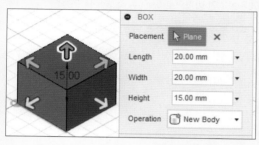
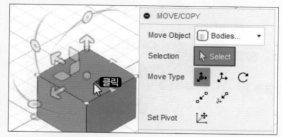

❷ 클릭한 곳에 이동/회전 툴이 생성되며 [MOVE/COPY] 옵션 창이 그림과 같이 바뀐다.

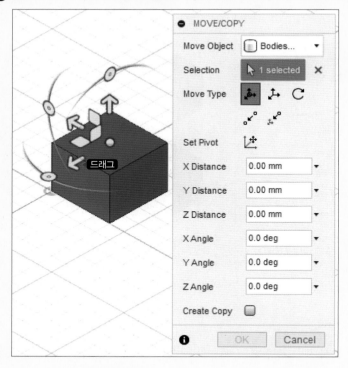

HOT TIP! **[MOVE/COPY] 메뉴에서의 이동/회전 툴**

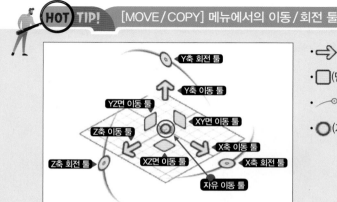

• ⟶ (축 방향 이동 툴): X, Y, Z축의 한 방향으로만 이동

• ☐ (면 이동 툴): 면 방향으로 이동(두 축 사이를 이동)

• ⟋⟋ (회전 툴): 축을 중심으로 면 방향으로 회전

• ◯ (자유 이동 툴): X, Y, Z 어떤 방향으로도 이동(3차원 이동 가능)

🔍 [Move Type] 속성

❶ Free Move(자유 이동): 축, 면, 자유 이동 툴과 회전 툴 등 모든 툴을 사용할 수 있는 속성

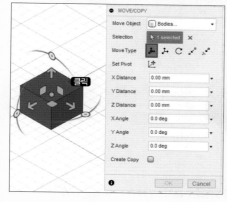  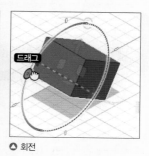

⬥ 방향 이동　　　⬥ 회전

❷ Translate(방향 이동): X, Y, Z축 방향으로 이동

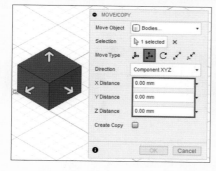 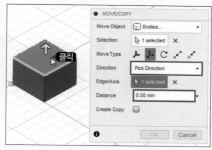

Pick Direction: 원하는 방향을 클릭하면 그 방향으로만 이동

❸ Rotate(회전): 선택한 축을 중심으로 회전

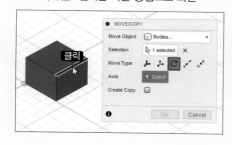 

❹ Point to Point(점에서 점까지 이동): 처음 선택한 점이 나중에 선택한 점까지 이동

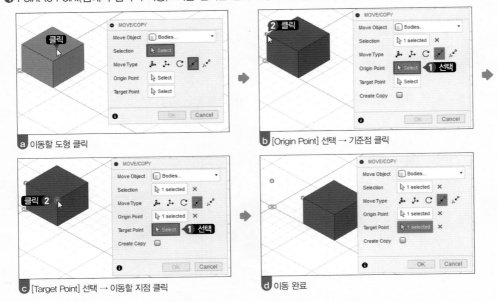

ⓐ 이동할 도형 클릭

ⓑ [Origin Point] 선택 → 기준점 클릭

ⓒ [Target Point] 선택 → 이동할 지점 클릭

ⓓ 이동 완료

❺ Target Point(목표점): 기준점을 선택하고 이동하고자 하는 좌표의 치수를 입력하여 이동

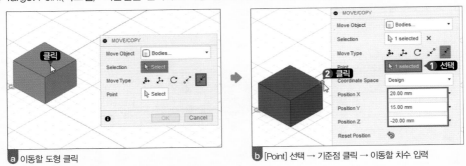

ⓐ 이동할 도형 클릭

ⓑ [Point] 선택 → 기준점 클릭 → 이동할 치수 입력

🔍 [COPY] 속성

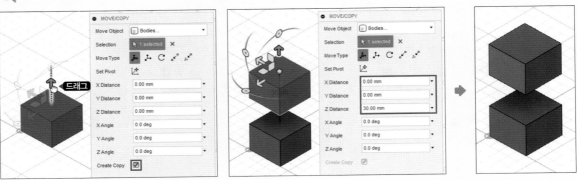

(2) Align(정렬)

서로 다른 입체 도형의 중심이 일치되도록 정렬할 수 있다.

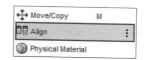

❶ [CREATE]–[Box] 메뉴와 [CREATE]–[Cylinder] 메뉴를 이용하여 XZ면(바닥면)을 선택한 후 그림과 같이 육면체와 원기둥을 만든다.

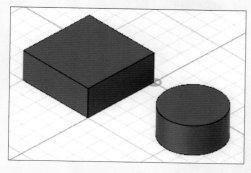

❷ [MODIFY]–[Align] 메뉴를 선택한 후 [ALIGN] 옵션 창에서 [From] 속성의 'Select'가 활성화되어 있는지 확인하고 이동시킬 원기둥의 윗면 중심점을 클릭한다.

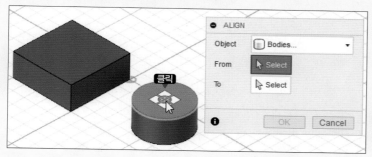

마우스 포인터를 윗면에 가져가면 자동으로 중심점이 나타난다.

❸ [To] 속성의 'Select'가 자동으로 활성화되면 육면체의 윗면 중심점을 클릭한다.

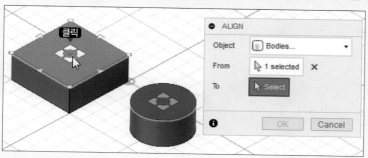

❹ [OK] 버튼을 누르면 그림과 같이 처음 선택한 원기둥의 윗면과 육면체의 윗면의 중심을 기준으로 원기둥이 육면체 안에 포함된 것처럼 서로 결합한 형태가 된다.

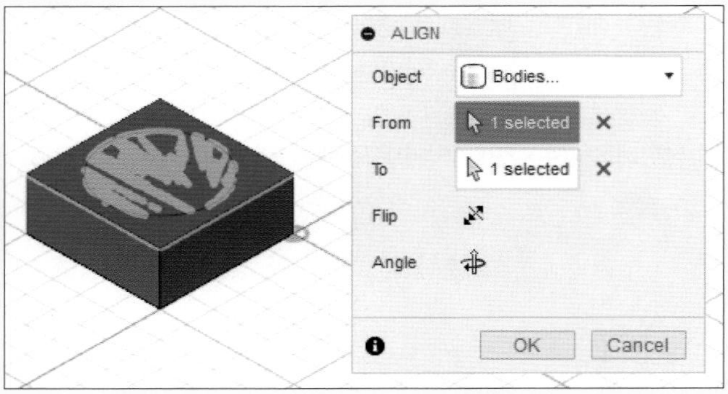

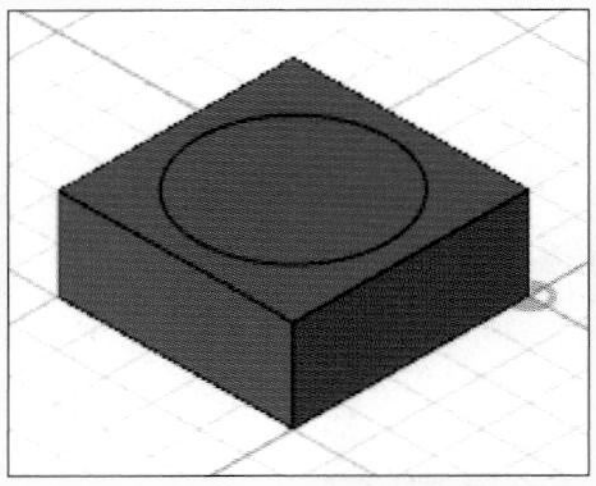

[Flip]( ) 속성을 선택하면 원기둥이 육면체의 위쪽으로 돌출된 형태로 정렬된다.

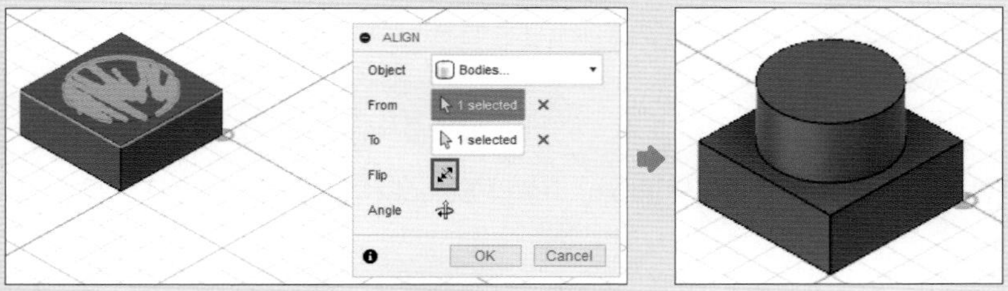

5 재료, 표면 질감 메뉴

디자인한 도형의 재질이나 표면 재료를 선택하고 편집하는 메뉴로 구성되어 있다.

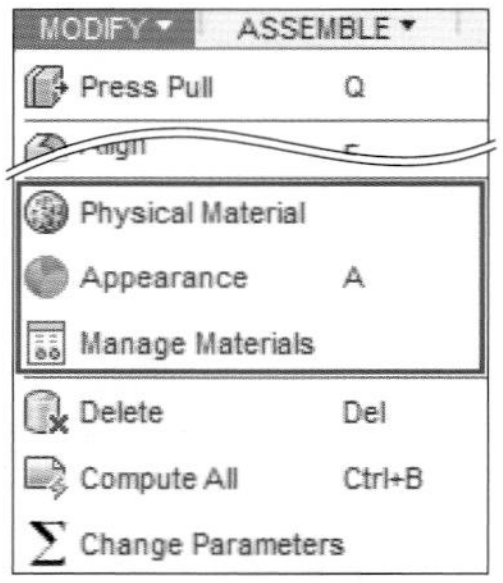

(1) Physical Material(재료 선택)

디자인한 입체 도형에 재질을 적용하는 기능으로 단순히 표면에 색상을 입히는 페인팅 또는 도금 작업 등의 Appearance 기능과는 차이가 있다.

❶ [CREATE]–[Box] 메뉴와 [CREATE]–[Cylinder] 메뉴를 이용하여 만든 육면체와 원기둥을 [MODIFY]–[Align] 메뉴를 선택한 후 그림과 같이 정렬시킨다. [MODIFY]–[Physical Material] 메뉴를 선택한 후 [PHYSICAL MATERIAL] 옵션 창에서 [Plastic]을 선택한다.

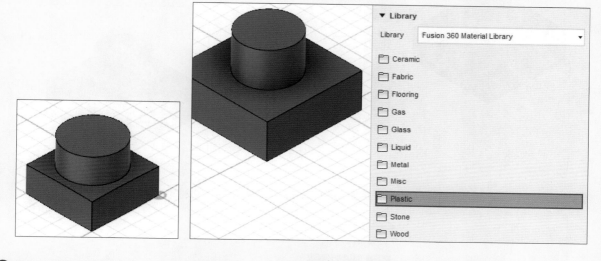

❷ Plastic 가운데 [Laminate, Red, Matte]를 [In This Design] 영역으로 드래그하여 추가한다. 같은 방법으로 [Laminate, Blue, Matte]도 추가한다.

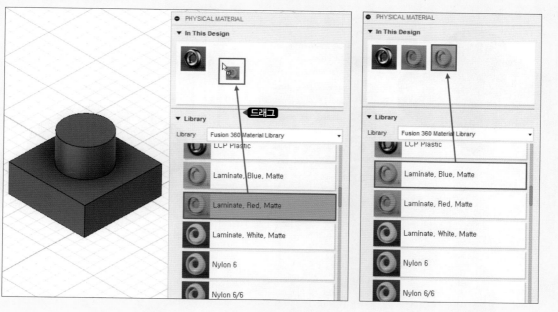

❸ [In This Design]에 추가된 [Laminate, Red, Matte]( )을 재질을 적용시킬 원기둥으로 드래그한다.

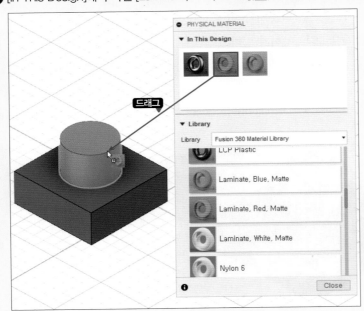

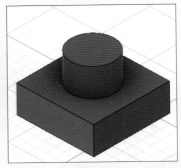

❹ [Laminate, Blue, Matte]( )을 육면체로 드래그하면 그림과 같이 원기둥과 육면체의 색상이 변경된다.

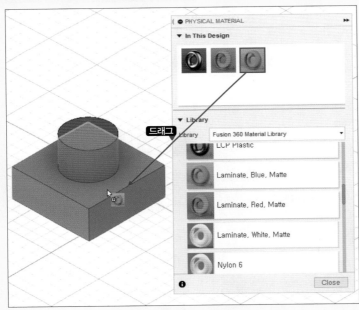

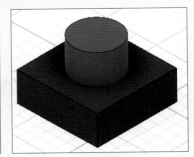

(2) Appearance(표면 질감)

솔리드의 표면에 색상이나 질감을 입히는(페인팅이나 도금) 기능이다. Appear-ance를 적용하면 Physical Material을 이용하여 도형에 적용한 재질이 보이지 않게 된다. 작업 방법은 Physical Material과 같다.

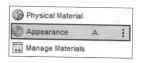

(3) Manage Materials(재질 관리)

Physical Material에서 사용하는 각종 재질(재료)을 추가하거나 삭제, 편집 등을 할 수 있는 기능이다. 하나의 재질에 여러 가지 합금이나 첨가물의 종류별로 세분화되어 있기 때문에 전문적인 디자인에 유용하게 활용된다.

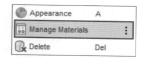

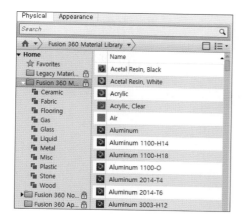

6 기타 메뉴

(1) Delete(지우기)

작성한 도형을 지우는 기능으로 일반적으로 마우스로 선택한 후 Delete 키를 누른다.

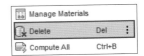

① [MODIFY]-[Delete] 메뉴를 선택한 후 그림과 같이 원기둥 부분만 드래그하여 선택하고 원기둥이 파란색으로 바뀌면 [OK] 버튼을 누른다.

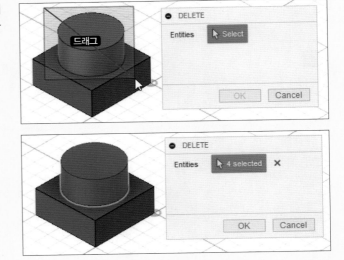

② 삭제할 것인지를 묻는 확인 메시지에서 [Delete] 버튼을 누르면 원기둥이 삭제된다.

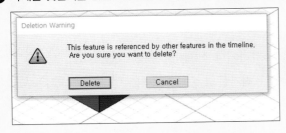
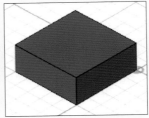

(2) Compute All(계산하기)

디자인에 적용된 매개 변수를 계산할 수 있다.

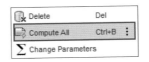

(3) Change Parameters(매개 변수 변경)

디자인에 적용된 매개 변수(Parameter)를 변경할 수 있다.

Parameter	Name	Unit	Expression		Value	Comments
Favorites						
User Parameters	+					
Model Parameters						

4 CONSTRUCT(기준면, 축, 점 만들기)

지금까지 평면 모델링(SKETCH)이나 입체 모델링
(CREATE) 작업을 할 때에는 X, Y, Z축과 세 개의 기준
면, 즉 XY면(바닥면), YZ면(왼쪽 수직면) 그리고 XY면
(오른쪽 수직면)을 기준으로 작업했다.

[CONSTRUCT] 메뉴는 이외에 새로운 기준면이나 축,
점을 생성하여 3차원 공간 어느 곳에서도 모델링 작업을
할 수 있는 유용한 메뉴로서 크게 기준면과 기준축 그리
고 기준점으로 구성되어 있다.

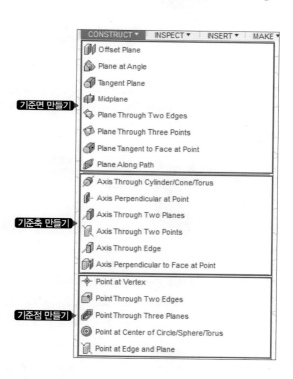

1 기준면 만들기

기본 기준면 대신 원하는 위치와 각도로 기준면을 만드는 기능으로
도형을 관통하거나 접선을 이루는 등 여러 형태의 기준면을 만들 수
있다.

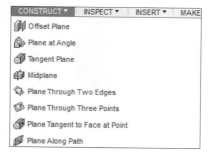

(1) Offset Plane(간격 띄운 면 만들기)

도형의 평면에서 일정한 간격을 띄워 새롭게 기준이 될 기준면을 만들 수 있다.

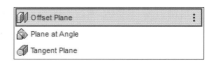

❶ [CREATE]-[Box] 메뉴를 선택한 후 XZ면(바닥면)을 선택하고 그림과 같이 육면체를 만든다.

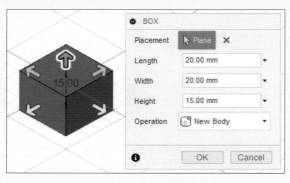

❷ [CONSTRUCT]-[Offset Plane] 메뉴를 선택한 후 [OFFSET PLANE] 옵션 창에서 [Plane] 속성의 'Select'가 활성화되어 있는지 확인하고 새롭게 만들 기준면으로 육면체의 윗면을 클릭한다.

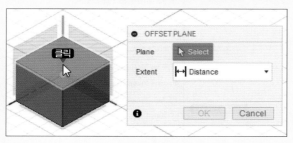

❸ ⬆을 드래그하거나 [Distance] 속성에 원하는 간격의 값을 입력하고 [OK] 버튼을 누른다. 상자의 윗면으로부터 지정한 거리만큼 떨어진 위치에 새로운 기준면이 생기며 이 기준면을 이용하여 새로운 모델링 작업을 할 수 있다.

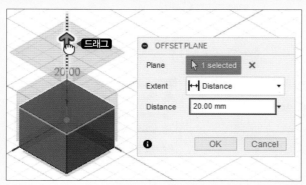

(2) Plane at Angle(경사면 만들기)

직선이나 모서리 축을 기준으로 경사진 기준면을 만들 수 있다.

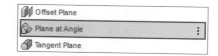

❶ [CREATE]–[Box] 메뉴를 선택한 후 XZ면(바닥면)을 선택하고 적당한 크기의 육면체를 만든다. [CONSTRUCT]–[Plane at Angle] 메뉴를 선택한 후 [PLANE AT ANGLE] 옵션 창에서 [Line] 속성의 'Select'가 활성화되어 있는지 확인하고 기준이 될 육면체의 모서리 선을 클릭한다.

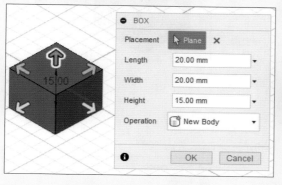
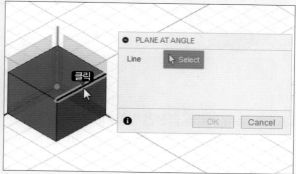

❷ 을 드래그하거나 [Angle] 속성에 값을 입력하고 그 각도만큼 경사진 기준면이 생성되면 [OK] 버튼을 누른다.

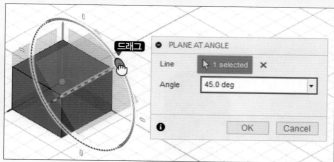

❸ [CONSTRUCT]–[Offset Plane] 메뉴를 선택한 후 생성된 경사면을 클릭한다.

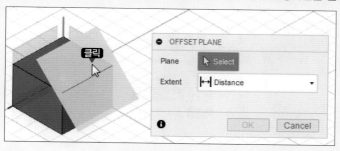

❹ ✎을 위쪽으로 드래그하거나 [Distance] 속성에 값을 입력하고 [OK] 버튼을 누르면 입력한 수치만큼 떨어진 위치에 다시 새로운 기준면이 생성된다.

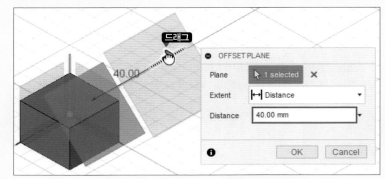
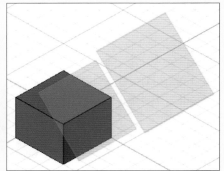

(3) Tangent Plane(접선면 만들기)

원기둥의 옆면과 같은 곡면에 접하는 기준면을 만들 수 있다.

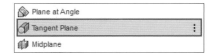

도형 자체 면 만들기

❶ [CREATE]-[Cylinder] 메뉴를 선택한 후 XZ면(바닥면)을 선택하고 그림과 같이 원기둥을 만든다.

❷ [BROWSER] 창에서 [Origin] 앞의 💡을 클릭하여 기준면이 보이지 않게 한다.

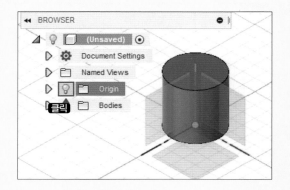

❸ [CONSTRUCT]–[Tangent Plane] 메뉴를 선택한 후 원
기둥의 옆면(곡면)을 클릭하면 [TANGENT PLANE] 옵
션 창의 [Face] 속성이 '1 selected'로 바뀌면서 원기둥
의 옆면과 접선을 이루는 기준면이 생긴다.

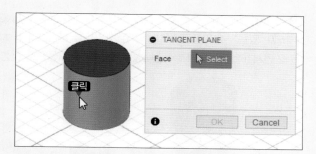

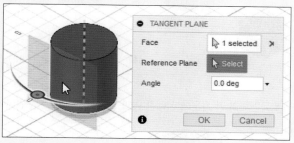

❹ 을 드래그하거나 [Angle] 속성에 각도를 입력하면 기준면을 원하는 위치로 변경할 수 있다.

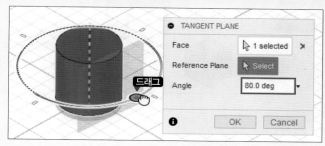

다른 도형 기준 접선면 만들기

❶ [CREATE]–[Cylinder] 메뉴와 [CREATE]–[Box] 메뉴를 이용하여 XZ면(바닥면)을 선택하고 그림과 같이 원기둥 옆쪽에
육면체를 만든다.

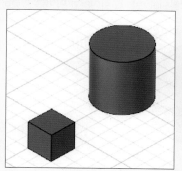

❷ [CONSTRUCT]–[Tangent Plane] 메뉴를 선택한 후 [TANGENT PLANE] 옵션 창에서 [Face] 속성의 'Select'가 활성화
되어 있는지 확인하고 원기둥의 옆면(곡면)을 클릭한다. [Face] 속성이 '1 selected'로 바뀌고 클릭한 지점에 기준면이 생
기면서 [Reference Plane] 속성의 'Select'가 자동으로 활성화되면 육면체의 면을 클릭한다.

 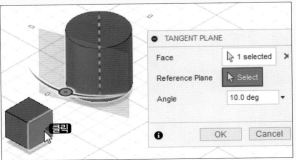

❸ 육면체의 면 가운데 선택한 면과 평행한 부분에 기준면이 생성되면 [OK] 버튼을 누른다.

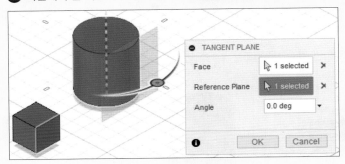 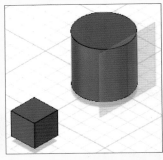

각도를 변경하
려면 [Angle]
속성에 값을 입력
한다.

(4) Midplane(중간면 만들기)

두 평면의 중간 지점을 찾아 그곳에 기준면을 만들 수 있다.

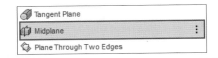

❶ [CREATE]–[Box] 메뉴를 선택한 후 그림과 같이 한 변의 길이가 '25mm'인 정육면체를 작성하고 [CONSTRUCT]–[Mid-
plane] 메뉴를 선택한다. [MIDPLANE] 옵션 창에서 [Panes] 속성의 'Select'가 활성화되어 있는지 확인하고 앞면을 클릭한다.

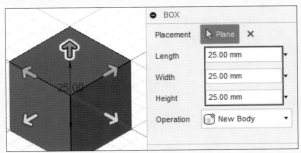 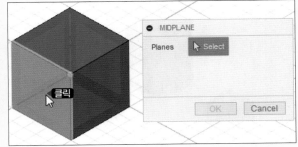

❷ 뷰 큐브의 오른쪽 위 꼭짓점을 클릭하여 정육면체를 회전시킨 후 반대쪽 면을 클릭한다.

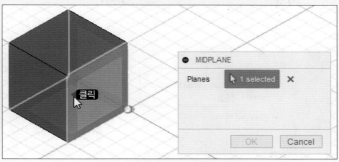

❸ [Planes] 속성이 '2 Selected'로 활성화되고 선택한 두 면의 중간 지점에 새로운 기준면이 생성되면 [OK] 버튼을 누른다.

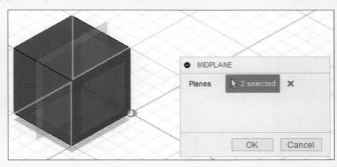
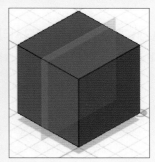

❹ 뷰 큐브의 [홈](⌂)을 누르고 [CREATE]-[Sphere] 메뉴를 선택한 후 새로 만들어진 기준면을 클릭한다.

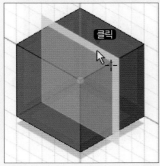

❺ 뷰 큐브의 [FRONT] 부분을 클릭하고 육면체가 정면을 향하면 정면의 사각형 중심점을 클릭한다.

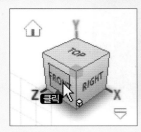

❻ 육면체 안에 빨간색 원이 생기면 [Diameter] 속성은 '32mm', [Operation] 속성은 'Cut'으로 설정한 후 [OK] 버튼을 누른다. 뷰 큐브의 [홈](⌂)을 누르면 그림과 같이 각 면의 중앙에 공 모양의 구멍이 뚫린 육면체가 완성된 것을 확인할 수 있다.

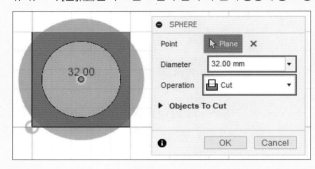 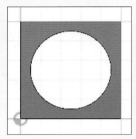 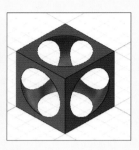

(5) Plane Through Two Edges(두 모서리 통과 면 만들기)

두 모서리를 지나는 기준면을 만들 수 있다.

❶ [CREATE]–[Box] 메뉴를 선택한 후 XZ면(바닥면)을 선택하고 그림과 같이 정육면체를 만든다. [CONSTRUCT]–[Plane Through Two Edges] 메뉴를 선택한 후 기준면이 통과할 대각선 방향의 두 모서리를 차례대로 클릭한다.

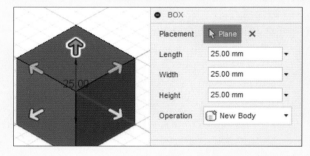 

❷ 그림과 같이 대각선 방향의 두 모서리를 지나는 기준면이 생기면 [OK] 버튼을 누르고 작업을 완료한다.

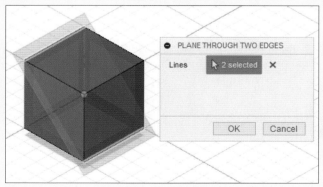 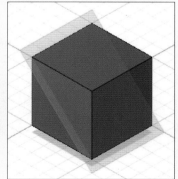

(6) Plane Through Three Point(세 점 통과 면 만들기)

세 꼭짓점을 지나는 기준면을 만들 수 있다.

❶ [CREATE]−[Box] 메뉴를 선택한 후 XZ면(바닥면)을 선택하고 그림과 같이 정육면체를 만든다.

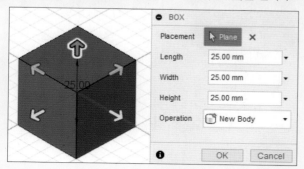

❷ [CONSTRUCT]−[Plane Through Three Point] 메뉴를 선택한 후 기준면이 통과할 세 꼭짓점을 차례대로 클릭하면 세 개의 꼭짓점을 가로지르는 기준면이 생긴다.

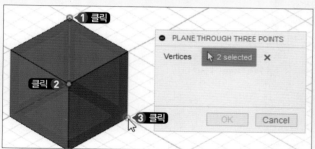
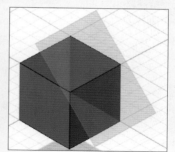

❸ [CONSTRUCT]−[Offset Plane] 메뉴를 선택한 후 새로 만든 기준면을 클릭하고 ↗을 드래그하거나 [OFFSET PLANE] 옵션 창에서 [Distance] 속성에 '30mm'을 입력하고 [OK] 버튼을 누른다.

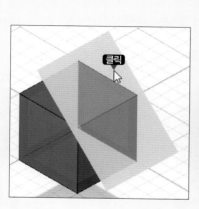
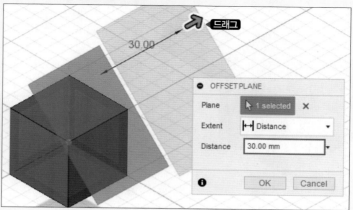

❹ [SKETCH]-[Circle]-[Center Diameter Circle] 메뉴를 선택한 후 새로 만든 기준면을 클릭한다. 정면에 마주 보이는 꼭 짓점을 클릭하고 마우스를 이동하여 지름이 '10mm'인 원을 그린다.

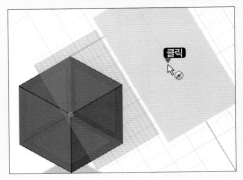 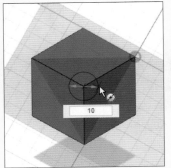 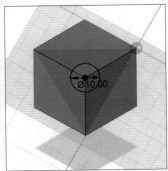

❺ [CREATE]-[Extrude] 메뉴를 선택한 후 [EXTRUDE] 옵션 창에서 [Profile] 속성의 'Select'가 활성화되어 있는지 확인하고 원의 안쪽을 클릭한다.

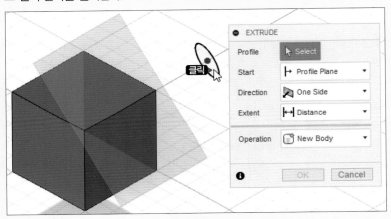

❻ [Distance] 속성은 '-30mm', [Operation] 속성은 'New Body'로 설정하고 [OK] 버튼을 누른다.

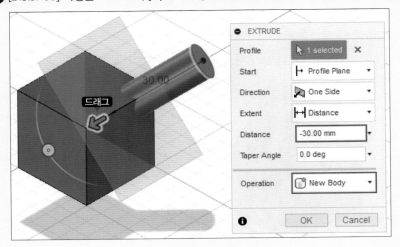

❼ 처음 만들었던 세 점 통과 기준면을 보이지 않게 하려면 [BROWSER] 창에서 'Construction'의 💡을 클릭하여 💡와 같이 비활성화하면 된다.

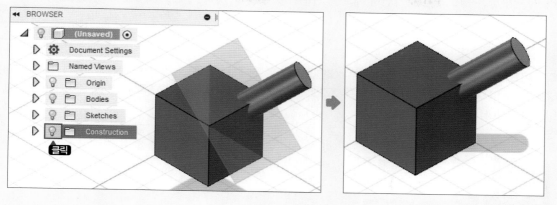

(7) Plane Tangent to Face at Point(점에서 접선면을 통과하는 면 만들기)

원기둥의 접선에 생성된 기준면을 미리 지정한 점 방향으로 이동시킬 수 있다.

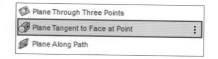

❶ [CREATE]−[Cylinder] 메뉴를 선택한 후 XZ면(바닥면)을 선택하고 적당한 크기의 원기둥을 만든다. [SKETCH]−[Point] 메뉴를 선택한 후 XZ면(바닥면)을 선택하고 바닥에 점(포인트)을 만든 다음 [STOP SKETCH]( )를 누른다.

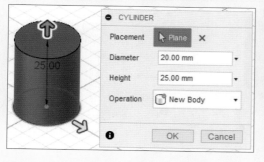 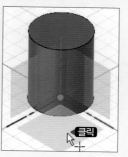 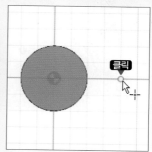

❷ [CONSTRUCT]−[Plane Tangent to Face at Point] 메뉴를 선택한 후 점(포인트)과 원기둥의 옆면을 차례대로 클릭하고 [OK] 버튼을 누르면 포인트(점)가 있는 방향으로 원기둥의 접선에 기준면이 생성된다.

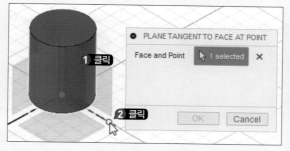 

(8) Plane Along Path(경로를 따라가는 면 만들기)

미리 만들어 놓은 경로를 따라가면서 새로운 기준면을 만들 수 있다.

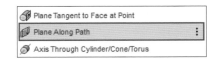

❶ [CREATE]−[Cylinder] 메뉴를 선택한 후 XZ면(바닥면)을 선택하고 그림과 같이 원기둥을 만든다. [SKETCH]−
[Spline]−[Fit Point Spline] 메뉴를 선택한 후 XZ면(바닥면)을 선택하고 원기둥의 오른쪽에 그림과 같이 곡선을 그린 후
[STOP SKETCH](　)를 누른다.

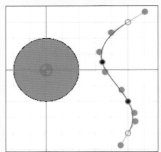

❷ [CONSTRUCT]−[Plane Along Path] 메뉴를 선택한 후 경로(Path)로 지정한 곡선의 왼쪽 끝 부분을 클릭하면 곡선과 수
직한 기준면이 생성된다.

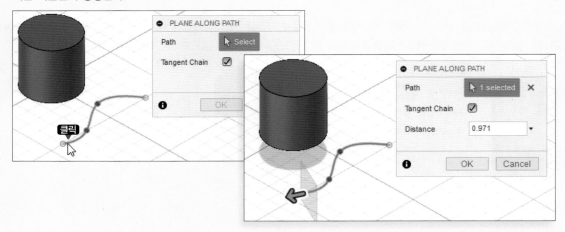

❸ 　을 드래그하면 기준면의 방향이 경로의 기울기에
따라 변하게 된다.

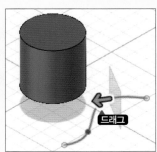

2 기준축 만들기

여러 각도와 위치를 정하여 기준이 되는 축을 만들 수 있다.

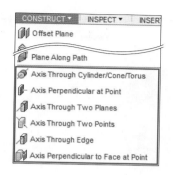

(1) Axis Through Cylinder/Cone/Torus(원기둥/원뿔/도넛의 중심축 만들기)

원기둥이나 원뿔 또는 도넛과 같은 원형의 중심축에 기준축을 만들 수 있다.

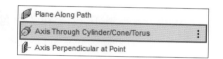

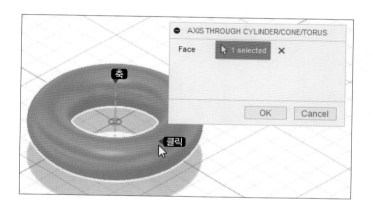

(2) Axis Perpendicular at Point(점과의 직각 축 만들기)

클릭한 면과 직각 방향의 수직으로 관통하는 축을 만들 수 있다.

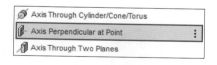

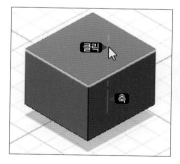
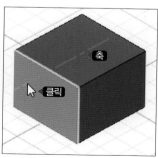

(3) Axis Through Two Planes(두 면 통과 축 만들기)

선택한 두 면이 교차되는 모서리에 기준축을 만들 수 있다.

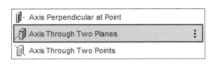

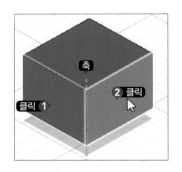

(4) Axis Through Two Points(두 점 통과 축 만들기)

선택한 두 꼭짓점을 관통하는 기준축을 만들 수 있다.

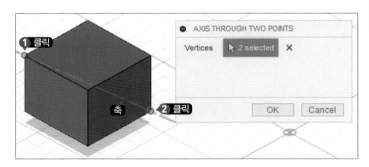

(5) Axis Through Edge(모서리 통과 축 만들기)

선택한 모서리에 새로운 기준축을 만들 수 있다.

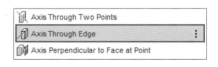

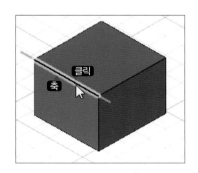

(6) Axis Perpendicular to Face at Point(면, 점 교차점에 면과 수직인 기준축 만들기)

먼저 면을 선택하고 면과 접해 있는 꼭짓점을 선택하면, 그 점을 기준으로 면과 수직인 기준축을 만들 수 있다.

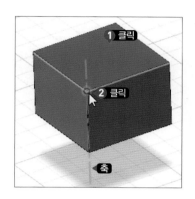

3 기준점 만들기

필요한 지점에 기준점을 만들 수 있다.

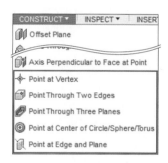

(1) Point to Vertex(꼭짓점에 기준점 만들기)

도형의 꼭짓점을 선택하여 그 점을 기준점으로 만들 수 있다.

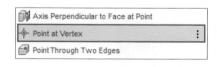

(2) Point Through Two Edges(두 모서리 교차점에 기준점 만들기)

도형의 모서리가 만나는 꼭짓점에 기준점을 만들 수 있다.

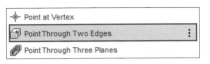

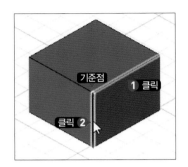

(3) Point Through Three Planes(세 면 교차 꼭짓점에 기준점 만들기)

도형의 세 면이 교차하는 꼭짓점에 기준점을 만들 수 있다.

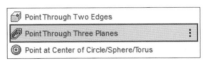

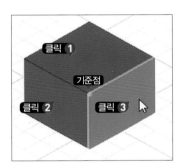

(4) Point at Center of Circle/Sphere/Torus(원, 구, 도넛 중심에 기준점 만들기)

원이나 구, 도넛의 중심에 기준점을 만들 수 있다.

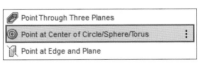

(5) Point at Edge and Plane(면, 모서리 교차점에 기준점 만들기)

면과 모서리가 교차하는 지점의 꼭짓점에 기준점을 만들 수 있다.

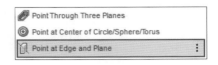

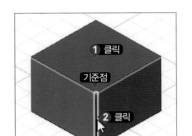

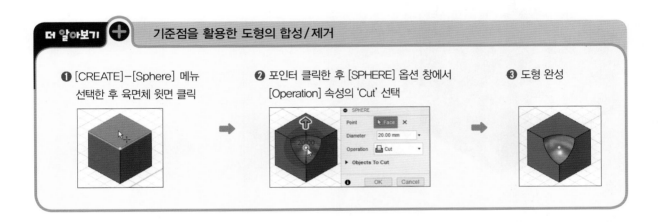

더 알아보기 　기준점을 활용한 도형의 합성/제거

❶ [CREATE]-[Sphere] 메뉴
　선택한 후 육면체 윗면 클릭

❷ 포인터 클릭한 후 [SPHERE] 옵션 창에서
　[Operation] 속성의 'Cut' 선택

❸ 도형 완성

---

5 기타

1 INSPECT(측정, 분석)

모델링 개체 각 부분의 치수와 각도 등의 측정값을 알 수 있으며 곡
률과 기울기, 밀도, 단면과 중심점 등을 분석할 수 있다.

(1) Measure(측정)

모델링 개체 각 부분의 거리와 각도, 면적 등의 측정값을 확인할 수 있다.

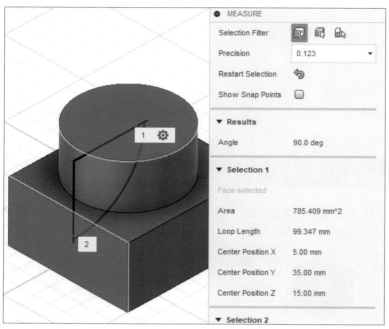

(2) Interference(간섭)

두 개 이상의 개체나 컴포넌트가 연결되어 있는 경우 각 부품 간에 서로 간섭되어 있는 부분을 분석할 수 있다.

❶ 두 개의 개체(Body)로 이루어진 도형에서 [INSPECT]-[Interference] 메뉴를 선택한 후 첫 번째 개체(구)와 두 번째 개체(육면체)를 차례대로 클릭하고 [INTERFERENCE] 옵션 창에서 [Compute] 속성의 ▣을 클릭한다.

※ 165쪽 '(4) Combine(결합하기)' 참조

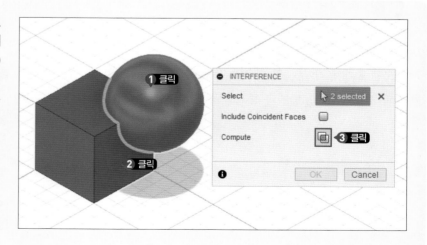

❷ 두 개체가 겹쳐진 부분이 붉은색으로 표시되며 [Interference Results] 대화 상자에서 두 개체가 간섭되어 있는 부분의 정보(부피)를 확인할 수 있다.

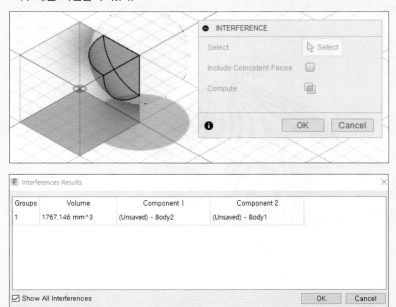

Groups	Volume	Component 1	Component 2
1	1767.146 mm^3	(Unsaved) – Body2	(Unsaved) – Body1

☑ Show All Interferences   OK   Cancel

(3) Curvature Comb Analysis(곡률 분석)

곡선으로 이루어진 개체의 모서리 곡률을 분석할 수 있다.

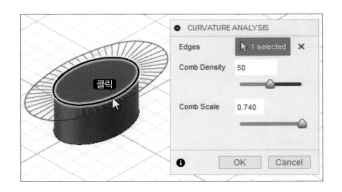

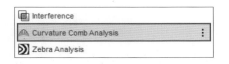

(4) Zebra Analysis(연속성 분석)

밀도와 기울기에 따른 연속성을 등고선의 형상으로 분석할 수 있다.

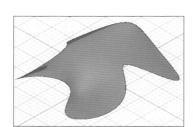

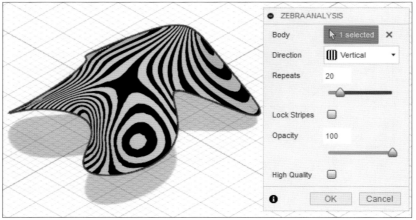

(5) Draft Analysis(경사도 분석)

기울어진 면의 경사 정도를 색상으로 분석할 수 있다.

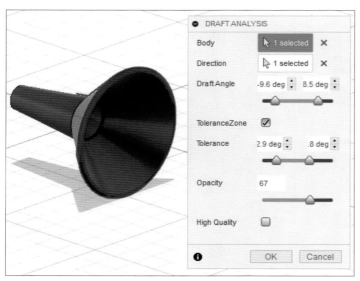

(6) Curvature Map Analysis(곡률 색상 분석)

표면의 곡률을 색상으로 분석할 수 있다.

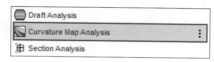

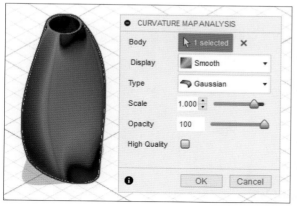

(7) Section Analysis(단면 형상 분석)

모델링 개체의 단면 형상을 표시하고 분석할 수 있다.

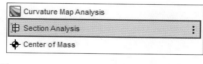

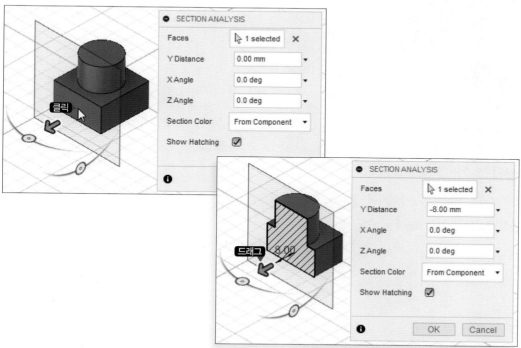

(8) Center of Mass(중심점 표시)

모델링 개체의 중심점을 표시할 수 있다.

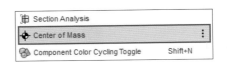

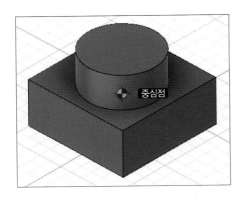

(9) Component Color Cycling Toggle(컴포넌트 색상 구분)

각각의 컴포넌트를 색상으로 구분할 수 있다.

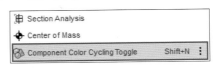

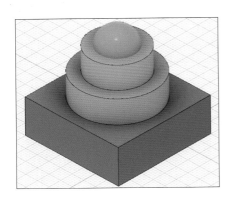

2 INSERT(삽입, 추가)

디자인을 위한 스케치나 기본 이미지를 불러오거나 삽입, 추가하는 기
능으로 다른 형식의 3D 파일을 불러올 수도 있다.

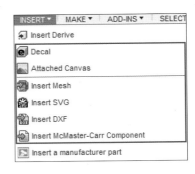

(1) Decal(이미지 전사 작업)

모델링 개체의 이미지 전사, 즉 표면에 이미지를 덧입힐 수 있다.

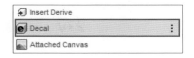

❶ [CREATE]-[Sphere] 메뉴를 선택한
후 XZ면(바닥면)을 선택하고 적당한
크기의 구(공)를 작성한다.

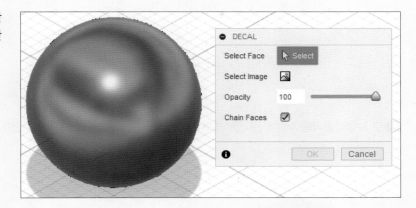

❷ [INSERT]-[Decal] 메뉴를 선택한
후 [DECAL] 옵션 창에서 [Select
Face] 속성의 'Select'를 선택하고
이미지를 붙일 구의 면을 클릭한다.

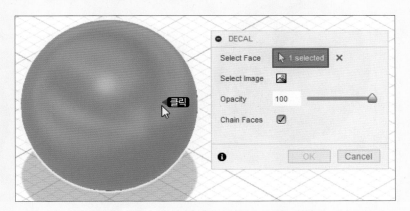

❸ 이미지를 불러오기 위해 [Select
Image] 속성의 🖼을 클릭한다.

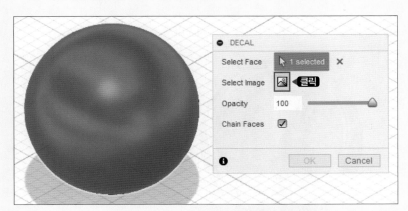

❹ [열기] 창에서 'Tutankhamun.jpg' 파일을 선택
한 후 [열기] 버튼을 누른다.

❺ 구 표면의 클릭한 지점에 선택한 이미지가 삽입되면 ▦을 드래그하여 구의 가운데 부분으로 이미지를 이동시킨다.

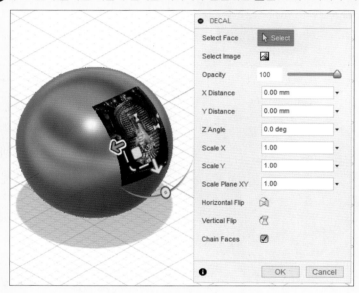

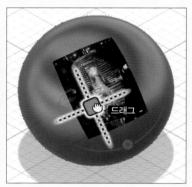

❻ ⌒ 을 드래그하여 이미지를 바로 세운다.

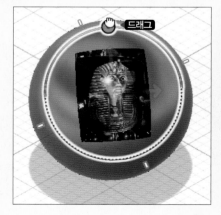

❼ 이미지가 구 전체를 덮을 만큼 🖐을 드래그하여 이미지를 확대한다.

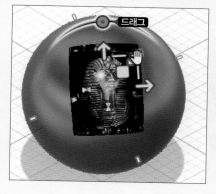 

⭐ • 바깥쪽으로 드래그하면 확대, 안쪽으로 드래그하면 이미지가 축소된다.
 • 🖐에 마우스 포인터를 가져가면 🖐 모양으로 변경된다.

❽ Enter 키를 누르면 그림과 같이 구(공)의 표면에 선택한 이미지가 덧입혀진 것을 확인할 수 있다.

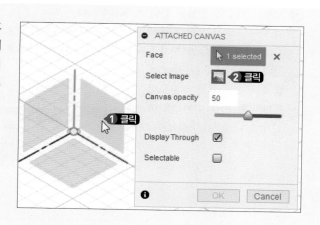

(2) Attached Canvas(캔버스 붙여넣기)

이미지를 이용하여 모델링을 할 경우에 사용하는 기능으로, 이미지의 외곽선을 따라 선이나 Sculpt 도형을 디자인한 후 입체 작업을 하면 손쉽게 모델링할 수 있다.

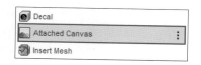

❶ [INSERT]-[Attached Canvas] 메뉴를 선택한 후 [ATTACHED CANVAS] 옵션 창에서 [Face] 속성의 'Select'를 선택하고 XZ면(오른쪽 옆면)을 클릭한다. 그리고 이미지를 불러오기 위해 [Select Image] 속성의 🖼을 클릭한다.

❷ [열기] 창에서 'HeelSandal.jpg' 파일을 선택하고 [열기] 버튼을 누른다.

여기에서는 Sculpt 활용 예제에서 다룰 '여성용 샌들 만들기'의 이미지를 가져오는 방법을 설명한다.

❸ 선택한 이미지가 XZ면에 표시되면 이를 확대하기 위해 뷰 큐브의 [FRONT]를 선택하여 XZ면이 정면에 보이도록 한다.

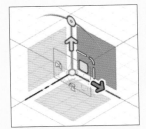

❹ ⬆을 오른쪽 위로 드래그하여 이미지를 어느 정도 확대한 후 [OK] 버튼을 누른다.

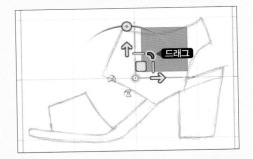

❺ 정확한 치수의 샌들을 만들기 위해 [BROWSER] 창에서 [Canvases]의 ▷을 누르고 하위 메뉴에서 'HeelSandal'을 마우스 오른쪽 버튼으로 클릭한 후 바로 가기 메뉴에서 [Calibrate]를 선택한다.

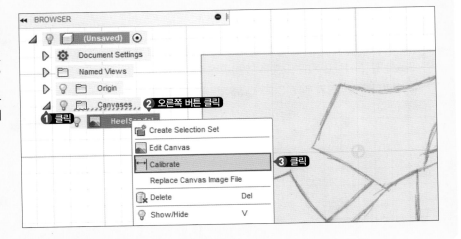

❻ 샌들의 앞 축 부분과 뒷 축 부분을 차례대로 클릭한 후 치수 입력란에 '230mm'를 입력하고 Enter 키를 누르면 해당 크기의
샌들 이미지가 평면에 완성된다. ※ 419쪽 '프로젝트 활용 17. 여성용 샌들 만들기' 참조

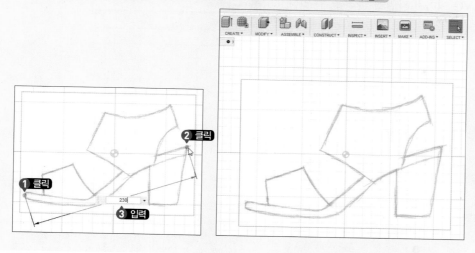

> ★ 직선이나 곡선 또는 Free
> Form(Sculpt)의 Face
> 작업을 이용하여 샌들 옆면을
> 완성한 후, 다시 입체 작업을
> 하게 되면 실제 샌들과 똑같
> 은 모양의 3D 모델링 결과물
> 을 얻을 수 있다.

(3) Insert Mesh(메시 파일 불러오기)

[INSERT]–[Insert Mesh] 메뉴를 선택한 후 [열기] 창에서 파일
의 확장자가 'obj'나 'stl'처럼 3D 출력을 위해 저장한 메시 파일을 불
러올 수 있다.

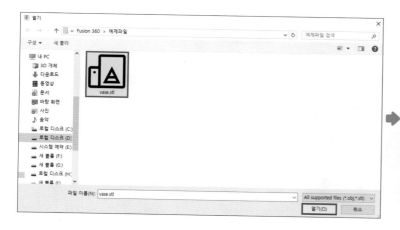 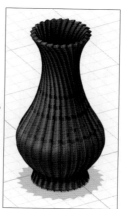

(4) Insert SVG(SVG 파일 불러오기)

2차원 벡터 이미지인 SVG 이미지 파일을 불러올 수 있다.

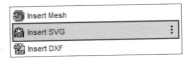

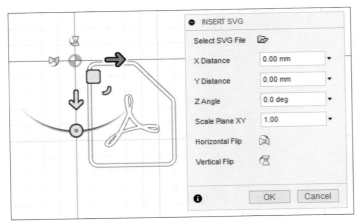

(5) Insert DXF(DXF 파일 불러오기)

오토캐드 파일인 DXF 도면 파일을 불러올 수 있다.

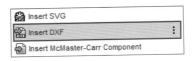

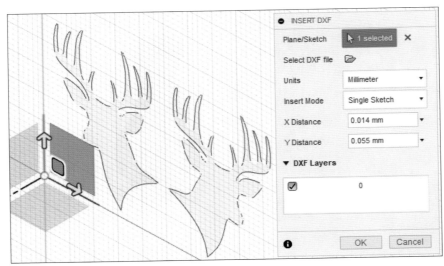

(6) Insert McMaster-Carr Component(McMaster-Carr 사의 부품 모델 불러오기)

McMaster-Carr 사에서 제공하는 부품 모델을 작업창에 불러와서 이를 수정하거나 부품으로 활용할 수 있다.

❶ [INSERT]-[Insert McMaster-Carr Component] 메뉴를 선택한 후 [INSERT MCMASTER-CARR COMPONENT] 창의 [Choose a Category] 항목에서 [Power Transmission]을 선택하고 오른쪽 카테고리에서 'Bearings'를 선택한다.

❷ [Bearings] 항목에서 'Ball and Roller Bearings'를 선택한다.

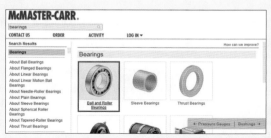

❸ 'Ball Bearings'를 선택한다.

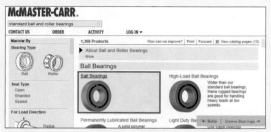

🔖 볼 베어링(Ball Bearing): 내륜(안쪽 바퀴)과 외륜(바깥쪽 바퀴) 사이에 쇠구슬 모양의 볼(Ball)이 구름쇠 역할을 하도록 하는 회전 전달 장치를 말한다.

❹ 'Open'을 선택한다.

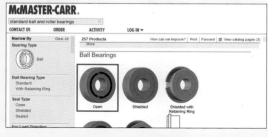

🔖 오픈 베어링(Open Bearing): 베어링의 볼 부분이 외부에서 보이도록 개방되어 있는 베어링

❺ 볼 베어링의 크기로 '6204'(바깥 지름 47mm, 안지름 20mm)를 선택한다.

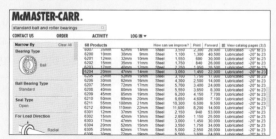

❻ 선택한 볼 베어링의 세부적인 치수나 도면 등 자세한 정보를 확인하기 위해 [Product Detail]을 클릭한다.

❼ 선택한 베어링의 치수와 용도, 가격 등 자세한 정보를 확인할 수 있다. 화면 아래쪽 베어링 도면의 파일 형식 선택 창에서 3D 출력 형식의 파일인 '3-D STEP'을 선택한 후 [SAVE] 버튼을 누른다.

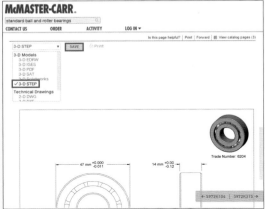

🚩
• 개수를 입력하고 [ADD TO ORDER] 버튼을 클릭하면 온라인으로 주문할 수도 있다.

• STEP(STandard for the Exchange of Product model data)
3D 디자인 파일을 프린터로 출력하기 위한 3차원 데이터 파일 형식으로 ISO 국제 표준에서 사용되는 데이터 교환 방식의 파일 형식이다. 다른 3D 모델링 프로그램과 호환성이 뛰어나기 때문에 많이 사용하고 있다.

• [SAVE] 버튼을 누르면?
여기에서의 [SAVE] 버튼은 별도의 파일로 저장하는 것이 아니라 FUSION 360 작업 창에 도면을 불러오는 역할을 한다.

❽ FUSION 360 작업 창에 베어링 모델링 도면을 불러온 후 [MODIFY]-[Move/Copy] 메뉴를 선택한다. [MOVE/COPY] 옵션 창에서 위치나 방향을 조정하고 [OK] 버튼을 누르면 호칭 번호가 6204인 볼 베어링이 만들어진다.

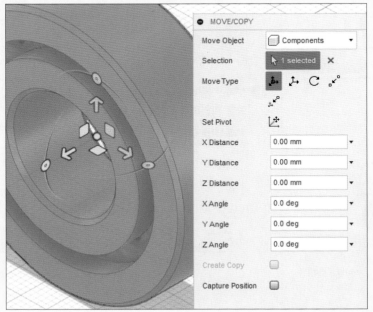

FUSION 360을 이용하면 위와 같이 복잡한 모양의 모델링 개체도 도면을 가져와서 다른 기계 부품과 연결하거나 베어링 도면을 수정하여 손쉽게 원하는 출력물을 얻을 수 있다.

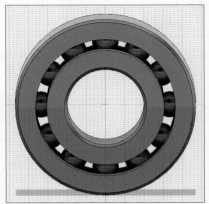

3 MAKE(출력)

(1) 3D Print(3D 프린팅)

작성한 솔리드를 3D 프린팅 파일로 변환할 수 있다.

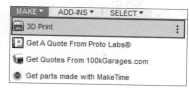

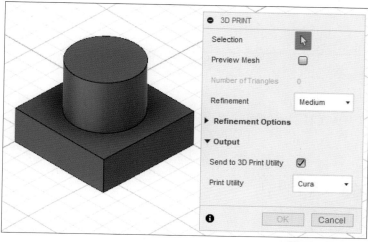

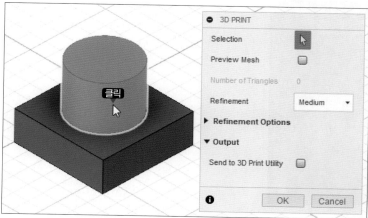

> **보충 설명**
> 여러 개의 도형으로 이루어진 경우는 각각 분리된 개체
> 별로 저장할 수 있다. [Combine] 메뉴의 JOIN 작업
> 을 이용하면 개체를 묶어서 한 번에 출력할 수 있다.

PATCH, SCULPT 작업 영역

지금까지 솔리드 모델링을 위한 MODEL 작업 영역에 관해 알아보았다. 이들 메뉴만으로도 기본적인 3D 모델링이 가능하지만, FUSION 360에서는 더 유용한 도구를 제공함으로써 손쉽고 정밀한 작업을 할 수 있도록 도와주고 있다.

이 단원에서는 표면(Surface) 모델링을 위한 PATCH 작업 영역과 자유형 모델링(Free Form)을 위한 SCULPT 작업 영역에 대해 알아보도록 한다.

PATCH(표면 모델링)

상단 메뉴에서 [MODEL] 버튼을 누르고 [PATCH]를 선택하면 툴 바에 [PATCH] 작업 영역의 도구들이 표시된다.

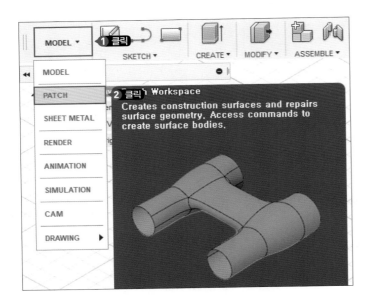

[PATCH] 작업 영역의 도구는 대부분 [MODEL] 작업 영역과 동일한 기능을 가지고 있으므로 여기에서는 고유 기능인 CREATE와 MODIFY에 대해 알아보도록 한다.

1 CREATE(PATCH 입체 모델링)

[MODEL] 작업 영역의 CREATE 도구와 유사한 기능으로서 [SKETCH] 도구로 그린 평면 도형을 [PATCH] 작업 영역에서 다양한 방법으로 입체화할 수 있다.

(1) Extrude(돌출하기)

스케치 작업을 통해 그린 선(직선, 곡선 등)을 돌출시켜 면으로 만들 수 있다.

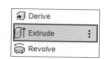

1 [PATCH] 작업 영역에서 [SKETCH]-[Spline]-[Fit Point Spline] 메뉴를 선택한 후 XZ면(바닥면)을 선택하고 그림과 같이 자유 곡선을 그린다.

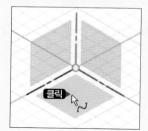
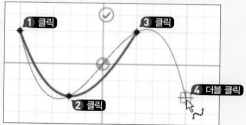

2 [STOP SKETCH](🗔)를 클릭하여 스케치 작업을 마치고 작업 화면이 입체가 되면 [PATCH] 작업 영역에서 [CREATE]-[Extrude] 메뉴를 선택한다. [EXTRUDE] 옵션 창에서 [Profile] 속성의 'Select'가 활성화되어 있는지 확인하고 곡선을 클릭한다.

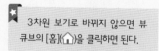

3차원 보기로 바뀌지 않으면 뷰 큐브의 [홈](🏠)을 클릭하면 된다.

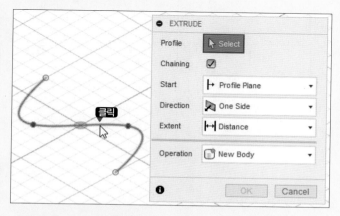

❸ ⬆을 드래그하거나 [Distance] 속성에 값을 입력한 후 [OK] 버튼을 눌러 그림과 같이 곡면을 완성한다.

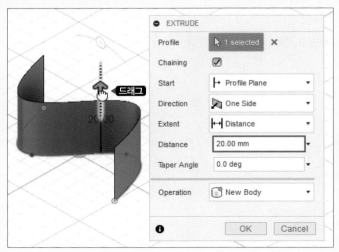

(2) Revolve(회전하기)

스케치 메뉴로 그린 직선, 곡선 등을 기준축을 중심으로 회전시켜 입체 도형으로 만들 수 있다.

❶ [PATCH] 작업 영역에서 [SKETCH]-[Spline]-[Fit Point Spline] 메뉴를 선택한 후 XY면(오른쪽 수직면)을 선택하고 그림과 같이 Y축 왼쪽 부분에 자유 곡선을 그린다.

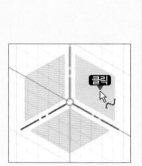

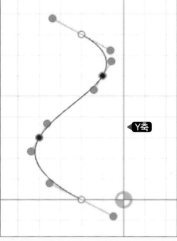

꽃병을 만들 것이므로 이를 고려하여 곡선을 그린다.

❷ [STOP SKETCH]( )를 누르고 스케치 작업을 마친 후 작업 화면이 입체가 되면 [PATCH] 작업 도구에서 [CREATE] −[Revolve] 메뉴를 선택한다. [REVOLVE] 옵션 창에서 [Profile] 속성의 'Select'가 활성화되어 있는지 확인하고 곡선을 클릭한다.

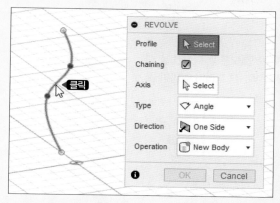

❸ [Axis] 속성의 'Select'를 선택한 후 Y축을 누르고 [OK] 버튼을 클릭하면 Revolve 작업이 완료된다.

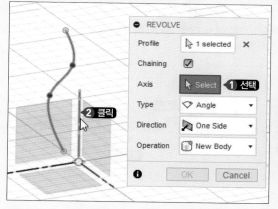 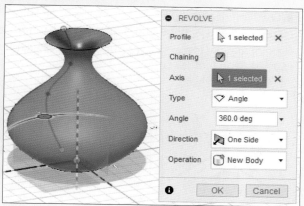

⭐ [REVOLVE] 옵션 창에서 [Angle] 속성의 각도를 입력하면 해당 각도만 큼 회전 효과를 적용할 수 있다.

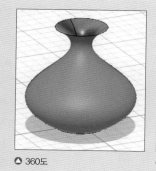 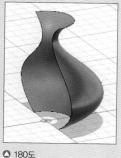

⬥ 360도   ⬥ 180도

(3) Sweep(훑어 그리기)

미리 설정한 경로를 따라 붓으로 훑어가듯 입체 도형을 만들 수 있다.

❶ [PATCH] 작업 영역에서 [SKETCH]-[Line] 메뉴를 선택한 후 XY면(오른쪽 수직면)을 선택하고 그림과 같이 직선을 그린다. 마지막 지점에서 더블 클릭하여 선 그리기 작업이 끝나면 [STOP SKETCH](　)를 누른다.

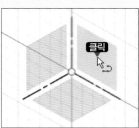

❷ [SKETCH]-[Spline]-[Fit Point Spline] 메뉴를 선택하고 XZ면(바닥면)을 선택한다. 직선의 오른쪽 부분을 클릭한 후 곡선 그리기 작업을 시작하여 완만하게 기울어진 곡선을 그리고 마지막 지점에서 더블 클릭하여 곡선 작업을 종료한다. 그리기 작업이 완료되면 [STOP SKETCH](　)를 눌러 작업을 마친다.

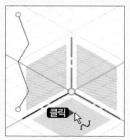

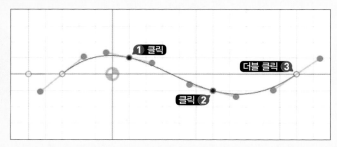

❸ [PATCH] 작업 영역에서 [CREATE]-[Sweep] 메뉴를 선택한 후 [SWEEP] 옵션 창에서 [Profile] 속성의 'Select'가 활성화되어 있는지 확인하고 직선을 클릭한다.

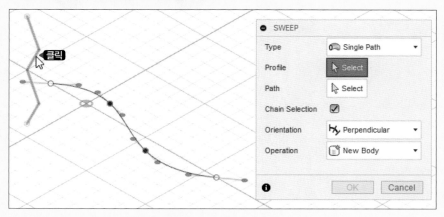

❹ [Path] 속성의 'Select'를 선택한 후 XZ면(바닥면)에 작성한 패스 곡선(경로)을 클릭한다.

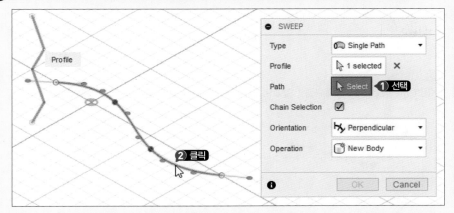

❺ 패스 곡선을 따라 프로파일이 형성되면 [OK] 버튼을 클릭하여 Sweep 작업을 완료한다.

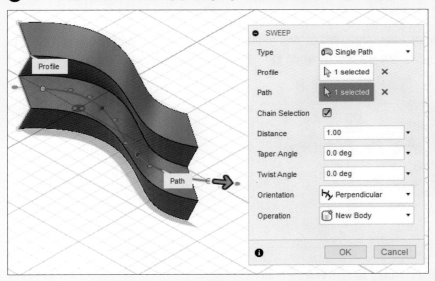
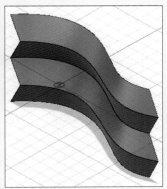

★ [PATCH] 작업 영역의 Sweep 기능을 활용한 예

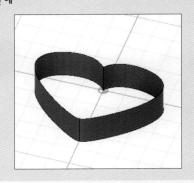

(4) Loft(쌓아 그리기)

두 개 이상의 서로 떨어진 곡선이나 직선 등의 선분을 연결하여 면으로 만들 수 있다.

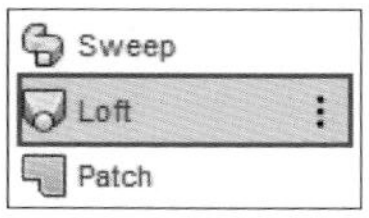

❶ [PATCH] 작업 영역에서 [SKETCH]-[Spline]-[Fit Point Spline] 메뉴를 선택한 후 XZ면(바닥면)을 선택하고 그림과 같이 두 개의 곡선을 그린다.

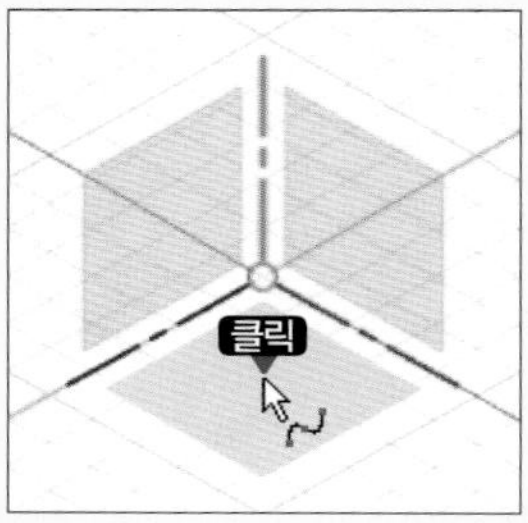

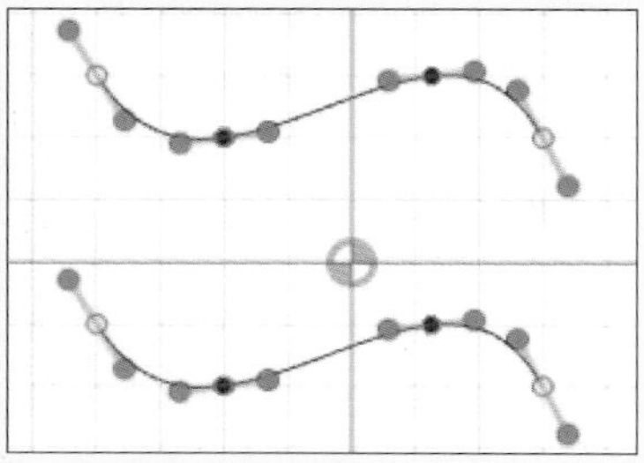

❷ [STOP SKETCH]( )를 클릭하여 스케치 작업을 마치고 작업 화면이 입체가 되면 [PATCH] 작업 영역에서 [CREATE]-[Loft] 메뉴를 선택한다. [LOFT] 옵션 창에서 [Profiles] 속성의 가 활성화되어 있는지 확인하고, 순서에 관계없이 두 개의 곡선을 차례대로 클릭한다.

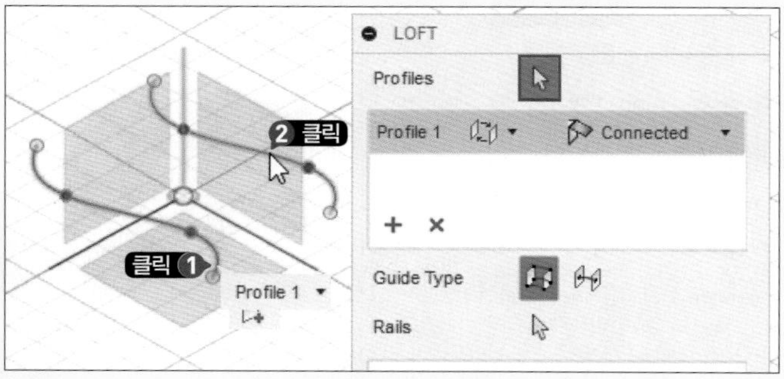

❸ 두 선을 연결하여 면으로 바뀌면 [OK] 버튼을 누르고 작업을 마친다.

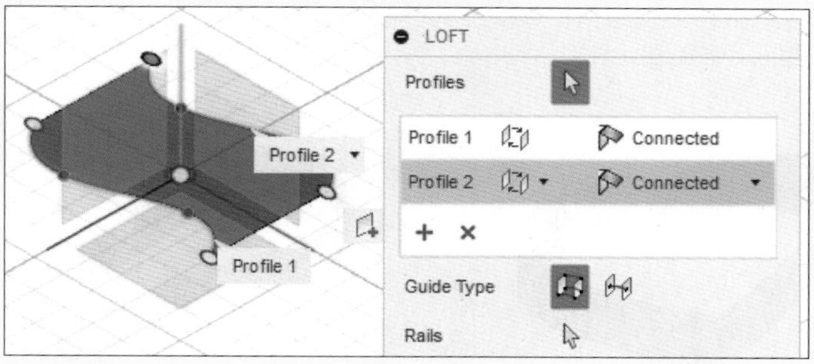

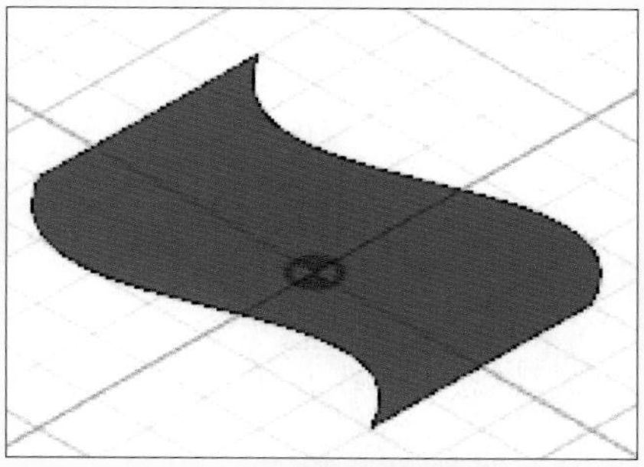

(5) Patch(구멍 메우기)

구멍이 뚫린 부분이나 닫혀 있는 도형(폐곡선) 부분을 면의 모양으로 메울 수 있다.

❶ [PATCH] 작업 영역에서 [SKETCH]–[Spline]–[Fit Point Spline] 메뉴를 선택한 후 XY면(오른쪽 수직면)을 선택하고 그림과 같이 직선이 끝나는 지점이 원점이 되도록 L자 모양의 직선을 그린다.

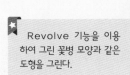

Revolve 기능을 이용하여 그린 꽃병 모양과 같은 도형을 그린다.

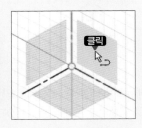

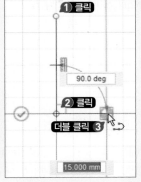

❷ [CREATE]–[Revolve] 메뉴를 선택한 후 [REVOLVE] 옵션 창에서 [Profile] 속성의 'Select'가 활성화되었는지 확인하고 직선 부분을 클릭한다. [Axis] 속성의 'Select'를 선택한 후 Y축을 클릭하면 위쪽이 뚫린 컵 도형이 만들어진다.

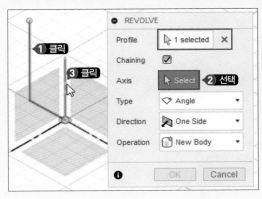

❸ [PATCH] 작업 영역에서 [CREATE]–[Patch] 메뉴를 선택한 후 [PATCH] 옵션 창에서 [Boundary Edges] 속성의 🔧가 활성화되어 있는지 확인하고 컵 입구의 테두리를 클릭하면 입구가 막힌 상태로 바뀐다.

(6) Offset(간격 띄워 복제하기)

솔리드의 면이나 곡면을 지정해 준 거리만큼 간격을 두고 닮은꼴의 솔리드를 복제할
수 있다.

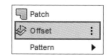

❶ [PATCH] 작업 영역에서 [SKETCH]-
[Spline]-[Fit Point Spline] 메뉴를 선택한
후 XZ면(바닥면)을 선택하고 그림과 같이
자유 곡선을 그린다.

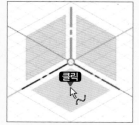
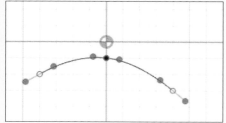

❷ [PATCH] 작업 영역에서 [CREATE]-[Exclude] 메뉴를 선택한 후 [EXTRUDE] 옵션 창에서 [Profile] 속성의 'Select'가 활
성화되어 있는지 확인하고, 곡선을 클릭한 후 ⬆을 위쪽으로 드래그하거나 [Distance] 속성에 값을 입력하여 곡면이 되도
록 한다.

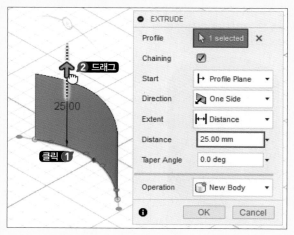

❸ [PATCH] 작업 영역에서 [CREATE]-[Offset] 메뉴를 선택한 후 [OFFSET] 옵션 창에서 [Faces/Surface Bodies] 속성의
'Select'가 활성화되어 있는지 확인하고 곡면을 클릭한다.

❹ ↗을 드래그하거나 [Distance] 속성에 값을 입력하면 지정한 거리만큼 떨어진 위치에 기울기가 같은 닮은꼴의 곡면을 복제할 수 있다.

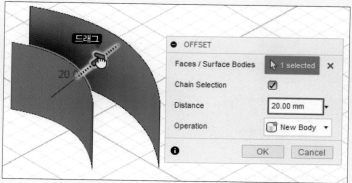
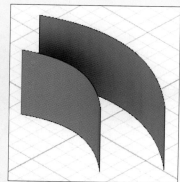

(7) Thicken(두께 주기)

[PATCH] 작업 영역의 [Extrude], [Loft] 등의 메뉴를 이용하여 만든 곡면에 일정한 두께를 지정할 수 있다.

보충 설명
[Thicken] 메뉴는 [MODEL] 작업 영역에도 있지만 기능적인 면에서 [PATCH]에서 배우는 것이 더 이해하기 쉬우므로 여기에서 설명하도록 한다.

❶ [PATCH] 작업 영역에서 [SKETCH]–[Spline]–[Fit Point Spline] 메뉴를 선택한 후 XZ면(바닥면)을 선택하고 그림과 같이 두 개의 곡선을 그린다. [PATCH] 작업 영역에서 [CREATE]–[Loft] 메뉴를 선택한 후 두 개의 곡선을 차례대로 클릭하여 곡면을 만든다.

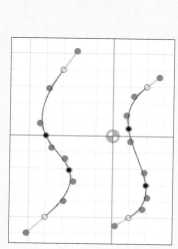
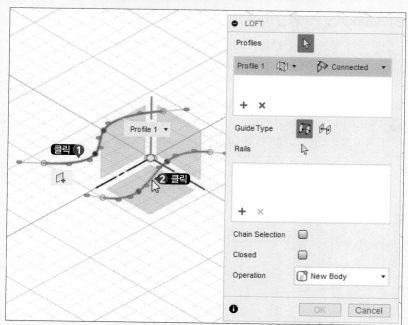

❷ [CREATE]–[Thicken] 메뉴를 선택한 후 [THICKEN] 옵션 창에서 [Faces] 속성의 'Select'가 활성화되어 있는지 확인하고 곡면을 클릭한다.

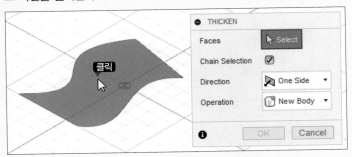

❸ ⬆을 드래그하거나 [Thickness] 속성에 값을 입력하면 두께가 있는 곡면이 만들어진다.

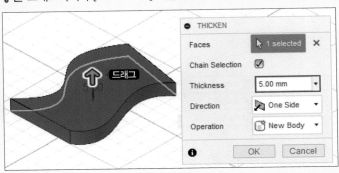

(8) Boundary Fill(공간 채우기)

밀폐되어 있는 빈 공간을 채우는 기능으로 속이 비어 있는 상자의 안쪽 공간을 하나의 개체(Solid)로 만들 수 있다.

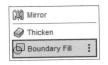

❶ [PATCH] 작업 영역에서 [SKETCH]–[Line] 메뉴를 선택한 후 XZ면(바닥면)을 선택하고 그림과 같이 안쪽에 사각형이 생기도록 4개의 선을 교차하여 그린다. [STOP SKETCH](🟦)를 누르고 스케치 작업을 마친다.

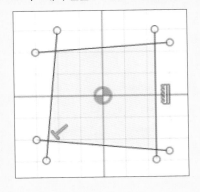

❷ [PATCH] 작업 영역에서 [CREATE]-[Extrude] 메뉴
를 선택한다. [EXTRUDE] 옵션 창에서 [Profile] 속성
의 'Select'가 활성화되어 있는지 확인하고 4개의 선
을 차례대로 클릭한다.

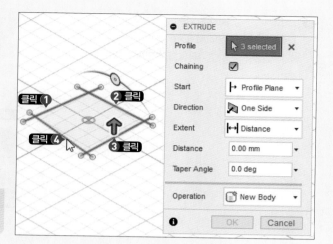

4개의 선을 모두 선택하면 [Profile]
속성에도 '4selected'로 표시된다.

❸ 마지막에 클릭한 부분의 ⬆을 드래그하거나 [Dis-
tance] 속성에 값(25mm)을 입력하면 4개의 교차면
이 형성된다.

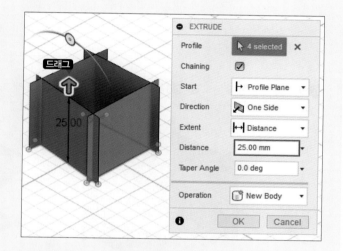

❹ [PATCH] 작업 영역에서 [SKETCH]-[Spline]-[Fit Point Spline] 메뉴를 선택한 후 그림과 같이 도형의 앞면을 클릭하
여 기준면이 되도록 한다. 도형의 왼쪽 바깥쪽에서 시작하여 반대쪽 바깥 부분까지 두 곡선을 그린 후 [STOP SKETCH]
(☐STOP SKETCH)를 누르고 스케치 작업을 마친다.

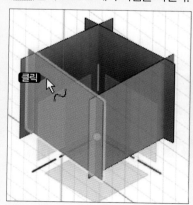

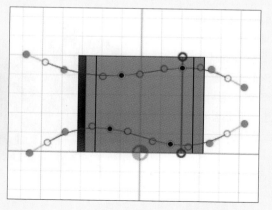

❺ [CREATE]–[Extrude] 메뉴를 선택한 후 [EX-
TRUDE] 옵션 창에서 [Direction] 속성을 'Two
Sides'로 선택하고 두 자유 곡선을 차례대로
클릭한다.

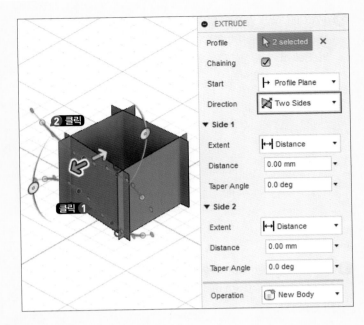

❻ 곡선을 클릭한 부분의 ✎, ↗을 각각 상자의 바깥쪽으로 드래그한다.

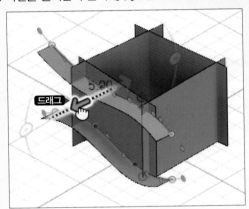 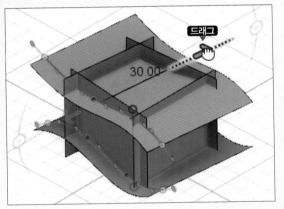

❼ [PATCH] 작업 영역에서 [CREATE]
–[Boundary Fill] 메뉴를 선택한 후
[BOUNDARY FILL] 옵션 창에서 [Se-
lect Tools] 속성의 'Select'가 활성화되
어 있는지 확인하고 도형을 감싸고 있
는 위아래 2개의 곡면, 세로 방향의 4개
의 교차면을 차례대로 클릭한다.

⭐클릭한 면은 투명하게 변한다.

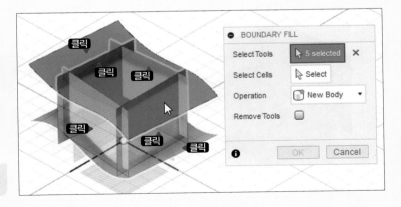

❽ 여섯 개의 면을 모두 선택하면 [Select Tools] 속성이 '6 selected'로 되어 그림과 같이 빈 공간의 색상이 변경된다.

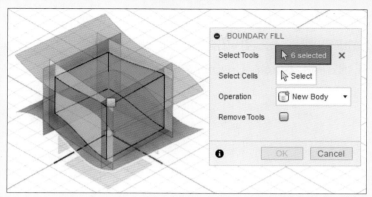

❾ [BOUNDARY FILL] 옵션 창에서 [Select Cells] 속성의 'Select'를 선택한 후 연두색 도형을 클릭하고 [OK] 버튼을 누르면 다시 곡면으로 둘러싸인 상자 모양으로 바뀐다.

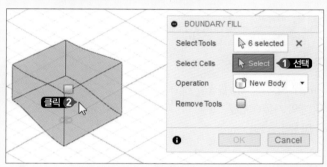 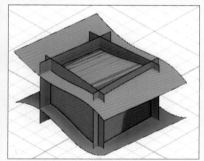

❿ [PATCH] 작업 영역에서 [MODIFY]-[Delete] 메뉴를 선택한 후 외곽을 둘러싸고 있는 여섯 개의 면을 차례대로 클릭하고 [OK] 버튼을 누르면 안쪽 공간이 육면체 도형으로 완성된다.

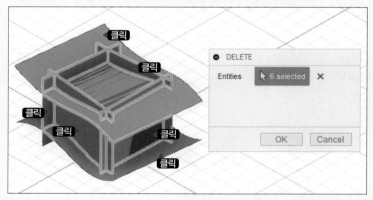 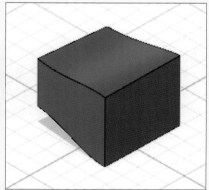

② MODIFY(PATCH 편집 모델링)

[PATCH] 작업 영역에서의 수정 작업에 필요한 기능이 모여 있는 곳으로서 대부분의 메뉴가 [MODEL] 작업 영역의 [MODIFY] 메뉴와 동일한 기능을 가지고 있다. 여기서는 PATCH의 고유 기능인 Trim, Extend, Stitch, Unstitch와 Reverse Normal 메뉴에 대해 알아보도록 한다.

(1) Trim(잘라내기)

서로 교차하는 곡면을 자를 수 있다.

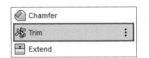

❶ [PATCH] 작업 영역에서 [SKETCH]-[Spline]-[Fit Point Spline] 메뉴를 선택한 후 XZ면(바닥면)을 선택하고 서로 교차하는 두 개의 자유 곡선을 그린다. [STOP SKETCH](🔲)를 누르고 스케치 작업을 마친다.

⭐ 3차원 보기로 바뀌지 않으면 뷰 큐브의 [홈](🏠)을 클릭하면 된다.

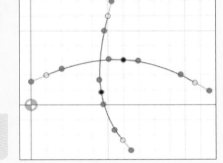

❷ [PATCH] 작업 영역에서 [CREATE]-[Exclude] 메뉴를 선택한다. [EXTRUDE] 옵션 창에서 [Profile] 속성의 'Select'가 활성화되어 있는지 확인하고 두 곡선을 차례대로 클릭한다.

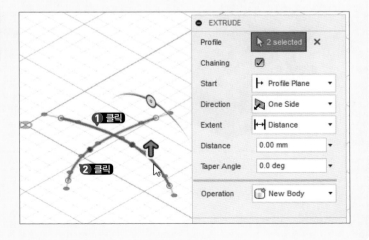

❸ ⬆을 드래그하거나 [Distance] 속성에 값을 입력하면 곡면이 만들어진다.

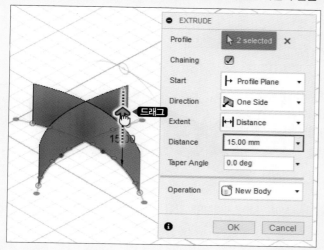

❹ [PATCH] 작업 영역에서 [MODIFY]–[Trim] 메뉴를 선택한 후 [TRIM] 옵션 창에서 [Trim Tool] 속성의 'Select'가 활성화되어 있는지 확인하고 제거하지 않고 남겨 둘 곡면을 클릭하면 선택한 곡면이 파란색으로 바뀐다.

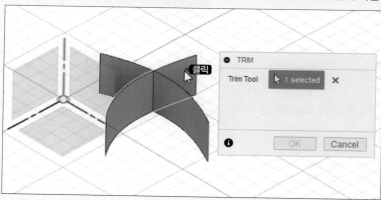

❺ 제거할 곡면을 클릭한 후 빨간색으로 변하면 [OK] 버튼을 누르고 불필요한 부분을 제거한다.

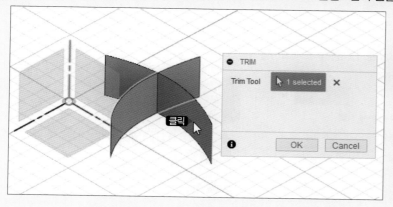
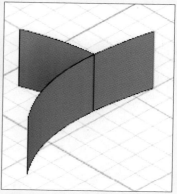

(2) Extend(연장하기)

면을 원하는 방향으로 길게 연장할 수 있다.

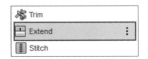

❶ 제거된 곡면을 원하는 길이만큼 복구하기 위해 [PATCH] 작업 영역에서 [MODIFY]-[Extend] 메뉴를 선택한다. [EXTEND] 옵션 창에서 [Edges] 속성의 'Select'가 활성화 되어 있는지 확인하고 연장할 면의 모서리를 클릭한다.

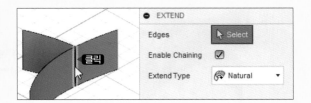

❷ 클릭한 부분에 나타난 🔧을 드래그하거나 [Distance] 속성에 원하는 길이만큼 값을 입력하여 곡면이 연장되면 [OK] 버튼 을 누른다.

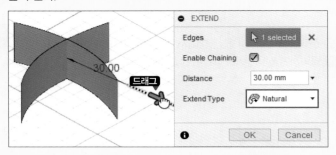
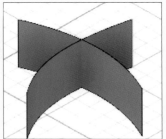

❸ [Extend Type] 속성의 'Perpendicular'와 'Tangent'의 기능을 살펴보기 위해 [MODIFY]-[Extend] 메뉴를 선택한 후 면 을 연장할 모서리를 클릭한다.

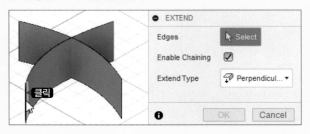

❹ [Extend Type] 속성을 'Perpendicular'로 선택한 후 드래그하면 수직 방향으로 면이 연장된다.

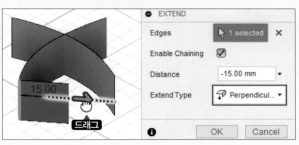

❺ [Extend Type] 속성을 'Tangent'로 선택하고 드래그하면 곡면과 접선 방향으로 면이 연장된다.

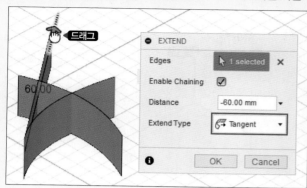

(3) Unstitch(나누기)

한 개의 모델링 개체를 여러 개의 도형으로 나눌 수 있다.

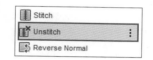

❶ [PATCH] 작업 영역에서 [SKETCH]−[Line] 메뉴를 선택한 후 XY면(오른쪽 수직면)을 선택한다. 그림과 같이 Y축(녹색)에서 시작하여 원점에서 끝나는 선을 그린 후 [STOP SKETCH](   )를 눌러 스케치 작업을 마친다.

Y축을 중심으로 Revolve 기능을 이용하여 원형 기둥을 작성한다.

❷ [PATCH] 작업 도구에서 [CREATE]−[Revolve] 메뉴를 선택한 후 [REVOLVE] 옵션 창에서 [Profile] 속성의 'Select'가 활성화되어 있는지 확인하고 직선을 클릭한다.

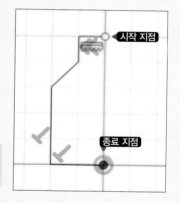

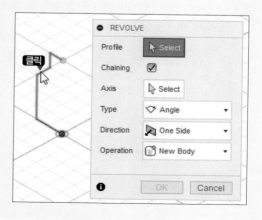

❸ [Axis] 속성의 'Select'를 선택한 후 회전의 중심축인 Y축을
클릭하고 [OK] 버튼을 누른다.

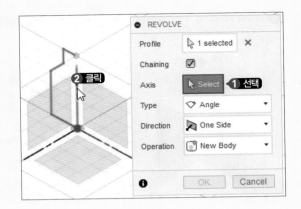

❹ 입체 도형이 완성된 후 [BROWSER] 창에서 [Bodies]의 ▷을
누르면 포함된 Body가 한 개(Body1)만 표시되어 한 개의 솔
리드(개체)로 이루어진 도형임을 알 수 있다.

❺ 여러 개의 개체(Body)로 나누기 위해 [PATCH] 작업 영역에서
[MODIFY]−[Unstitch] 메뉴를 선택한다. [UNSTITCH] 옵션
창에서 [Faces/Bodies]의 'Select'가 활성화되어 있는지 확
인하고 개체의 몸체를 클릭한 후 [OK] 버튼을 눌러 개체를 부
분별로 분리한다.

❻ [BROWSER] 창에 각 면과 연결 부위의 선이 모두 5개의
Body로 분리된 상태로 표시된다.

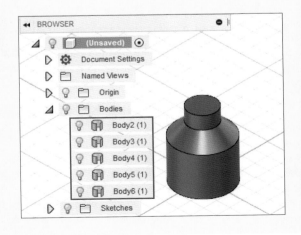

❼ 분리 여부를 확인하기 위해 개체의 윗부분(원)을 마우스 오른쪽 버튼으로 클릭한 후 마킹 메뉴에서 [Move/Copy]를 선택하고 ⬆을 위쪽으로 드래그하면 원기둥을 이루고 있던 원 도형이 분리되는 것을 확인할 수 있다.

 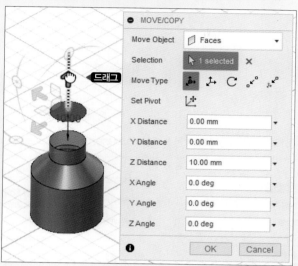

분리되는 것을 확인한 후 Stitch(합치기) 기능에 사용하기 위해 [Cancel] 버튼을 클릭한다.

(4) Stitch(합치기)

여러 개로 분리된 Body를 하나의 Body로 합칠 수 있다.

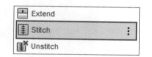

❶ [PATCH] 작업 도구에서 [MODIFY]-[Stitch] 메뉴를 선택한 후 [STITCH] 옵션 창에서 [Stitch Surface] 속성의 'Select'가 활성화되어 있는지 확인하고 개체의 각 Body 부분을 모두 클릭한다.

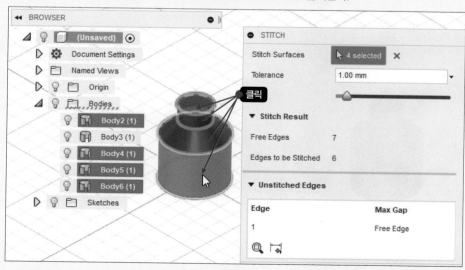

앞에서 Unstitch(나누기) 기능으로 작성한 개체를 이어서 사용하도록 한다.

❷ 도형의 밑면을 선택하기 위해 뷰 큐브의 가운데 아래 꼭짓점 부분을 선택한다.

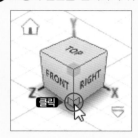

❸ 도형의 밑면을 클릭하고 [OK] 버튼을 누르면 [Stitch Surfaces] 속성이 '5selected'로 된다.

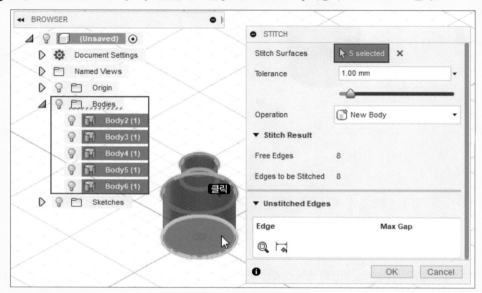

❹ [BROWSER] 창에서 Body가 한 개로 합쳐진 것을 확인할 수 있다.

(5) Reverse Normal(면 뒤집기)

안쪽과 바깥쪽 면을 서로 뒤집어 표시할 수 있다.

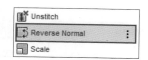

❶ Stitch 작업을 이용하여 하나의 Body로 합친 도형을 [PATCH] 작업 영역에서 [MODIFY]-[Unstitch] 메뉴를 선택한 후 도형의 몸체를 클릭하고 [OK] 버튼을 누르면 [BROWSER] 창에서 여러 개의 Body로 분리된 것을 확인할 수 있다.

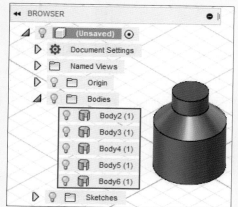

❷ [PATCH] 작업 영역에서 [MODIFY]-[Reverse Normal] 메뉴를 선택한 후 [REVERSE NORMAL] 옵션 창에서 [Faces] 속성의 'Select'가 활성화되어 있는지 확인하고 뒤집을 면을 클릭한 후 [OK] 버튼을 누르면 선택한 면의 색이 뒤바뀐다.

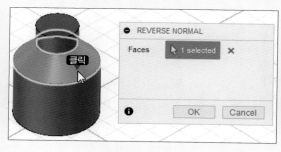

❷ SCULPT 작업 영역(FREE FORM, 자유형 모델링)

[SCULPT] 작업 영역은 여러 조각으로 구성된 T-Spline(정형화되지 않은 유기적인 형태의 모델링 방식) 개체를 모델링한 후 편집 도구로 각각의 조각을 원하는 형태로 잡아당기거나 늘이고 줄여서 비정형화된 곡면의 조형물을 만드는 도구이다.

[SCULPT] 작업 영역은 [MODEL] 작업 영역의 [CREATE]-[Create Form] 메뉴를 선택하거나 [MODEL] 작업 영역에서 [Create Form](🔳)을 선택해야만 표시된다.

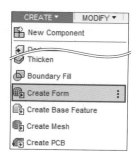

[SCULPT] 작업 영역을 구성하는 메뉴는 다음과 같다.

1 CREATE (SCULPT 입체 모델링)

[SCULPT] 작업 영역에서 T-Spline 모델링 방식의 비정형 입체 도형을 만드는 도구로서 [MODEL]이나 [PATCH] 작업 영역의 [CREATE]와는 약간 다른 입체 모델링 기능이다.

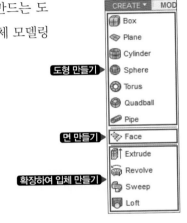

(1) Box(육면체 만들기)

상자(Box) 모양의 입체 조각을 만드는 기능으로 여러 개의 면과 선으로 구성되어 있는 육면체 각각의 면이나 선을 편집하여 다양한 모양의 형상을 만들 수 있다.

❶ [SCULPT] 작업 영역에서 [CREATE]-[Box] 메뉴를 선택한 후 XZ면(바닥면)을 선택한다.

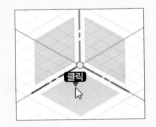

❷ 마우스로 원점을 클릭한 다음 원하는 거리만큼 이동하여 클릭한다.

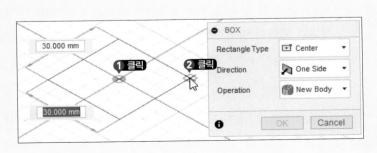

❸ ↘, ↗, ↑을 드래그하거나 [Length], [Width], [Height] 속성에 값을 입력하
면 육면체의 크기를 변경할 수 있다.

 [MODEL] 작업 영역의 [CREATE]에서 만든 Box와는 다른 모습의 육면체가 만들어진다.

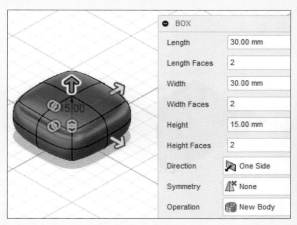

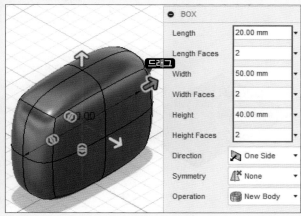

더 알아보기 ➕ [BOX] 옵션 창의 속성

🔍 Rectangle Type

• Center: 육면체의 중심점을 클릭하고 꼭짓점으로 이동하면 대칭으로 육면체 형성

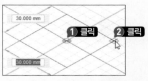

• 2-Point: 육면체 밑면의 대각선 길이만큼 육면체 형성

🔍 그 외 속성

- 육면체의 길이
- 길이 방향의 면의 개수
- 육면체의 폭
- 폭 방향의 면의 개수
- 육면체의 높이
- 높이 방향의 면의 개수
- 늘이는 방향 결정(One Side / Symmetry)
- 대칭축을 지정하여 복제(None / Mirror)
- 생성되는 개체의 유형(Body)

⬠ Length Faces-'2'

⬠ Length Faces-'4'

(2) Plane(평면 만들기)

평면 형상의 조각물을 만들 수 있다.

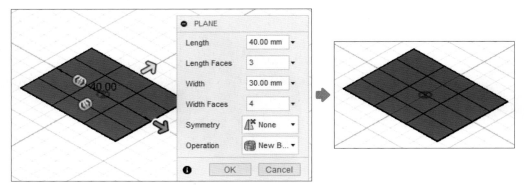

(3) Cylinder(원기둥 만들기)

원기둥 모양의 입체 조각물을 만들 수 있다.

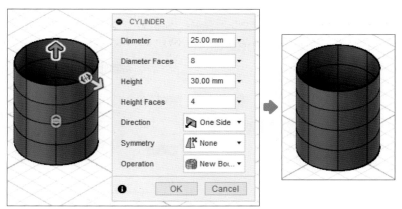

(4) Sphere(구 만들기)

공 모양의 입체 조각물을 만들 수 있다.

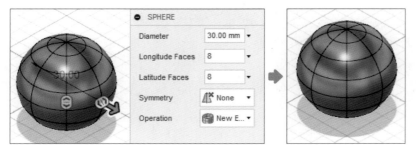

(5) Torus(도넛 만들기)

도넛 형상의 조각물을 만들 수 있다.

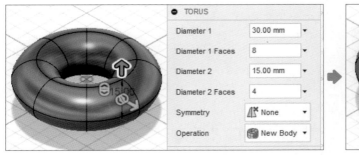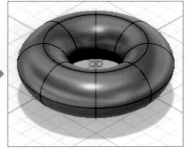

(6) Quadball(사각 공 만들기)

사각형(쿼드) 형상과 유사한 모양의 공을 만들 수 있다.

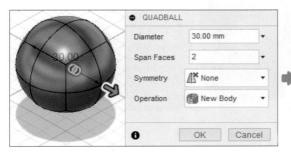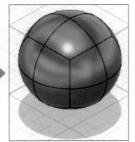

(7) Pipe(파이프 만들기)

미리 작성한 경로를 따라 파이프 형상의 조각을 만드는 기능으로 [MODEL] 작업 영역의 [CREATE]-[Pipe]와 동일한 방식으로 모델링할 수 있다.

❶ [SCULPT] 작업 영역에서 [SKETCH]-[Spline]-[Fit Point Spline] 메뉴를 선택한 후 XZ면(바닥면)을 선택하고 자유 곡선을 그린다.

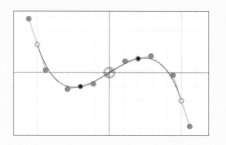

❷ [CREATE]-[Pipe] 메뉴를 선택한 후 [PIPE] 옵션 창의 [Sections] 탭에서 [Path] 속성의 ▣가 활성화되어 있는지 확인하고 곡선을 클릭하면 경로를 따라 사각형 파이프가 완성된다.

> [PIPE] 옵션 창의 값을 변경하면 다양한 형태의 파이프를 만들 수 있다.

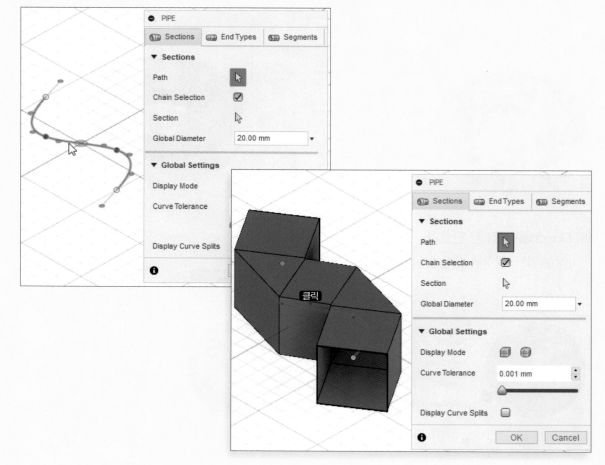

🖱 [Sections] 탭

파이프의 선택 범위와 단면의 직경, 단면의 모양 등의 속성을 설정하는 탭이다.

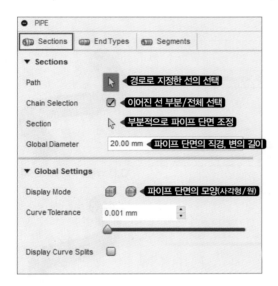

- **Chain Selection**
  - 체크: 선 전체를 선택
  - 체크 해제: 연결된 선을 구분하여 부분 선택

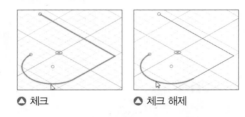

    🔺 체크　　　　　　🔺 체크 해제

- **Display Mode**
  - Box Display(🔲): 사각 단면
  - Smooth Display(🔘): 원형 단면

    🔺 Box Display　　　　🔺 Smooth Display

🖱 [End Types] 탭

파이프의 끝 부분을 어떤 형태로 할 것인가를 결정하는 속성이다.

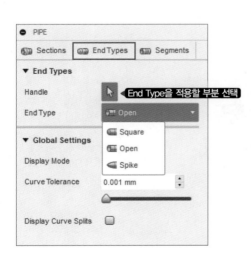

- **End Type**
  - Square: 파이프 끝 단면이 사각형 형상
  - Open: 파이프 끝 단면이 원형의 형상으로 개방
  - Spike: 파이프 끝 단면이 송곳처럼 뾰족한 형상

  🔺 Square　　　　🔺 Open　　　　🔺 Spike

파이프의 면 개수를 결정하는 속성으로 가운데의 ◯을 클릭한 후 ◉을 드래그하거나 [Density] 속성의
슬라이드 바를 좌우로 이동시키면 면의 개수를 많거나 적게 할 수 있다.

● Density-More(오른쪽)

● Density-Fewer(왼쪽)

(8) Face(면 만들기)

사각형 또는 다각형 도형을 작성한 후 이를 연결하면서 여러 형태의 평면 조각을 만들 수
있다.

❶ [SCULPT] 작업 영역에서 [SCULPT]-[CREATE]-[Face] 메뉴를 선택한 후 XZ면(바닥면)을 선택하고 뷰 큐브의 [TOP]
부분을 클릭한다.

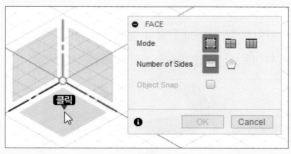

> 면 작업은 평면에서 하는 것이 수월
> 하므로 뷰 큐브에서 [TOP]을 선택
> 한다.

❷ [FACE] 옵션 창에서 [Mode] 속성의 'Simple'(▣), [Number of Sides] 속성의 'Four Sides'(☐)가 활성화되어 있는지 확인하고 그림과 같이 네 지점을 클릭하여 사각형의 면을 만든다.

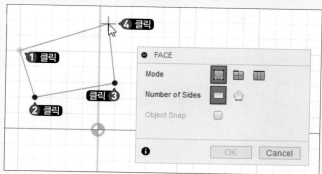 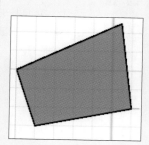

❸ 같은 방식으로 사각형의 한 꼭짓점에서 시작하여 네 개의 지점을 차례대로 클릭하면 먼저 만든 사각형의 면과 연결된 면들이 만들어진다.

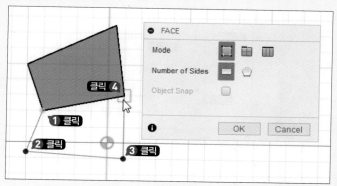

❹ 같은 작업을 여러 번 반복하여 왼쪽 그림과 같이 여러 조각이 연결된 자유로운 형태의 면을 만든 후 [FACE] 옵션 창에서 [OK] 버튼을 누르면 오른쪽 그림과 같이 부드럽게 연결된 곡면이 완성된다.

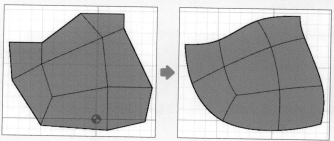

더 알아보기 ➕ [FACE] 옵션 창의 속성

❶ Simple: 모서리의 점을 클릭하여 도형 만들기

❷ Edge: 'Simple' 속성으로 만든 평면 도형의 모서리(변)를 기반으로 다른 위치를 지정하여 면 덧붙이기

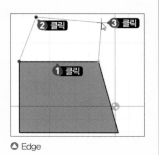

🔺 Edge

❸ Chain: 'Edge' 속성처럼 도형의 모서리(변)을 기반으로 도형을 늘려가지만 그 작업이 연속적으로 이루어지도록 하기

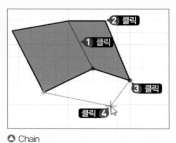

🔺 Chain

❹ Four Sides: 네 지점을 정하여 사각형의 면 만들기

❺ Multiple Sides: 삼각형 이상 다각형의 수만큼 시작점을 지정한 후 다시 시작점을 클릭하여 다각형의 평면 도형을 만들기

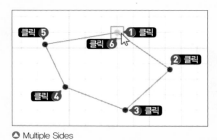

🔺 Multiple Sides

(9) Extrude(돌출시켜 만들기)

평면 위에 그린 선이나 폐곡선 또는 도형의 외곽선을 위로 드래그하여 입체 조각으로 만들 수 있다.

❶ [SCULPT] 작업 영역에서 [SKETCH]-[Line] 메뉴를 선택한 후 XZ면(바닥면)을 선택하고 그림과 같은 평면 도형을 그린다

※ 52쪽 '(2) Line(선 그리기)' 참조

❷ [CREATE]-[Extrude] 메뉴를 선택한 후 [EXTRUDE] 옵션 창에서 [Profile] 속성의 'Select'가 활성화되어 있는지 확인하고 평면 도형의 테두리를 클릭한다. ⬆을 드래그하거나 [Distance] 속성에 값을 입력하면 입체 도형을 만들 수 있다.

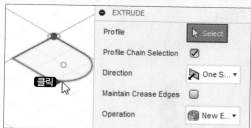 

HOT TIP! 면을 돌출시켜 늘이는 방법

Extrude 메뉴를 이용하면 선이나 평면의 도형을 드래그하여 돌출시키는 것 외에 이미 만든 입체 도형의 면도 돌출 작업을 통해 길게 늘일 수 있다.

❶ [SCULPT] 도구에서 [CREATE]-[Extrude] 메뉴를 선택한 후 돌출시키고자 하는 면을 클릭하고 ⬂을 드래그하여 앞쪽으로 돌출시킨다.

❷ ⌒을 드래그하거나 [Angle] 속성에 값을 입력하면 기존 도형의 옆면에 손잡이 모양의 입체 도형을 만들 수 있다. 이와 같은 방식으로 귀나 코, 팔, 다리 같은 조형물을 몸체에 만들 수도 있다.

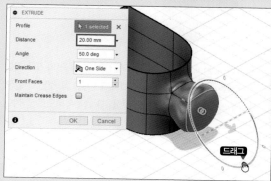 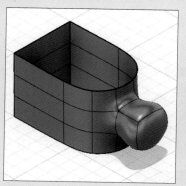

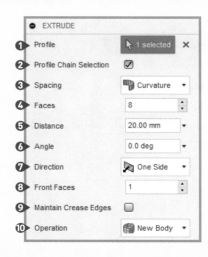

❶ Profile: 선이나 도형의 외곽선 선택

❷ Profile Chain Selection: 여러 형태의 선으로 이어진 도형의 경우 한꺼번에 선택(체크) 또는 각각의 선을 따로 선택(체크 해제)할 것인지 설정

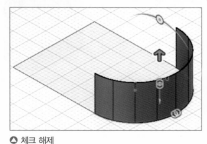

🔺 체크 해제

❸ Spacing: 면의 간격을 균일하게(Uniform) 또는 휘어진 구간의 면 간격을 더 촘촘하게(Curvature) 할 것인지 설정

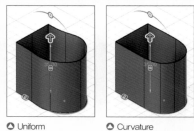

🔺 Uniform 🔺 Curvature

❹ Faces: 면의 개수 입력

Faces-'14' ▶

❺ Distance: 돌출시키는 길이 입력

❻ Angle: 경사각 입력

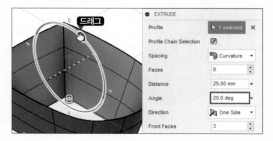

❼ Direction: 한쪽 방향(One Side), 다른 길이의 양쪽 방향(Two Side), 양쪽 방향으로 대칭(Symmetric)되게 돌출시킬 것인지 설정

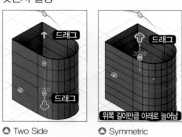

🔺 Two Side 🔺 Symmetric

❽ Front Faces: 돌출시키는 방향의 면의 개수 설정

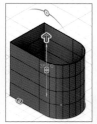

◀ Front Faces-'4'

❾ Maintain Crease Edges: 돌출시킬 때 면의 모서리를 날카롭게(체크) 또는 부드럽게(체크 안함) 할 것인지 설정

❿ Operation: 돌출시키는 개체를 Body 속성으로 설정

(10) Revolve(회전시켜 만들기)

직선이나 곡선 등의 선을 회전시켜서 입체 조각을 만드는 기능으로 꽃병이나 컵 등의 모델 링에 많이 활용한다.

❶ [SCULPT] 작업 영역에서 [SKETCH]–[Line] 메뉴를 선택한 후 XY면(오른쪽 수직면)을 선택하고 Y축(녹색) 왼쪽에 그림과 같이 평면 도형을 그린다. ※ 52쪽 '(2) Line(선 그리기)' 참조

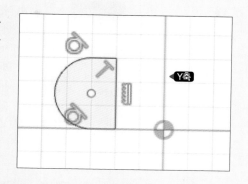

❷ [CREATE]–[Revolve] 메뉴를 선택한 후 [REVOLVE] 옵션 창에서 [Profile] 속성의 'Select'가 활성화되어 있는지 확인한다. 도형을 클릭한 후 [Axis] 속성의 'Select'를 선택하고 Y축(녹색)을 클릭하면 Y축을 중심으로 도형이 회전하여 반지 모양의 입체 도형이 완성된다.

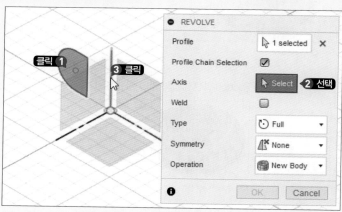

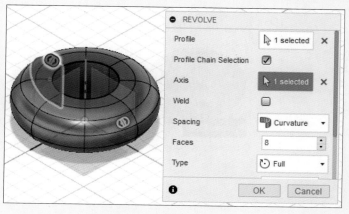

❶ Profile: 평면 도형(폐곡선) 선택

❷ Profile Chain Selection: 도형의 면이나 선을 한꺼번에 선택(체크) 또는 도형을 이루고 있는 여러 개의 선을 개별적으로 선택(체크 해제)할 것인지 설정

△ 체크 해제

❸ Axis: 회전축을 클릭하여 지정

❹ Weld: 두 개체의 꼭짓점 부분이 서로 결합(체크) 또는 분리된 상태(체크 안함)로 둘 것인지 설정

❺ Spacing: 면의 간격을 균일하게(Uniform) 또는 휘어진 구간의 면 간격을 더 촘촘하게(Curvature) 할 것인지 설정

△ Uniform

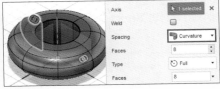

△ Curvature

❻ Faces: 축 방향으로의 면의 개수 입력

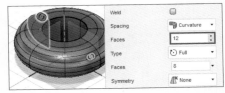

△ Faces-'12'

❼ Type: 축을 기준으로 일정한 각도만큼 회전(Angle) 또는 한 번에 360도 회전(Full)시킬 것인지 설정

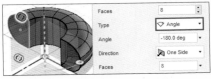

△ Angle(-180.0 deg)

❽ Faces: 회전 방향의 면의 개수 입력

△ Faces-'26'

❾ Symmetry: 회전 방향으로 대칭축을 만들지 않을 것인지(None) 아니면 대칭축을 만들 것인지(Symmetry)를 설정

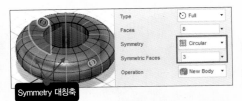

△ Symmetry-Circular / Symmetric Faces-'3'

※ [Symmetry Faces] 속성에 입력한 수만큼 축과 축 사이에 면이 생성된다.

❿ Operation: 돌출시키는 개체를 Body 속성으로 결정

(11) Sweep(훑어서 만들기)

경로를 미리 설정한 후 경로의 끝부분에 평면의 도형(단면)을 만들어서 이를 연장시켜서 입체 조각을 만들 수 있다. 여기에서는 컵의 손잡이를 만들어 보도록 한다.

❶ [SCULPT] 작업 영역에서 [SKETCH]-[Spline]-[Fit Point Spline] 메뉴를 선택한 후 YZ면 (왼쪽 수직면)을 선택한다. Y축(녹색) 왼쪽에 그림과 같이 컵의 손잡이 형상의 평면 도형을 그린 후 [STOP SKETCH]( )를 누르고 스케치 작업을 마친다.

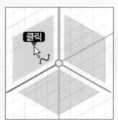
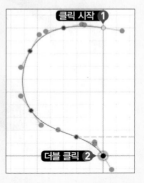

❷ [SKETCH]-[Circle]-[Center Diameter Circle] 메뉴를 선택한 후 XY면(오른쪽 수직면)을 선택한다. 컵 손잡이 위쪽 시작 점을 중심으로 직경이 '15mm'인 원을 그린 후 [STOP SKETCH]( )를 누르고 스케치 작업을 마친다.

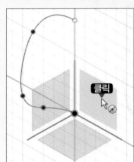
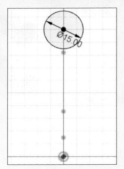

❸ [CREATE]-[Sweep] 메뉴를 선택한 후 [SWEEP] 옵션 창에서 [Profile] 속성의 'Select'가 활성화되어 있는지 확인하고 원을 클릭한 다음 [Path] 속성의 'Select'를 선택한 후 곡선을 클릭한다.

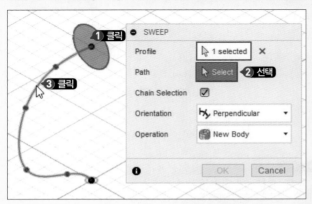

❹ [OK] 버튼을 누르면 컵의 손잡이가 완성된다.

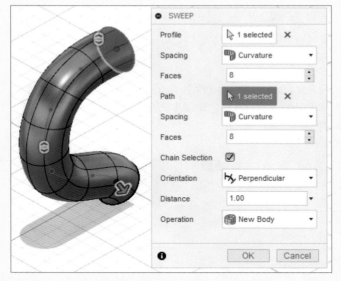

⭐ [SCULPT] 작업 영역의 [CREATE]–[Sweep] 메뉴는 [Edit Form] 메뉴를 이용하여
자유로운 형상으로 편집할 수 있는 것이 [MODEL] 작업 영역의 [CREATE]–[Sweep] 메
뉴와 다른 점이다. ※ 253쪽 '(1) Edit Form(편집하기)' 참조

[Edit Form] 메뉴를 이용하여 편집한 개체 ▶

(12) Loft(연결하여 만들기)

서로 떨어져 있는 두 개의 선이나 도형을 서로 연결하여 입체 조각을 만들 수 있다.

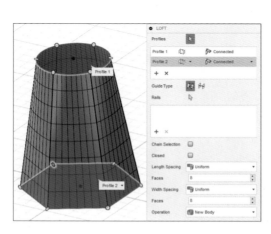

보충 설명
[MODEL] 도구의 [CREATE]–[Loft] 기능
과 유사하므로 이를 참고하여 그리도록 한다.

2 MODIFY(SCULPT 편집 모델링)

[SCULPT] 작업 영역에서 디자인한
T-Spline 모델링 도형을 수정하거나
면이나 선의 추가, 제거, 연결 등 편집
또는 가공 작업을 하는 도구이다.

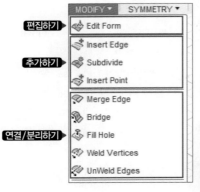

(1) Edit Form(편집하기)

T-Spline 조각을 늘이거나 줄이고 비틀어서 다양하고 복잡한 형상으로 편집할 때
매우 유용하다.

❶ [SCULPT] 작업 영역에서 [CREATE]-
[Box] 메뉴를 선택한 후 XZ면(바닥면)을
선택하고 그림과 같이 적당한 크기의 육
면체를 만든다.

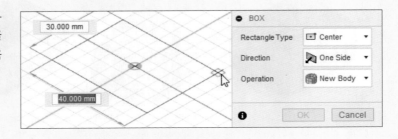

❷ [BOX] 옵션 창에서 [Length Faces] 속
성에 길이 방향의 면의 수로 '3', [Width
Faces] 속성에 폭 방향의 면의 수로 '3'
을 입력한 후 [OK] 버튼을 누른다.

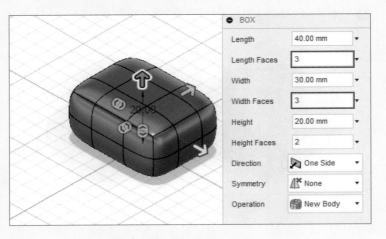

❸ [MODIFY]-[Edit Form]을 선택한 후 [EDIT FORM] 옵션 창에서 [T-Spline Entity] 속성의 'Select'가 활성화되어 있는지 확인하고 편집할 면(위쪽 가운데 면)이나 선을 클릭한다.

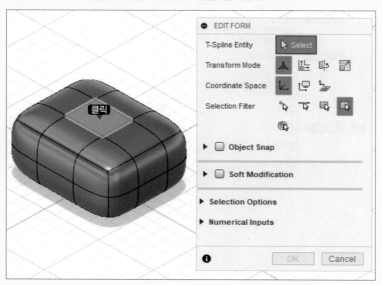

❹ 선택한 부분에 이동, 회전, 축척 작업을 할 수 있는 변형 모드가 표시되면 이 모드를 드래그하여 변경할 수 있다.

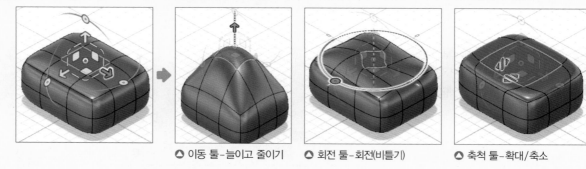

⬥ 이동 툴-늘이고 줄이기　　⬥ 회전 툴-회전(비틀기)　　⬥ 축척 툴-확대/축소

❺ 면 뿐 아니라 선이나 점을 중심으로 도형을 변형할 수도 있다.

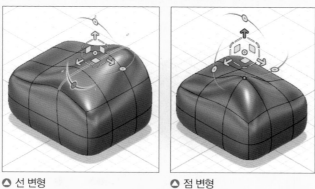

⬥ 선 변형　　　　　⬥ 점 변형

Ctrl 키를 누른 채 면이나 선 또는 점을 여러 개 선택할 수 있다.

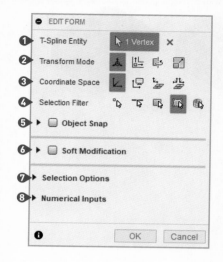

❶ T-Spline Entity: 편집할 개체(면, 선, 점) 선택
❷ Transform Mode(변형 모드): 변형 모드(이동, 회전, 축척) 선택
• Multi(⊼): 모든 변형 모드 (이동, 회전, 축척) 표시 ([Alt]+[Q])
• Translation(⊞): 이동 모 드만 표시([Alt]+[W])
• Rotation(⬚): 회전 모드 만 표시([Alt]+[E])
• Scale(⬚): 축척 모드만 표시([Alt]+[R])

⬥ Multi

⬥ Translation

⬥ Rotation

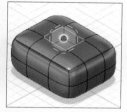
⬥ Scale

❸ Coordinate Spaces(좌표 위치): 도형이나 화면의 위치에 따른 좌표의 위치 변화
• World Space(⬚): 기본 좌표 표시([Alt]+[Z])
• View Space(⬚): 모니터 정면을 기준으로 평면 좌표 표시([Alt]+[X])
• Selection Space(⬚): 선택한 면의 중심축을 기준으로 좌표 표시([Alt]+[C])
• Local Per Entity(⬚): 선택된 면의 중심축과 인접한 면에 좌표 표시([Alt]+[V])

⬥ World Space

⬥ View Space

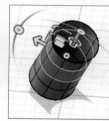
⬥ Selection Space

⬥ Local Per Entity

❹ Selection Filter(선택 영역 지정): 면, 선, 점 등의 영역을 지정하거나 Body 전체 지정
• Vertex(꼭짓점)(⬚): 꼭짓점만 선택하고 편집([Alt]+[A])
• Edge(모서리)(⬚): 모서리 선만 선택하고 편집([Alt]+[S])

⬥ Vertex

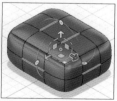
⬥ Edge

• Face(면)(🔳): 각각의 면을 선택하고 편집(Alt + D)

• All(모두)(🔳): 꼭짓점, 모서리, 면 중에서 선택하고 싶은 요소를 지
  정하여 편집(Alt + F)

• Body(바디)(🔳): 개체의 body 전체를 선택하고 편집(Alt + G)

△ Face

△ Body

❺ Object Snap: 편집 작업 시 자동으로 스냅 적용

❻ Soft Modification: 기울기 등의 변형 정도에 따라 빨간색의 진한 정도 변화

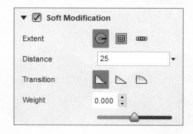

• Extend: 기울기의 범위 형태를 지정
  – Distance(🔘): 원의 반지름 길이만큼 기울기 지정
  – Face Count(🔲): 정사각형 방향의 면 개수만큼 기울기 지정
  – Rectangular Face Count(▭): 길이와 폭 방향 면의 개수만큼 기울기 지정

△ Distance

△ Face Count

△ Rectangular Face Count

• Transition: 변형의 정도(기울기의 유형 지정)
  – Smooth(◣): S자 곡선 형태로 변형
  – Linear(◿): 직선의 형태로 변형
  – Bulge(◗): 원형의 형태로 변형

△ Smooth

△ Linear

△ Bulge

• Weight: 기울기의 정도를 조정

⬤ Weight = −1

⬤ Weight = +1

❼ Selection Operation: 편집 작업을 위한 선택 영역 지정

▼ Selection Options

Grow/Shrink

Loop Grow/Shrink

Ring Grow/Shrink

Select Next

Feature Selection

Invert Selection

Range Selection

Display Mode

• Grow/Shrink: 선택 범위의 확대/축소
  – Grow Selection(□): 버튼을 누를 때마다 선택 범위 확대(Shift+Up)
  – Shrink Selection(□): 버튼을 누를 때마다 선택 범위 축소(Shift+Down)

⬤ Grow Selection

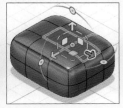

⬤ Shrink Selection

• Loop Grow/Shrink: 선 선택 후 버튼을 누르면 선택 범위 확대 또는 축소
  – Loop Selection(□): 선 선택 후 버튼을 누르면 선 방향의 모든 선을 한꺼번에 선택 가능
    (Alt+P)
  – Loop Grow Selection(□): 선 선택 후 버튼을 누를 때마다 선 방향의 양쪽으로 선택 범위
    확대(Alt+K)
  – Loop Shrink Selection(□): 선의 선택이 확대되었던 부분이 버튼을 누를 때마다 축소
    (Alt+J)

⬤ Loop Selection

• Ring Grow/Shrink: 선택한 모서리 선과 같은 줄에 있는 평행한 모서리 선의 선택/해제
  – Ring Selection(□): 먼저 선택한 모서리 선과 나란히 있는 모든 줄 선택
  – Ring Grow Selection(□): 버튼을 누를 때마다 양쪽으로 한 선씩 차례로 선택
  – Ring Shrink Selection(□): 버튼을 누를 때마다 선택되었던 선을 하나씩 해제
• Select Next: 선택한 부분을 지정한 방향으로 이동

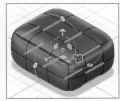

⬤ Ring Selection

• Feature Selection: 원기둥이나 지주(받침대)를 한 번에 모두 선택
• Invert Selection: 버튼을 누를 때마다 선택한 부분과 선택하지 않은 부분 반전
• Range Selection: 선택한 두 면이나 선, 점 사이를 연결하여 선택

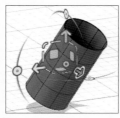  

△ Feature Selection △ Invert Selection △ Range Selection

• Disply Mode: T-Spline 개체를 어떤 형태로 표시하는가를 지정
 – Box Display(▣): T-Spline 개체의 부드러운 모서리가 사라지고 육면체 형상으로 표시
 – Control Frame Display(▣): 둥근 모서리 형상의 T-Spline 바깥쪽에 조절 프레임 표시
 – Smooth Display(▣): T-Spline의 기본적인 형태인 둥근 모서리 형상으로 표시

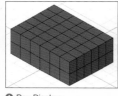 

△ Box Display △ Control Frame Display

❽ Numerical Inputs: 편집 작업에 필요한 이동, 회전 및 축척의 정확한 수치를 입력

◀ Edit Form 변형 모드의 이동, 회전, 축척 툴 알아보기 ▶

  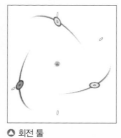 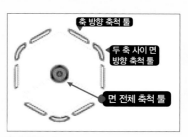

축 방향 축척 툴

두 축 사이 면
방향 축척 툴

면 전체 축척 툴

축 방향 이동 툴
면 방향 이동 툴

△ 변형 툴(전체) △ 이동 툴 △ 회전 툴 △ 축척 툴

(2) Insert Edge(모서리 추가하기)

선택한 모서리를 기준으로 그 옆에 평행한 모서리를 추가하여 조각을 더 세밀하게 나눌 수 있다.

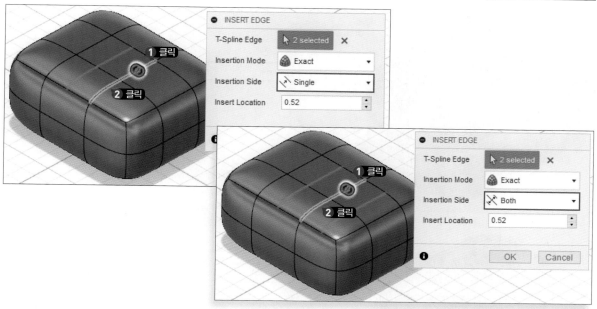

(3) Subdivide(면 나누기)

면의 조각을 추가로 등분하여 세밀한 작업이 가능하도록 모서리를 추가할 수 있다.

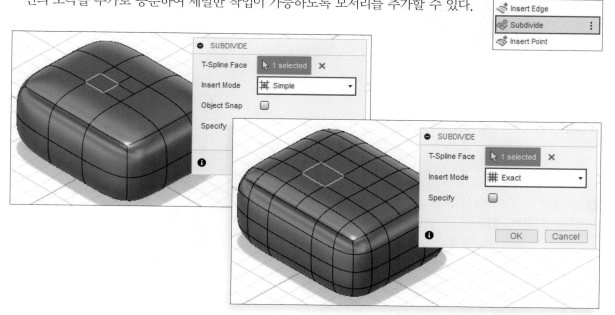

(4) Insert Point(점 추가하기)

모서리에 점을 추가하는 기능으로 모서리의 선은 점을 기준으로 나뉜다.

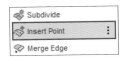

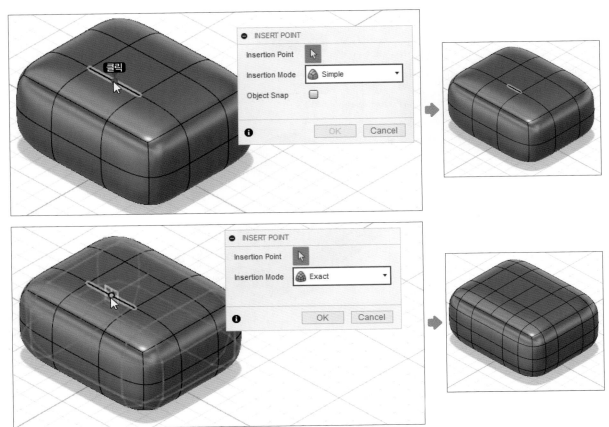

(5) Merge Edge(모서리 합치기)

T-Spline 조각의 모서리와 모서리를 결합할 수 있다.

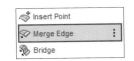

❶ [SCULPT] 작업 영역에서 [CREATE]-[Box] 메뉴를 선택한 후 XZ면(바닥면)을 선택하고 그림과 같이 두 개의 육면체를 만든다.

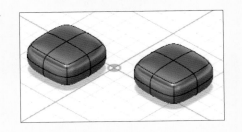

② 오른쪽 육면체와 마주보이는 왼쪽 육면체의 면을 클릭하고 `Delete` 키를 눌러 면을 제거한다.

 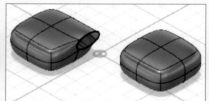

③ 뷰 큐브의 왼쪽 위 꼭짓점을 클릭하여 도형의 방향을 바꾼 후 제거된 면 맞은편 면을 선택하고 `Delete` 키를 눌러 면을 제거한다.

④ [SCULPT] 작업 영역에서 [MODIFY]−[Merge Edge] 메뉴를 선택한 후 [MERGE EDGE] 옵션 창에서 [Edge Group One] 속성의 'Select'가 활성화되어 있는지 확인하고 뚫어진 면의 모서리 4곳을 차례대로 클릭한다.

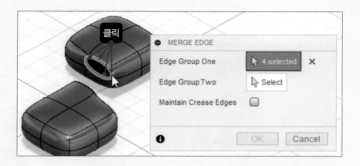

⑤ 뷰 큐브의 오른쪽 위 꼭짓점 부분을 클릭하여 원래의 방향으로 되돌린 후 [Edge Group Two] 속성의 'Select'를 선택하고 맞은편 뚫린 부분의 모서리 4곳을 차례대로 클릭한다.

⑥ 양쪽 육면체의 모서리를 모두 선택한 후 [OK] 버튼을 누르면 두 상자의 모서리가 연결된다.

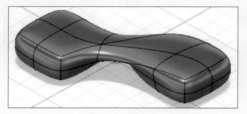

평면의 도형도 연결할 수 있다.

(6) Bridge(면 연결하기)

서로 떨어져 있는 두 개의 T-Spline 조각의 면을 서로 연결할 수 있다.

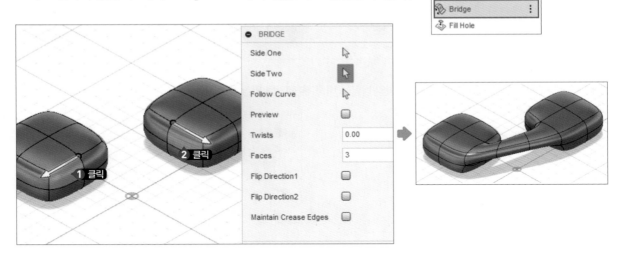

(7) Fill Hole(구멍 메우기)

T-Spline 도형의 뚫려 있는 구멍을 메울 수 있다.

○ Reduced Star

○ Fill Star

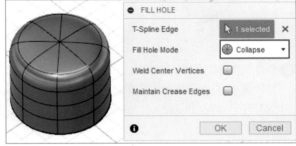

○ Collapse

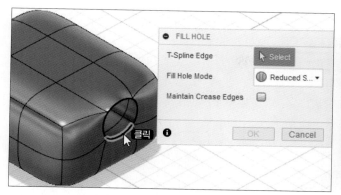

(8) Weld Vertices(꼭짓점 연결하기)

점과 점을 서로 연결할 수 있다.

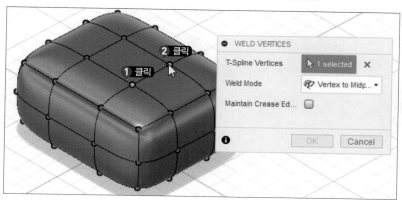

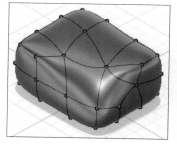
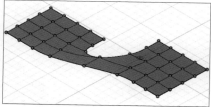
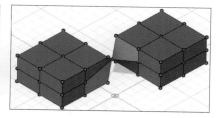

(9) UnWeld Edges(모서리 분리하기)

합쳐 있는 모서리를 분리할 수 있다.

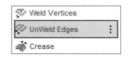

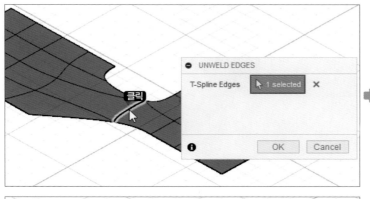

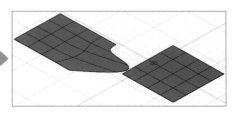

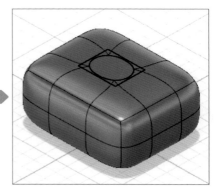

(10) Crease(모서리 날카롭게 하기)

T-Spline 도형의 모서리가 각이 지도록 날카롭게 만들 수 있다.

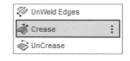

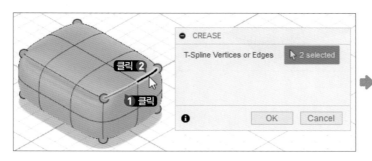

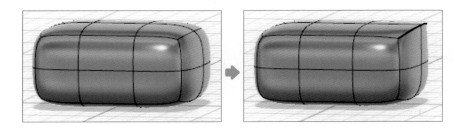

(11) UnCrease(모서리 둥글게 하기)

Crease 작업으로 날카롭게 된 모서리를 다시 둥글고 부드러운 형상으로 바꿀 수 있다.

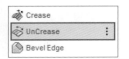

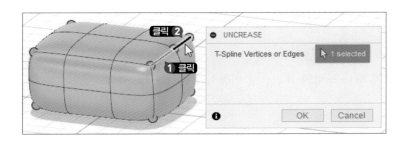

(12) Bevel Edge(모서리 경사주기)

모서리를 더 둥글고 부드럽게 하기 위해 경사면으로 만들 수 있다.

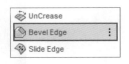

(13) Slide Edge(모서리 이동하기)

T-Spline 선을 옆으로 이동할 수 있다.

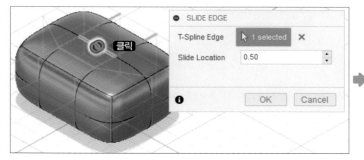

(14) Pull(메시 면 붙이기)

T-Spline 평면(메시 면)의 점들을 대상이 되는 도형의 표면으로 이동시켜 붙일 수 있다.

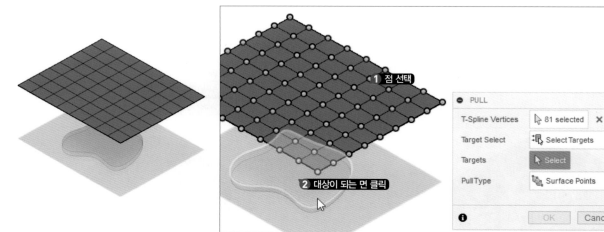

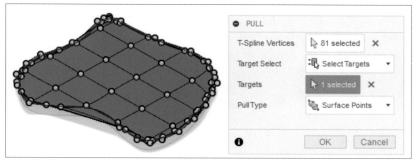

(15) Flatten(면 평평하게 하기)

선택한 조각의 점들이 평평해지도록 조정하는 기능으로, 입체 도형이라도 선택한 점이 평면에 있는 경우 모든 점이 이동하여 도형 자체가 평면의 형상이 된다.

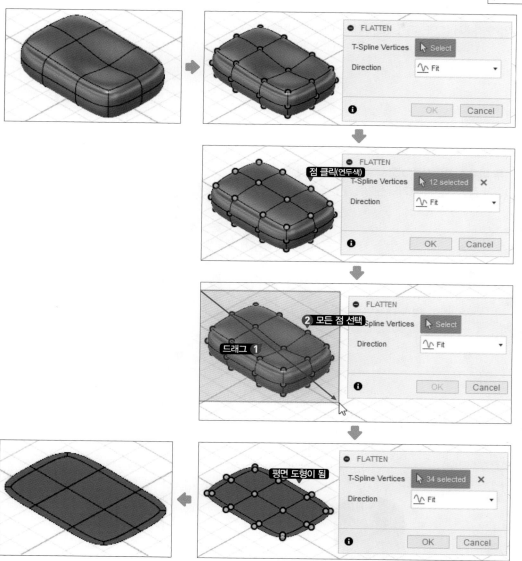

(16) Match(모서리 맞추기)

T-Spline 도형에서 선택한 모서리를 다른 스케치 도형의 모서리와 일치시킬 수 있다.

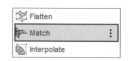

❶ [SCULPT] 작업 영역에서 [CREATE]–[Cylinder] 메뉴를 선택한 후 XZ면(바닥면)을 선택한다.

❷ 원점을 클릭한 후 마우스 포인터를 이동하여 원하는 위치에서 클릭하여 그림과 같이 적당한 크기의 원기둥을 만든다.

❸ [SCULPT] 작업 영역에서 [CONSTRUCT]–[Offset Plane] 메뉴를 선택한다. [BROWSER] 창에서 [Origin]의 ▷을 누른 후 'XZ'을 선택하고 기준면이 보이도록 한다.

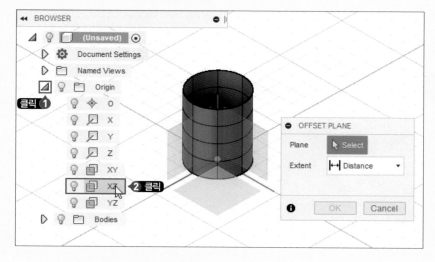

❹ 기준면의 ⬆을 원기둥의 위쪽으로 적당한 위치까지 드
래그한 후 [OK] 버튼을 누른다.

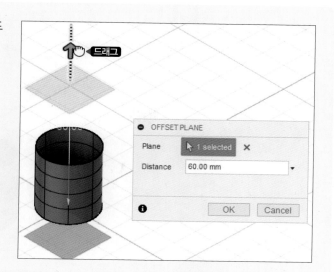

❺ 원기둥 위쪽에 곡선으로 된 평면 도형을 만들기 위해
[SKETCH]–[Spline]–[Fit Point Spline] 메뉴를 선택한
후 기준면을 선택하고 그림과 같이 곡선 도형을 작성
한다.

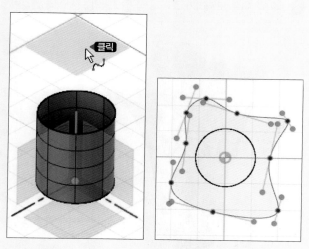

❻ [MODIFY]–[Match] 메뉴를 선택한 후
[MATCH] 옵션 창에서 [T–Spline Edges]
속성의 'Select'가 활성화되어 있는지 확인
하고 원기둥의 위쪽 모서리 8개를 모두 클
릭한다.

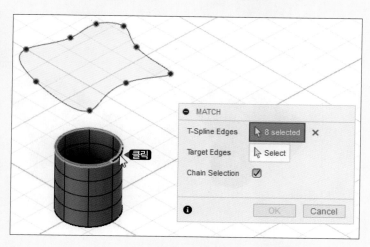

❼ [Target Edges] 속성의 'Select'를 선택한 후
원기둥 위쪽에 작성한 곡선 도형의 모서리를
클릭한다.

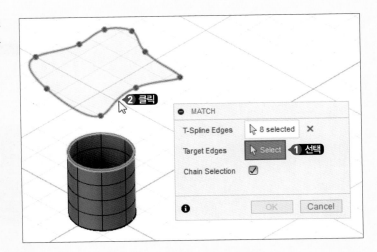

❽ 원기둥 위쪽 모서리가 스케치 평면 도형의 모서리와 연결된 것을 확인할 수 있다.

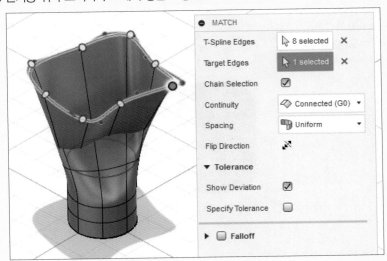
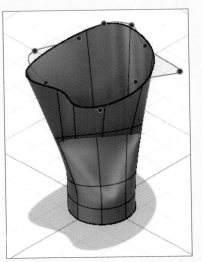

⭐ **[SCULPT] 작업 영역의 Match 기능을 활용한 예**

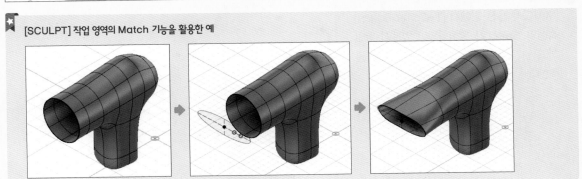

(17) Interpolate(형상 보정하기)

선택한 곡면을 부드럽게 하거나 경사가 급한 형상으로 보정할 수 있다.

(18) Thicken(두께 주기)

T–Spline의 조각 면(Plane)에 두께를 지정할 수 있다.

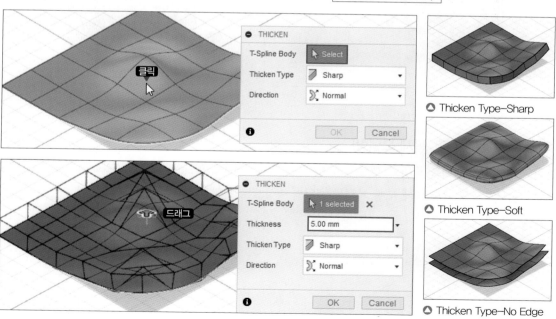

(19) Freeze / UnFreeze(고정하기/고정풀기)

선택한 면이나 모서리가 편집 작업 중에 변형되지 않도록 보호하거나 보호를 해제하고 다시 편집할 수 있다.

[MODIFY]-[Freeze] 메뉴를 선택한 후 T-Spline 입체 도형의 면이나 선을 클릭하면 주변의 면이나 선이 파란색으로 변하면서 선택되지 않으며 변형되지도 않는다.

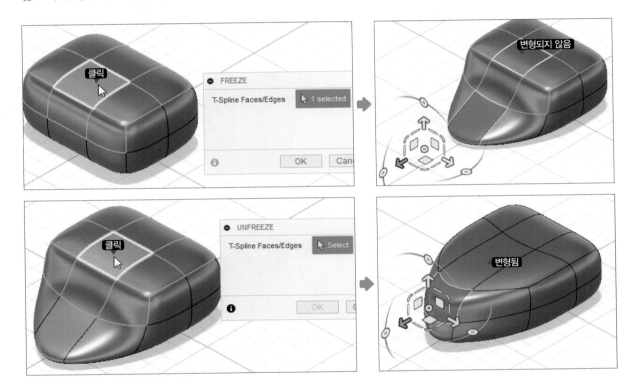

3 SYMMETRY(SCULPT 복제 모델링)

모델링한 T-Spline 개체를 동일한 형상으로 복제하는 도구로서 도형을 패턴 방식으로 여러 개 복제하는 기능 외에 도형 자체를 대칭의 형상으로 변형시키는 기능도 가지고 있다.

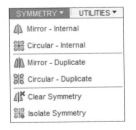

(1) Mirror – Internal(대칭 편집하기)

대칭 편집 기능이 적용되었을 때 T-Spline의 조각의 어느 한 부분을 편집하면 대칭이 되는 부분의 조각도 동일한 형상으로 변형시킬 수 있다.

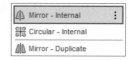

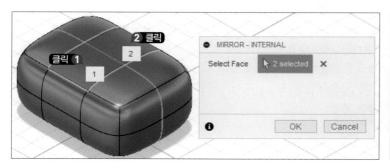

(2) Circular – Internal(원형 대칭 편집하기)

Mirror – Internal 기능과 동일하나 대칭의 형상이 원형으로 적용된다.

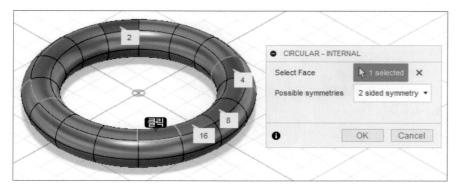

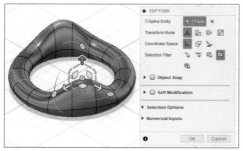

◯ Possible symmetries-2 Sided

◯ 4 Sided

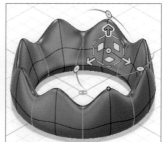

◯ 8 Sided

(3) Mirror-Duplicate(대칭 복제하기)

지정한 면을 기준으로 동일한 개체를 복제하는 기능으로 두 개의 모델이 서로 대칭 상태이므로 어느 한 곳을 수정할 경우 나머지 모델도 동일하게 수정할 수 있다.

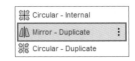

❶ [SCULPT] 작업 영역에서 [CREATE]—[Box] 메뉴를 선택한 후 XZ면(바닥면)을 선택하고 원점 옆에 그림과 같이 사각 기둥을 작성한다. [SYMMETRY]—[Mirror-Duplicate] 메뉴를 선택한 후 [MIRROR-DUPLICATE] 옵션 창에서 [T-Spline Body] 속성의 'Select'가 선택되어 있는지 확인하고 사각 기둥 도형을 클릭한다.

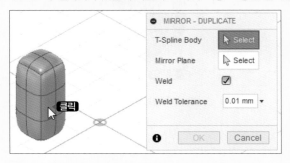

❷ [Mirror Plane] 속성의 'Select'를 선택한 후 XY면(오른쪽 수직면)을 선택하면 XY면을 대칭으로 똑같은 T-Spline 도형이 생성된다.

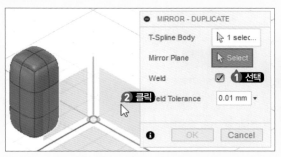
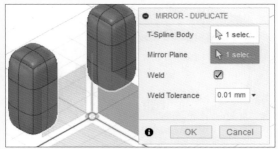

❸ 복제된 T-Spline 도형은 언제나 대칭의 상태이므로 한쪽을 편집할 경우 다른 도형도 대칭 방향으로 변경된다.

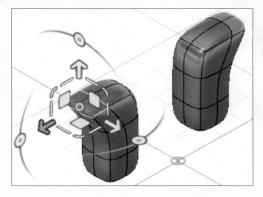

(4) Circular – Duplicate(원형 복제하기)

지정한 축을 중심으로 원형의 상태로 모델을 복제할 수 있다.

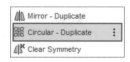

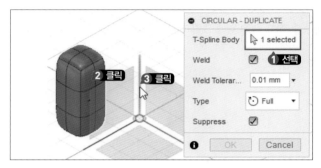

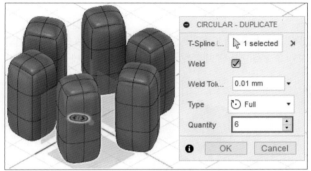

(5) Clear Symmetry(대칭 옵션 해제하기)

대칭 옵션을 해제하는 기능으로 어느 한 개의 도형을 편집해도 다른 도형에는 적용되지 않는다.

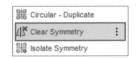

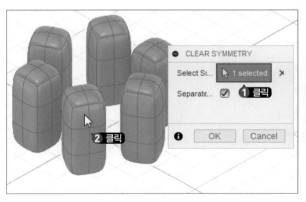

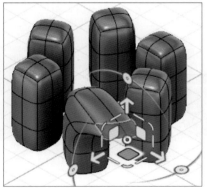

(6) Isolate Symmetry(대칭 옵션 선택 해제하기)

선택한 조각만 대칭 옵션을 해제할 수 있다.

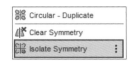

❶ [SCULPT] 작업 영역에서 [CREATE]-[Box] 메뉴를 선택한 후 좌표 원점 옆에 그림과 같이 육면체를 만든다.

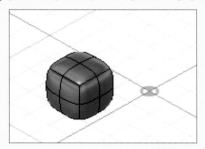

❷ [SYMMETRY]-[Circular Duplicate] 메뉴를 선택한 후 [CIRCULAR-DUPLICATE] 옵션 창에서 [T-Spline Body] 속성의 'Select'가 활성화되어 있는지 확인하고 육면체 부분을 클릭한 후 Y축(연두색 세로축)을 클릭한다. 기본 복제 개수인 3개가 복제되었으면 [OK] 버튼을 누른다.

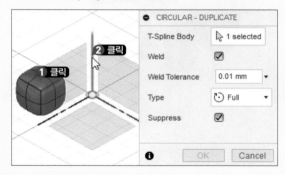

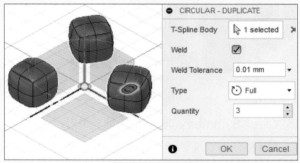

❸ [SYMMETRY]-[Isolate Symmetry] 메뉴를 선택한 후 Ctrl 키를 누른 상태에서 원하는 도형의 윗면 네 조각을 차례대로 클릭하여 선택한다. 다른 도형의 윗면의 색이 주황색과 분홍색으로 변하면 [OK] 버튼을 누른다.

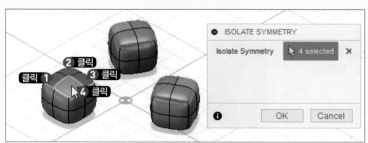

④ 선택한 도형의 윗부분이 보라색으로 된 상태에서 도형의 바깥 부분을 클릭하면 모든 도형의 윗면이 분홍색이 된다.

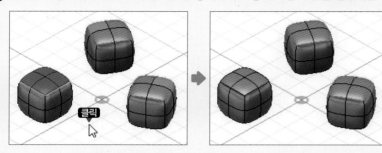

> ⭐ 분홍색으로 변한 부분은 어느 한 부분을 변형
> 시켜도 대칭 변형이 되지 않는 부분을 뜻한다.

⑤ 도형의 윗면 중앙의 점을 마우스 오른쪽 버튼으로 누른 후 마킹 메
뉴에서 [Edit Form]을 선택한다.

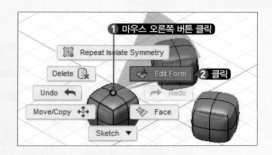

⑥ Isolate Symmetry 기능을 적용한 부분은 대칭 조건이 해제되었기 때문에
그림과 같이 형태를 바꾸어도 다른 도형은 변형되지 않는다.

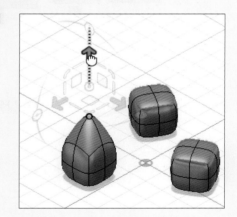

⑦ Isolate Symmetry 기능을 적용하지 않은 다른 조각을 변형시키면 기
존의 대칭 조건이 적용되어 동시에 변형된다.

3D 프린팅

지금까지 배운 3D 디자인 결과물을 컴퓨터 파일로 저장해 두었다면 이를 실제 제품으로 출력하는 과정이 필요한데, 이때 필요한 것이 3D 프린터이며 이를 이용한 출력 과정을 프린팅이라고 한다.

이 단원에서는 3D 프린터의 구조와 원리, 프린팅을 위한 세팅과 파일 변환 등의 준비 과정과 함께 다양한 도면을 무료로 사용할 수 있도록 제공하는 사이트도 알아보도록 한다.

1 3D 프린팅의 원리

3D 프린팅의 원리는 예전부터 사용해 오던 문서 인쇄용 프린터의 연장선으로 이해하면 될 것이다. 이러한 2D(평면) 프린터는 가로와 세로, 즉 X축과 Z축의 2차원 좌표 상에 점(포인트)을 찍고, 이 점들을 조합하여 평면의 글자나 이미지를 만드는 방식이다. 이에 반해 3D 프린터는 2차원의 평면에 수직 방향의 Y축을 추가하여 3차원, 즉 결과물을 입체로 만드는 구조이다.

⬥ 2D 프린터

⬥ 3D 프린터

기존의 2D 프린터가 탄소 가루(레이저 프린터)나 잉크(잉크젯)를 사용하여 평면의 종이에 출력물을 표시하는 방식이라면, 3D 프린터는 고체 상태의 재료를 사용하여 출력물을 입체 공간에 표현하는 방식이다. 하지만 고체의 특성상 다양한 형태의 결과물을 자유롭게 조형한다는 것은 불가능하다. 따라서 고체에 열을 가해 액체 상태로 만들어 조형 작업을 하고, 이 과정이 끝나면 다시 단단하게 굳히거나 분말 상태의 재료를 부분적으로 녹이거나 접착하는 방식으로 고체화하는 방식을 이용하고 있다.

다음은 3D 프린터에 사용하는 재료에 따른 종류와 원리, 출력 방식을 비교한 것이다.

종류	원리	출력 방식
고체 기반형 프린터	가장 일반화된 방식으로 플라스틱 같은 열가소성 필라멘트를 녹여 노즐로 압출시키면서 한 층씩 쌓아 올려서 형상을 만들고, 낮은 온도의 대기 중에서 자연적으로 경화(고체화)시키는 방식이다.	FDM(Fused Deposition Modeling) FFF(Fused Filament Fabrication)
액체 기반형 프린터	레이저나 특정 광원을 가하면 굳어지는 광경화성 수지(레진)를 사용하여 고체화하는 방식으로, 정밀도가 높은 출력물을 얻을 수 있다.	SLA(Stereo Lithography Apparatus) DLP(Digital Light Process)
분말 기반형 프린터	합성수지 또는 금속 분말에 선택적으로 레이저를 쏘여 입자들을 순간적으로 녹여서 서로 달라붙게 하여 경화시키는 방식이다. 레이저 대신 접착제를 이용하여 필요한 부분만 분말을 접착시켜 고체화하기도 한다. 금속을 비롯한 다양한 재료를 사용할 수 있고, 조형 속도가 빠른 장점이 있다.	SLS(Selective Laser Sintering) 3DP(Three Dimensional Printing)

가장 일반적인 3D 프린터는 고체 기반형 방식으로 아래 그림과 같이 열에 녹는 수지(열가소성 수지)를 가느다란 와이어 형태의 필라멘트(Filament)로 만들어 고온의 노즐에 통과시키는 구조이다. 노즐을 통과한 수지는 액체 상태가 되어 가느다란 구멍을 통해 압출되는데, 이때 노즐이 X, Y, Z의 세 축 좌표로 움직이면서 재료를 베드(Bed)에 쌓아 올리는 방식(적층)으로 출력한다. 이는 마치 글루건(Glue Gun)의 원리와 유사한데, 3D 프린터의 경우 X, Y, Z 세 축의 움직임을 스테핑 모터(Stepping Motor)라고 하는 제어 장치를 이용함으로써 정밀한 입체 도형을 만들 수 있는 것이다.

● 글루건(Glue Gun)

● 스테핑 모터(Stepping Motor)

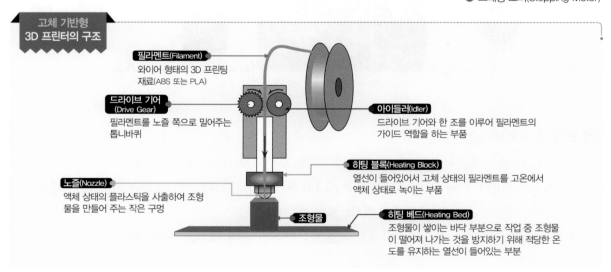

고체 기반형 3D 프린터의 구조

필라멘트(Filament)
와이어 형태의 3D 프린팅 재료(ABS 또는 PLA)

드라이브 기어(Drive Gear)
필라멘트를 노즐 쪽으로 밀어주는 톱니바퀴

아이들러(Idler)
드라이브 기어와 한 조를 이루어 필라멘트의 가이드 역할을 하는 부품

노즐(Nozzle)
액체 상태의 플라스틱을 사출하여 조형물을 만들어 주는 작은 구멍

히팅 블록(Heating Block)
열선이 들어있어서 고체 상태의 필라멘트를 고온에서 액체 상태로 녹이는 부품

조형물

히팅 베드(Heating Bed)
조형물이 쌓이는 바닥 부분으로 작업 중 조형물이 떨어져 나가는 것을 방지하기 위해 적당한 온도를 유지하는 열선이 들어있는 부분

고체 기반형 3D 프린터의 재료로 가장 많이 사용되는 것은 ABS와 PLA이며, 이외에도 TPU라고 하는 플렉시블(Flexible) 필라멘트가 있다.

재료	특징	노즐 온도
ABS(Acrylonitrile poly-Butadiene Styrene)	일반적인 플라스틱 소재이며 점착성과 강도가 우수하여 모형 장난감 출력 재료로 많이 이용된다. 고온으로 가열할 때 플라스틱 타는 냄새가 날 수 있다.	190~220도
PLA(Poly Lactic Acid)	옥수수 전분이나 사탕수수 당분을 원료로 만든 친환경 소재로서, 고온에서도 유해 가스가 거의 발생하지 않는 특징이 있어 실습용 교재로 많이 이용된다. ABS 재질에 비해 강도가 약한 단점이 있다.	220~240도
TPU(Thermoplastic Poly Urethane)	열가소성 폴리우레탄 수지로 연성(Flexible)이 있어 신발이나 충격을 흡수할 수 있는 제품 등에 이용된다.	220~240도

② 3D 프린팅 과정

3D 프린팅은 크게 모델링, 슬라이싱, 출력, 후가공과 같이 네 단계의 과정을 거친다.

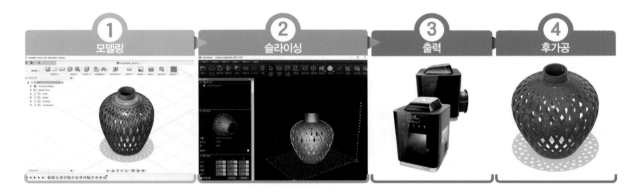

1 모델링(Modeling)

FUSION 360을 통해 3차원 결과물을 만드는 과정을 모델링(Modeling)이라고 하며, 이를 파일로 저장하면 파일 형식이 'F3D'로 된다. F3D 파일은 FUSION 360의 작업에 필요한 형식일 뿐 이를 3D 프린터로 출력하기 위해서는 다시 3차원 데이터의 파일 형식으로 저장해야 한다.

3D 프린팅에서 가장 일반적으로 사용되는 파일 형식은 'STL'이며 FUSION 360에서도 직접 STL 파일로 저장할 수 있다.

다음은 3D 프린터의 3차원 데이터 파일 형식이다.

파일 형식	특징
STL(STereo Lithography)	3D 프린터의 창시자인 척 헐(Chuck Hull)의 3D 시스템즈 사가 개발한 3차원 데이터 파일 형식으로, 1987년 최초로 상업용 3D 프린터에 적용하기 시작하면서 지금까지 가장 일반적으로 사용되고 있는 국제 표준의 파일 형식이다. STL은 입체 모형의 표면을 수많은 작은 삼각형의 면으로 표현하는 일종의 폴리곤(Polygon) 포맷 형식이다.
STEP(STandard for the Exchange of Product model data)	ISO 국제 표준에서 사용되는 데이터 교환 방식의 파일 형식으로 다른 3D 모델링 프로그램과 호환성이 뛰어나기 때문에 많이 사용하고 있다.

이외에도 각 프로그램 회사에서 독자적으로 개발한 여러 파일 포맷 형식이 있으며, 오토데스크 사의 DWF(Design WEB Format)와 DXF(Drawing Exchange Format) 등 2차원 데이터 파일 형식도 사용하고 있다.

STL 파일의 삼각형 폴리곤 포맷 ▶

2 슬라이싱(Slicing)

3D 프린팅의 원리는 가느다란 액상의 수지를 한 층씩 쌓아올리는 적층식으로 입체 도형을 만드는 것으로, 노즐을 통해 맨 아랫단에 평면의 도형을 출력한 후 다시 그 위에 평면의 도형을 한 층씩 쌓아 올리는 과정을 반복한다.

FUSION 360에서는 대부분 바닥면, 즉 XZ면 위에서 시작하여 Y축 방향으로 쌓아 올리는 방식으로 모델링하며, 이렇게 모델링한 입체 도형을 XZ면의 평면 상태로 한 층씩 잘라내어 3D 프린터가 인식할 수 있는 명령어 형식(G-Code)으로 표현하는 것을 슬라이싱(Slicing)이라고 한다.

슬라이싱 처리를 하면 제품에 따라 수 백에서 수 천 장의 평면의 도면이 만들어지는데, 이 도면의 순서대로 G-Code 명령어를 이용하여 바닥에서부터 한 층씩 쌓아올려 작업하는 것이다.

대표적인 범용 슬라이싱 프로그램으로는 큐라(Cura)가 있으며, 무료로 제공될 뿐만 아니라 대부분의 프린터와 호환이 되기 때문에 자체 프로그램이 없는 저가의 조립용 3D 프린터에서 많이 사용하고 있다. 하지만 대부분의 3D 프린터 제조사에서는 독자적인 슬라이싱 프로그램을 개발하여 공급하고 있으며, 자사의 프린터 사양에 적합하도록 기본 세팅이 되어 있기 때문에 사용상 편리한 점이 많다.

3 출력(Printing)

3D 프린터로 제품을 인쇄하는 과정을 출력이라고 한다. 3D 프린터는 결과물의 크기와 정밀도, 재료에 따라 다양한 제품이 있으며 가격도 천차만별이기 때문에 구입하기 전에 자료를 찾아보거나 전문가의 조언을 듣는 등 충분히 검토한 후에 구입하는 것이 좋다. 특히 3D 프린터는 기계적인 부분이 많고 고온의 열을 이용하는 장비이기 때문에 사소한 결함과 사후 관리도 염두에 두고 구입, 관리할 필요가 있다.

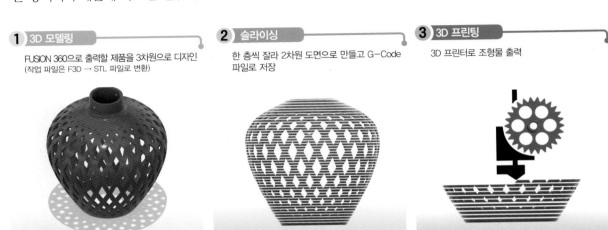

1 3D 모델링
FUSION 360으로 출력할 제품을 3차원으로 디자인 (작업 파일은 F3D → STL 파일로 변환)

2 슬라이싱
한 층씩 잘라 2차원 도면으로 만들고 G-Code 파일로 저장

3 3D 프린팅
3D 프린터로 조형물 출력

🔺 3D 프린팅 과정

4 후가공 및 제품 완성

3D 프린터로 출력한 제품은 플라스틱을 정교한 틀(금형)에 사출하여 생산한 제품에 비해 정밀도면에서 많이 부족한 것이 현실이다. 특히 고체 기반형 프린터의 경우 공간을 지지해 주는 지지대와 바닥 보조물인 Raft, Brim, Skirt 등 제품과 상관없는 불필요한 거스러미들이 많이 생기기 때문에 제품이 출력되면 일일이 다듬어야 하는 수고가 따른다.

또한 열을 가했다가 식히는 과정에서 제품이 수축되거나 변형될 가능성이 있기 때문에 제품 디자인에서부터 이를 고려한다고 해도 출력 이후의 후가공 과정을 거쳐야 한다.

현재 2, 3가지 색상의 필라멘트를 공급하여 컬러 제품을 만들 수 있는 3D 프린터가 나오고 있지만 아직은 프린터의 특성상 완벽한 색상을 표현하는 제품을 생산하는 것은 쉽지 않

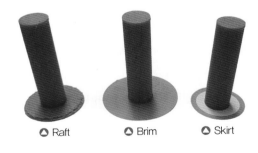

🔺 Raft   🔺 Brim   🔺 Skirt

다. 따라서 제품 출력 후 표면 색상 작업을 추가로 해 주어야 하는 것 역시 후가공 작업의 필요성이라 할 수 있다.

③ FUSION 360 모델링 제품의 출력

FUSION 360으로 모델링한 파일을 3D 프린터로 출력하는 과정은 앞에서 살펴본 바와 같이 STL 파일 변환 후 저장 → 슬라이싱(Slicing) → 출력(인쇄)의 순서로 진행된다.

■ STL 파일 저장

FUSION 360으로 디자인한 모델링 도형을 STL 파일로 저장하는 방법에는 기본적으로 [MAKE] 메뉴를 이용하는 것과 [BROWSER] 창에서 STL 파일로 저장하는 방법이 있다.

❶ 작업 관리 메뉴에서 [File](■▼)-[Open] 메뉴를 선택한 후 [Open] 창에서 [Open from my computer]를 누른다.

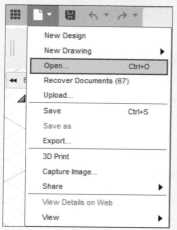

❷ [열기] 창에서 'gear.f3d' 파일을 선택한 후 [열기] 버튼을 누른다.

❸ [MAKE]-[3D Print] 메뉴를 선택한다.

❹ [3D PRINT] 옵션 창에서 [Selection] 속성의 ▶가 활성화되어 있는지 확인하고 출력할 입체 도형을 클릭한 후 [Send to 3D Print Utility] 속성의 체크 표시를 해제하고 [OK] 버튼을 누른다.

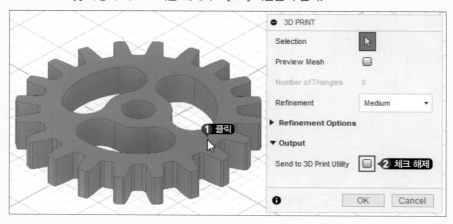

★ **[Send to 3D Print Utility]에 체크하는 경우**

[Output] 속성의 [Send to 3D Print Utility]를 체크하면 파일 변환 과정을 거치지 않고 슬라이싱 프로그램이 실행되어 슬라이싱 작업을 할 수 있다. FUSION 360에서 지원하는 슬라이싱 프로그램에는 Meshmixer, Print Studio, PreForm, Cura 등이 있으며 프로그램이 설치되어 있지 않은 경우에는 [Download] 버튼을 눌러 슬라이싱 프로그램을 설치할 수 있다.

예를 들어, 컴퓨터에 Cura 프로그램이 설치되어 있을 경우 [Print Utility]에서 'Cura'를 선택하면 곧바로 큐라 슬라이싱 프로그램이 실행되어 G-Code로의 변환 작업이 가능하다.

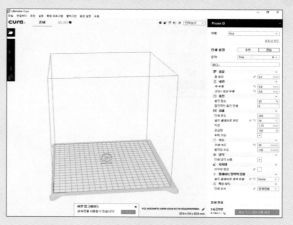

❺ 저장 위치와 파일명을 입력하고 [저장] 버튼을 누르면 기존의 FUSION 360 파일 이외에 STL 파일이 하나 더 생긴다.

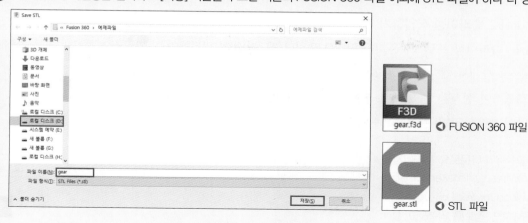

◁ FUSION 360 파일

◁ STL 파일

더 알아보기 ➕ [BROWSER] 창에서 STL 파일로 저장하는 방법

[BROWSER] 창의 맨 윗부분의 파일명을 마우스 오른쪽 버튼으로 클릭한 후 바로 가기 메뉴에서 [Save As STL]을 선택하고 저장 위치와 파일명을 입력하면 된다.

이 방법의 장점은 여러 개의 모델링 개체가 하나의 도형으로 묶여 있는 경우, 예를 들어 모자를 쓴 인형을 디자인했다고 가정하면 [BROWSER] 창에 모자와 머리 부분이 따로 표시되기 때문에 모자와 머리 부분을 각각 별도의 STL 파일로 저장할 수 있다.

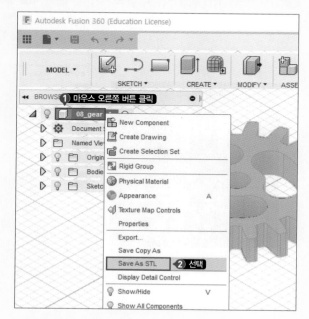

② 슬라이싱(Slicing) 작업

(1) 큐라(Cura)로 슬라이싱 작업하기

큐라(Cura) 슬라이싱 프로그램은 미국의 3D 프린터 제조업체인 얼티메이커(Ultimaker) 사에서 개발한 오픈 소스(무료 공개) 프로그램이다. 누구나 쉽게 다운로드하여 설치할 수 있으며 호환성이 좋을 뿐만 아니라 한글도 지원하므로 많이 사용하고 있는 프로그램이다.

보충 설명

Cura는 슬라이싱 프로그램의 시초이며 오픈 소스로서 대부분의 프린터 업체에서 자체 개발한 슬라이싱 프로그램은 이 소스를 기반으로 만들었다.

❶ 얼티메이커 사의 다운로드 홈페이지 (https://software.ultimaker.com)에서 [Download for free] 버튼을 누른 후 몇 가지 개인 정보를 입력하고 설치를 진행한다.

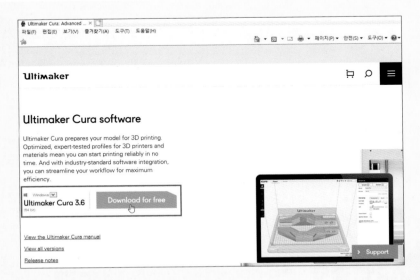

❷ 설치가 완료되면 바탕 화면의 바로 가기 아이콘을 더블 클릭하여 프로그램을 실행한다.

◀ Cubicreator 바로 가기 아이콘

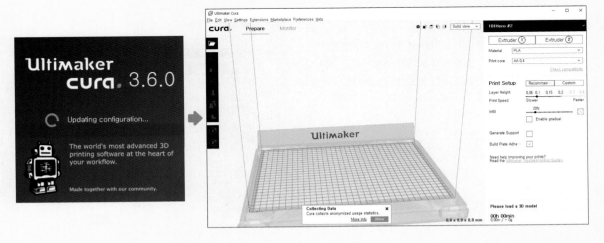

❸ 사용하려는 3D 프린터가 목록에 없을 경우 [Ultimaker Cura] 초기 화면에서 [Add Printer]를 선택한다.

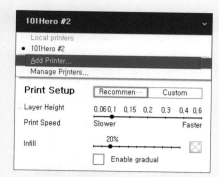

❹ 프린터 목록에서 저가형 프린터에 많이 사용되는 형식인 'Prusa i3'을 선택한 후 [Add Printer] 버튼을 누르고 목록에 추가한다.(단, 사용할 프린터의 종류에 따라 다를 수 있다.)

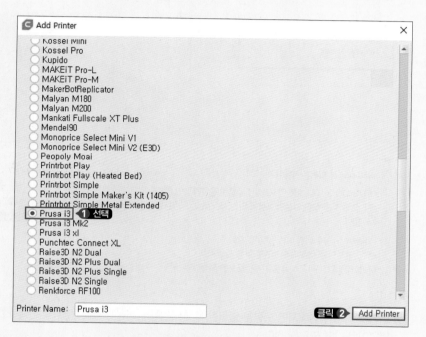

❺ 프린터 지정이 끝나면 사용할 필라멘트를 선택하기 위해 [Material]의 목록 버튼을 누르고 [Generic]-[ABS]를 선택한다.

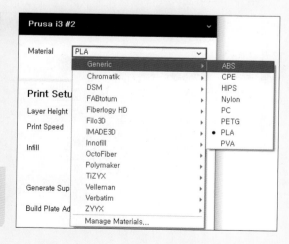

그 밖에 더 자세한 설정 방법은 [Cura] 홈페이지의 매뉴얼이나 강좌를 참고하도록 한다.

❻ [File]-[Open File(s)] 메뉴를 선택한 후 [Open file(s)] 창에서 컴퓨터에 저장한 파일을
선택하고 [열기] 버튼을 누른다.

프로젝트에서 예제로 사용한
'Gear.stl' 파일을 불러온 것이다.

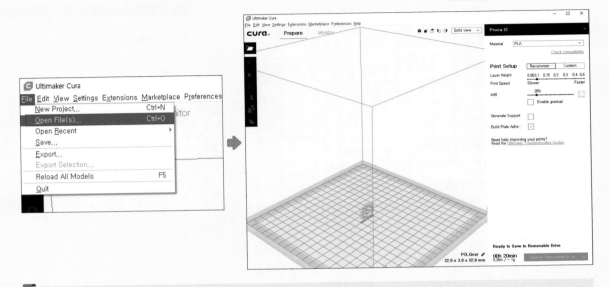

마우스와 뷰 아이콘 사용하기

FUSION 360과 마찬가지로 마우스를 이용하여 작업 영역을 확대/축소하거나 회전시킬 수
있다. 또한 화면 상단 가운데 부분에 있는 뷰(View) 아이콘을 이용하여 보이는 시점을 변경할
수도 있다.

• 확대/축소: 마우스 휠 버튼 밀기/당기기
• 작업 영역 이동: 마우스 휠 버튼을 누른 채 드래그
• 작업 영역 회전: 마우스 오른쪽 버튼을 누른 채 드래그

❼ 크기와 위치가 정해지면 도형을 클릭한 후 창 왼쪽의 [회전(Rotate)](🔄)을 선택하고 [Lay Flat](🔄)을 몇 번 눌러서 도형의
옆면이 바닥에 붙도록 한다.

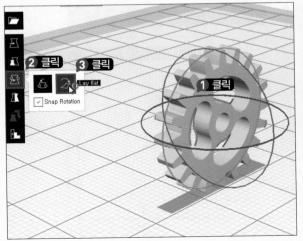
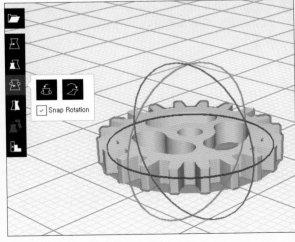

8 [File]−[Export] 메뉴를 선택한 후 [Save to File] 창에서 저장 위치와 파일명을 정하고, 파일 형식은 'G-Code File(*.gcode)'을 선택한 후 [저장] 버튼을 누른다.

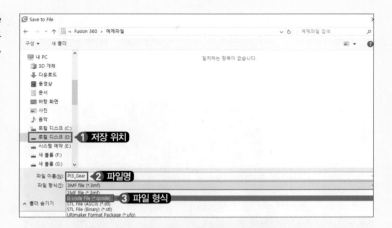

9 그림과 같이 파일이 생성되면 USB 또는 SD 메모리 카드에 담아 3D 프린터에 입력하고 프린팅 작업을 한다.

PI3_Gear.gcode

(2) 큐비크리에이터(Cubicreator)로 슬라이싱 작업하기

큐비크리에이터(Cubicreator) 슬라이싱 프로그램은 국내 3D 프린터 제조업체인 CUBICON 사에서 개발한 3D 프린터 전용 소프트웨어이다.

1 큐비콘 홈페이지(http://www.3dcubicon.com/)에서 [Menu]를 누르고 [기술지원]−[기술자료실] 목록에서 'Cubicreator3(Cubicreator v3.6.6 Release)'을 선택한다. [Download]를 누른 후 [실행] 버튼을 누르고 프로그램을 설치한다.

 큐비콘 싱글(3DP−11OF), 스타일(21OF), 싱글 플러스(31OF)의 모든 기종에 사용할 수 있는 버전이다.

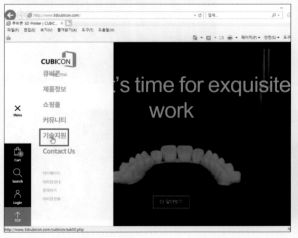

❷ 바탕 화면의 바로 가기 아이콘을 더블 클릭하여 프로그램을 실행한 후 [설정]–[설정창] 메뉴를 선택한다. [환경설정] 창에서 사용할 모델을 선택한 후 [확인] 버튼을 누른다.(여기에서는 'Style 210F'를 선택한다.)

◁ Cubicreator 바로 가기 아이콘

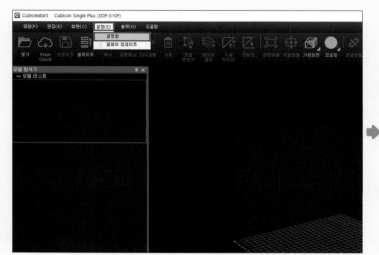

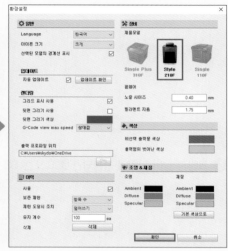

❸ [파일]–[열기] 메뉴를 선택하거나 툴 바의 [열기](🗁)를 누른 후 [열기] 창에서 슬라이싱 작업을 할 파일을 선택하고 [열기] 버튼을 누른다. 모델링한 도형을 적당한 크기로 조절하고 화면의 중간 부분에 위치시킨다.

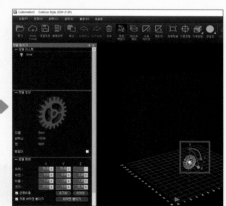

❹ 위 그림과 같이 도형이 세로로 서 있을 경우 출력에 문제가 발생할 수 있으므로 [모델 변환] 창에서 X축 회전 각도를 '90.00'으로 변경한다. 방향을 잘 모를 경우에는 X, Y, Z 축의 각도를 각각 90도로 바꾸면서 기어의 옆면이 바닥에 붙도록 조절한다.

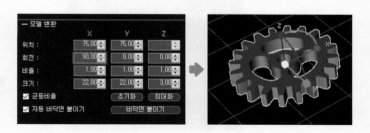

⑤ [출력]−[출력] 메뉴를 선택하거나 툴 바의 [출력] (📷)을 누른다. [출력 옵션] 창에서 재료(ABS)를 선택한 후 출력 시 지지대(받침대) 등의 보조물이 필요할 경우 해당 사항을 선택하고 [G-Code] 버튼을 누른다.

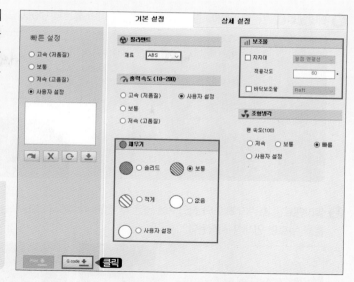

📌 [채우기] 옵션은 재료의 내부를 어느 정도 치밀하게 할 것인지를 선택하는 옵션으로, 치밀하게 할수록 강도가 커지는 만큼 출력 시간과 재료 소모량이 늘어난다.

⑥ G-Code로 저장되었다는 메시지와 함께 출력 시간과 필라멘트 소요량(길이와 무게)을 확인할 수 있다. [확인] 버튼을 누르면 슬라이싱 파일이 생성되며 USB 또는 SD 메모리 카드에 저장하여 큐비콘 프린터로 출력한다.

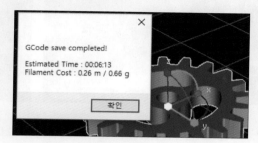

GCode save completed!

Estimated Time : 00:06:13
Filament Cost : 0.26 m / 0.66 g

확인

ABS_210F_Gear.
hvs

③ 출력(Printing) 작업

출력에 사용할 Cubicon Style 210F 모델은 '가로×세로×높이'가 각각 '150mm'인 조형물을 만들 수 있는 3D 프린터이다.

① G-Code 파일을 USB 또는 SD 메모리 카드에 저장하고 프린터 옆면에 꽂은 후 필라멘트의 색상을 선택한다.

USB 케이블
(컴퓨터)   전원 스위치
SD 카드

❷ 필라멘트를 프린터 뒷면에 걸고 위쪽에 있는 구멍의 튜브로 넣어서 끝 부분으로 필라멘트가 나올 때까지 충분히 밀어준다.

 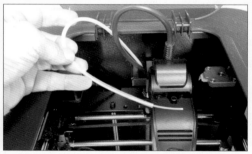

❸ 필라멘트를 프린터 헤드의 삽입구에 넣은 후 전면 패널에서 USB 또는 SD 메모리 카드에 저장된 파일을 선택하고 [OK] 버튼을 누르면 인쇄가 시작된다.

> 누름 버튼을 아래로 누르면서 넣으면 노즐 부분까지 깊이 넣을 수 있다.

❹ 베드가 위로 올라오면서 출력이 시작되면 베드가 조금씩 내려가면서 조형물의 두께가 점점 두꺼워진다.

❺ 출력이 완료되면 베드가 다시 아래로 내려간다. 완성된 조형물은 베드의 온도가 매우 높으므로 충분히 식은 후에 떼어내고 불필요한 거스러미를 제거하면 출력물이 완성된다.

4 3D 도면 관련 사이트 소개

FUSION 360과 같은 3D 디자인 프로그램을 이용하여 직접 입체 조형물을 설계하고 모델링하는 것이 어렵다면 다른 사람이 디자인한 도면을 가져다 사용하는 방법도 있다. 하지만 어렵게 개발한 모델링 결과물의 경우 그만큼 비용을 치루고 사용해야 한다.

반면에 유용한 3차원 입체 모델링 도면을 얼마든지 무료로 사용할 수 있는 사이트도 있으며, 경우에 따라서는 모든 소스를 무료로 공개하여 누구든지 손쉽게 가져다 쓸 수 있도록 하고 있다. 단순한 펜던트부터 피규어, 인형 등을 비롯하여 아두이노를 이용한 로봇 도면에 이르기까지 다양한 모델링 도면이 있다.

가장 많은 도면을 제공하는 사이트로는 싱기버스(Thingiverse)가 있다. 이 사이트는 미국의 대표적인 3D 프린터 제조사인 메이커봇(MakerBot) 사에서 만든 것으로 세계 최대의 3D 모델링 공유 사이트이다.

1 싱기버스에서 다운로드하기

❶ 싱기버스 홈페이지(http://thingiverse.com)에 접속한후 '미니언즈'의 3D 도면을 출력하기 위해 검색어 입력란에 'minions'를 입력하고 Enter 키를 누른다.

❷ 미니언즈와 관련된 여러 가지 내용이 게시자와 함께 목록이 나타난다.

❸ 'Minions (Bob)' 도면을 선택한 후 [DOWNLOAD ALL FILES] 버튼을 누른다.

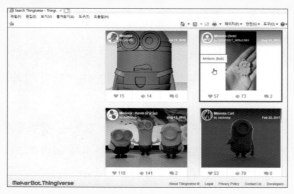

❹ 파일의 열기 또는 저장 화면이 표시되면 [열기] 버튼을 누른다.

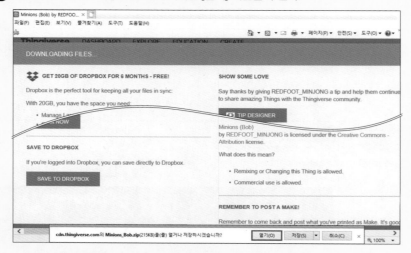

❺ [압축 풀기]를 누르고 압축 파일을 풀 위치를 선택한 후 [확인] 버튼을 누른다.

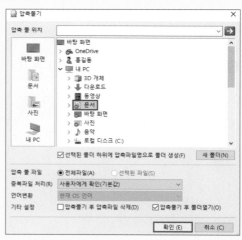

❻ 압축을 푼 [Minions_Bob] 폴더에서 [files] 폴더를 더블 클릭한 후 'BOB.stl' 파일을 선택하여 슬라이싱 프로그램에서 G-Code로 변환시킨다.

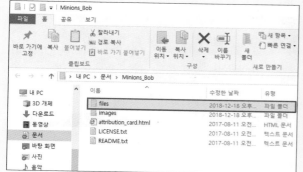 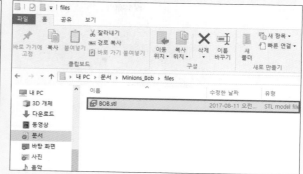

❼ 싱기버스(Thingiverse)에서 무료로 다운받은 'Minions' 도면을 이용하여 슬라이싱 작업을 한 후 프린터로 출력한다.

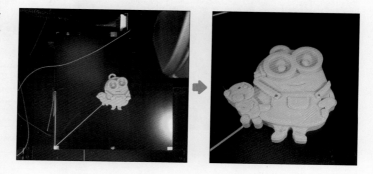

2 기타 참고 사이트

싱기버스 이외에도 3D 도면을 얻을 수 있는 공유 사이트가 많으므로 직접 검색한 후 필요한 도면을 다운로드한다. 일부 사이트는 유료로 제공된다.

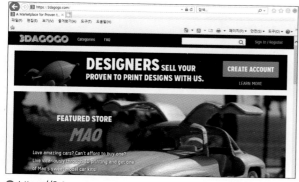

 https://3dagogo.com

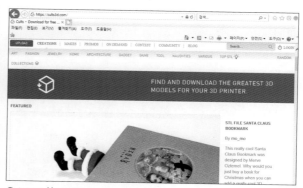

🜂 https://cults3d.com

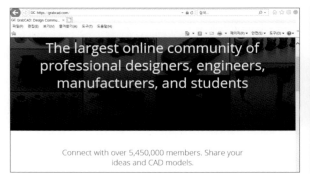

⬆ https://grabcad.com

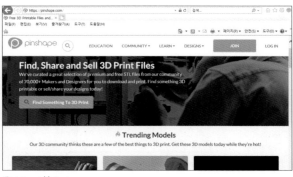

⬆ https://pinshape.com

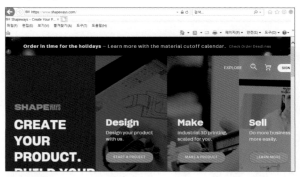

⬆ http://www.shapeways.com/

⬆ http://www.stlfinder.com/

⬆ https://www.myminifactory.com/

⬆ https://www.yeggi.com/

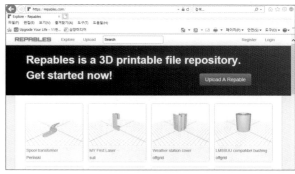

⬆ http://repables.com/

⬆ https://www.youmagine.com/

CHAPTER 02

PROJECT 활용

프로젝트 활용 예제

1 입체 별 만들기

MODEL
- SKETCH: Circumscribed Polygon
  Extend / Trim
- CREATE: Extrude

미리보기

평면 도형 스케치하기

❶ [MODEL] 작업 영역에서 [SKETCH]–[Polygon]–[Circumscribed Polygon] 메뉴를 선택한 후 XZ면 (바닥면)을 선택한다. 좌표 원점을 클릭한 후 마우스를 이동하여 원의 바깥쪽에 변의 개수가 '6'인 육각형 도형이 만들어지면 반지름 입력란에 '10'을 입력한다.

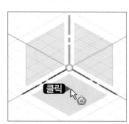
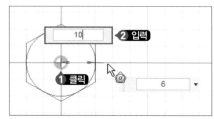

❷ Tab 키를 누르고 반지름(10mm)이 고정되면 변의 개수 입력란에 '5'를 입력한 후 Enter 키를 누르고 반지름 이 '10mm'인 오각형 도형을 완성한다.

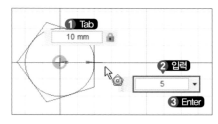
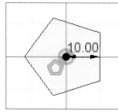

❸ [MODEL] 작업 영역에서 [SKETCH]
–[Extend] 메뉴를 선택하고 마우스
포인터를 오각형의 테두리에 가져간
후 변의 바깥쪽으로 빨간 확장선이 생
기면 각 변마다 더블 클릭하여 변의 양
쪽으로 확장선을 연장하여 별 모양의
도형을 만든다.

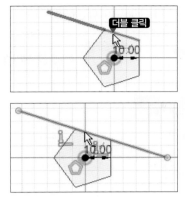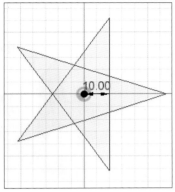

❹ [MODEL] 작업 영역에서 [SKETCH]–[Trim] 메뉴를 선택한 후 별 도형 안쪽의 5개의 선을 각각 클릭하
여 필요없는 선을 모두 제거하면 평면 별 도형이 완성된다.

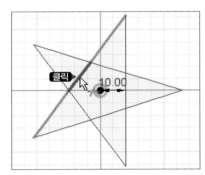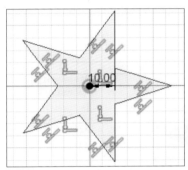

보충 설명
안쪽 선에 마우스 포인터를 가져가
면 빨간색으로 변경된다.

입체 별 만들기

❶ [MODEL] 작업 영역에서 [CREATE]–[Extrude] 메뉴를 선택하면 작업 창이 3차원 입체 형상으로 바뀌
면서 [EXTRUDE] 옵션 창이 표시된다. [EXTRUDE] 옵션 창에서 [Profile] 속성의 'select'가 선택되어
있는지 확인하고 별 도형의 안쪽 부분을 클릭한다.

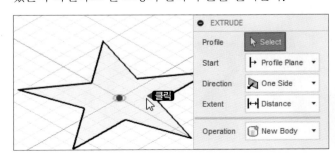

보충 설명
• 3차원 보기로 바뀌지 않으면 뷰 큐브의 [홈](⌂)을 누른다.
• 'select'가 선택되어 있지 않으면 마우스로 클릭한다.

❷ [수직 이동 툴](⬆)을 드래그하거나 [Distance] 속성에 '10mm'를 입력하여 입체 모양이 되도록 한다.

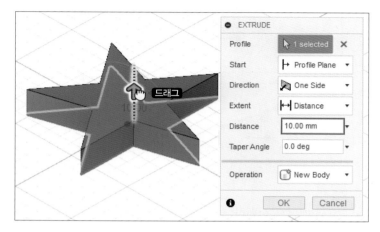

❸ [회전 툴](◝◜)을 '−45도'가 될 때까지 왼쪽으로 드래그하거나 [Taper Angle] 속성에 '−45'를 입력한 후 [OK] 버튼을 누르고 입체 별 도형을 완성한다.

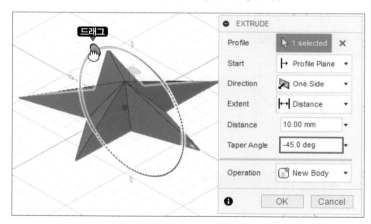

결과예시

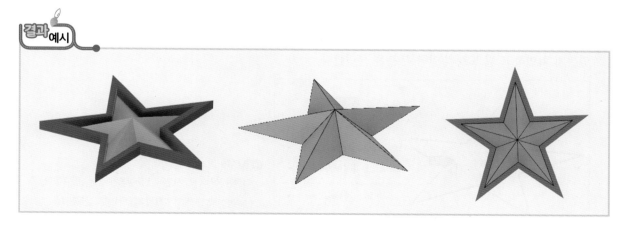

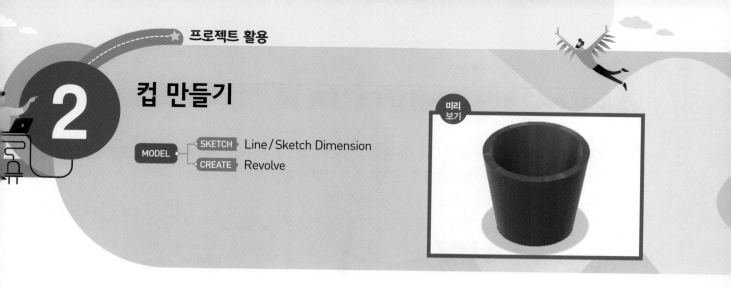

컵 만들기

프로젝트 활용

MODEL — SKETCH Line / Sketch Dimension
       — CREATE Revolve

미리 보기

 컵 단면 스케치하기

❶ [MODEL] 작업 영역에서 [SKETCH]–[Line] 메뉴를 선택한 후 XY면(오른쪽 수직면)을 선택한다.

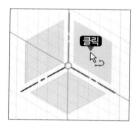

클릭

❷ 원점에서 마우스를 클릭한 후 마우스 포인터를 이동시키면서 순서대로 컵의 단면을 그린 후 처음 클릭했던 원점에서 다시 마우스를 클릭하여 컵의 단면 도형을 완성한다.

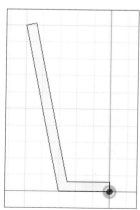

보충 설명

정확한 치수를 지정하려면 [Sketch Dimension] 메뉴를 이용하여 해당 위치에 치수를 입력한다.

3.00
50.00
15.00

Revolve 기능으로 회전시켜 입체 형상 만들기

❶ [MODEL] 작업 영역에서 [CREATE]–[Revolve] 메뉴를 선택한 후 [REVOLVE] 옵션 창에서 [Profile] 속성의 'Select'가 활성화되어 있는지 확인하고 컵의 단면 부분을 클릭한다. [Axis] 속성의 'Select'를 선택한 후 컵의 중심축이 되는 Y축(연두색 선)을 클릭한다.

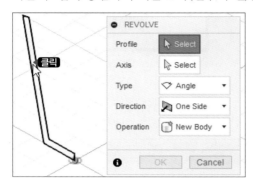

❷ [Angle] 속성이 '360 deg'로 설정되어 있는 것을 확인한 후 [OK] 버튼을 누르고 컵을 완성한다.

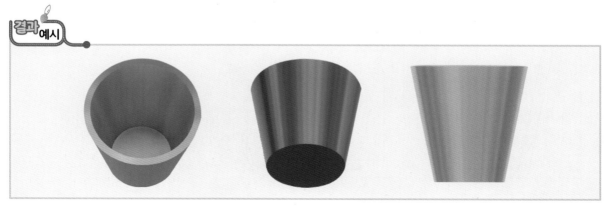

3 클립 만들기

MODEL
- SKETCH: Center Diameter Circle
  Sketch Dimension
  Line/Trim/3-Point Arc
  Sketch Dimension
- CREATE: Sweep

미리보기

클립 단면 원 그리기

❶ [MODEL] 작업 영역에서 [SKETCH]–[Circle]–[Center Diameter Circle] 메뉴를 선택한 후 YZ면(왼쪽 수직면)을 선택한다. 원점을 클릭한 후 마우스를 이동하여 원을 그린다.

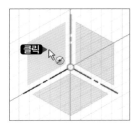

❷ [SKETCH]–[Sketch Dimension] 메뉴를 선택한 후 원의 테두리(원주) 부분을 클릭하고 원의 바깥쪽을 다시 한 번 클릭하여 치수 보조선과 치수가 표시되면 지름 입력란에 '2'를 입력한 후 Enter 키를 누른다.

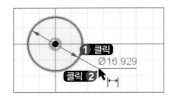
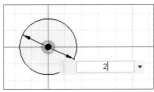

❸ 원의 크기가 작아 화면에서 잘 보이지 않으므로 작성한 도형을 확대하여 직경이 '2mm'가 되었는지 확인한다.

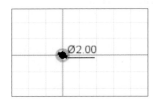
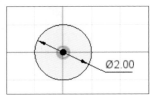

❶ 메뉴 바의 [STOP SKETCH](🖼)을 누른 후 뷰 큐브의 [홈](🏠)을 누르고 원을 입체 형상이 되도록 한다. [MODEL] 작업 영역에서 [SKETCH]-[Line] 메뉴를 선택한 후 XZ면(바닥면)을 선택하고 마우스 휠 버튼을 바깥쪽으로 밀어 원 도형을 작게 한다.

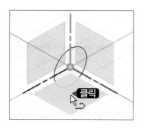 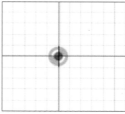

> **보충 설명**
> 원 도형이 옆면을 향하고 있기 때문에 세로 직선처럼 표시된다.

❷ 원점(원의 중심)을 클릭한 후 그림과 같이 순서대로 마우스 포인터를 이동하면서 클릭을 반복하고 마지막 지점에서 더블 클릭하여 선 작업을 완료한다.

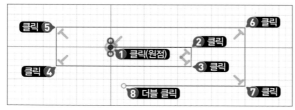

> **보충 설명**
> 정확한 치수는 [Sketch Dimension] 메뉴를 이용하여 지정할 것이므로 개략적으로 그린다.

❸ [MODEL] 작업 영역에서 [SKETCH]-[Sketch Dimension] 메뉴를 선택한 후 원점에서 시작한 가로선을 클릭하고 마우스 포인터를 선 위쪽으로 약간 이동하여 클릭한다. 치수 입력란에 '15'를 입력하고 Enter 키를 누르면 치수 보조선에 입력한 값이 표시된다.

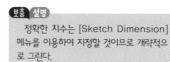
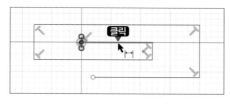
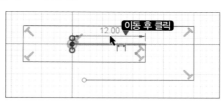
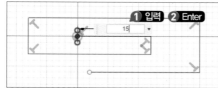
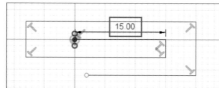

❹ 이번에는 오른쪽 수직선의 치수를 '5mm'로 지정한다.

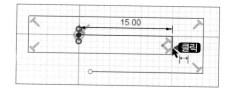 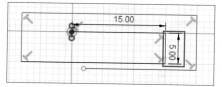

❺ 아래쪽 가로 선의 길이는 '20mm', 왼쪽 수직선의 길이는 '8mm'로 지정한다.

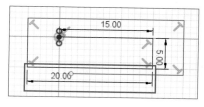 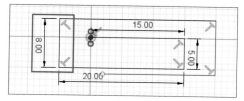

❻ 같은 방법으로 그림과 같이 치수를 모두 지정한다.

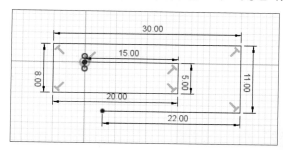

❼ [SKETCH PALLETTE] 창의 [Show Dimension]과 [Show Constraints]의 체크 표시를 해제하여 치수선과 구속 조건 표시가 나타나지 않도록 한다.

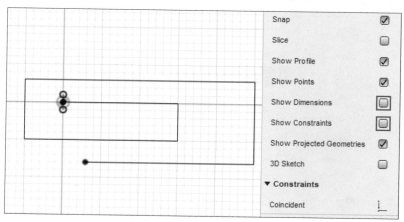

❽ [SKETCH]–[Trim] 메뉴를 선택한 후 3개의 세로선을 차례대로 클릭하여 모두 제거한다.

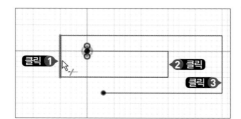 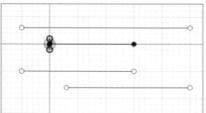

❾ [MODEL] 작업 영역에서 [SKETCH]–[Arc]–[3–Point Arc] 메뉴를 선택한다. 위쪽 직선의 왼쪽 끝 부분을 클릭한 후 아래쪽 직선의 왼쪽 끝 부분을 클릭하고 마우스 포인터를 이동하여 호가 생기면 호와 직선이 정확히 접선(Tangent)을 이루는 지점에서 클릭하여 호를 완성한다. 나머지 두 곳도 같은 방법으로 호를 만든다.

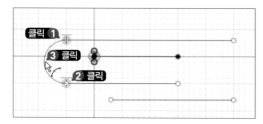 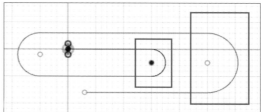

 ## Sweep 기능으로 클립 입체 형상 만들기

❶ [MODEL] 작업 영역에서 [CREATE]–[Sweep] 메뉴를 선택한 후 [SWEEP] 옵션 창에서 [Profile] 속성의 'Select'가 활성화되어 있는지 확인하고 처음에 작성한 원의 안쪽 부분을 클릭한다.

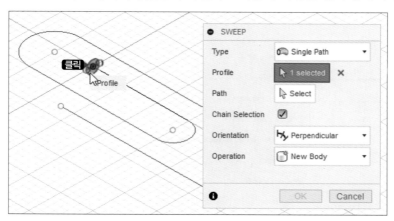

❷ [Path] 속성의 'Select'를 선택한 후 선(경로)을 클릭한다. 클립의 형상이 완성되면 [OK] 버튼을 누른다.

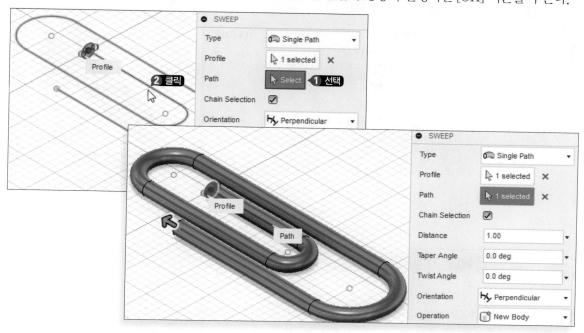

❸ 직선과 호의 경계선을 보이지 않게 하기 위해 화면 표시 설정 바의 [Display Settings](⌨)를 누른 후 [Visual Style]–[Shaded] 메뉴를 선택하고 클립을 완성한다.

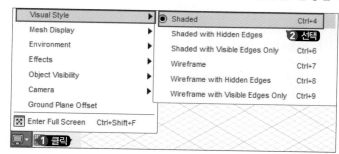

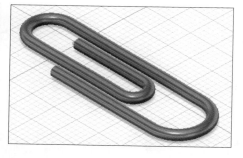

결과 예시

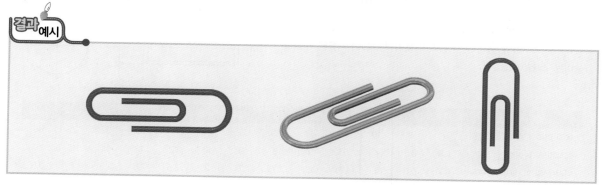

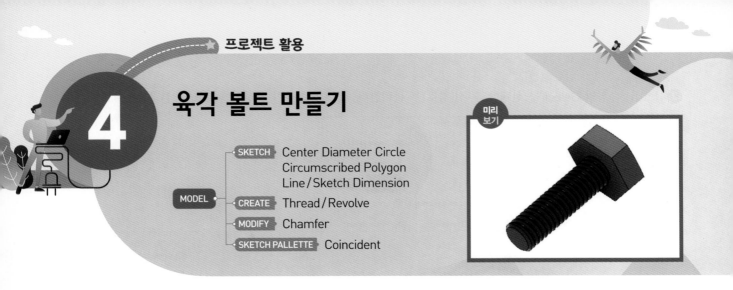

4 육각 볼트 만들기

- **SKETCH** Center Diameter Circle
  Circumscribed Polygon
  Line / Sketch Dimension
- **MODEL**
  - **CREATE** Thread / Revolve
  - **MODIFY** Chamfer
  - **SKETCH PALLETTE** Coincident

미리 보기

 볼트 몸체(원기둥) 만들기

1 [MODEL] 작업 영역에서 [SKETCH]−[Circle]−[Center Diameter Circle] 메뉴를 선택한 후 XZ면(바닥면)을 선택한다. 원점을 클릭한 후 마우스를 이동하여 지름이 '6mm'인 원을 작성한다.

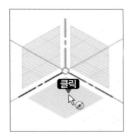

클릭

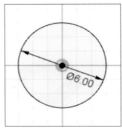

Ø6.00

보충 설명
원을 작성한 후 마우스 휠 버튼을 앞쪽으로 돌려서 이미지를 확대한다.

 더 알아보기 **볼트의 공업 규격**

볼트의 규격이 'M6'인 경우 M은 미터법(Meter)으로 나사산의 직경이 '6mm'를 의미하며, 공업 규격에 따라 육각형 머리의 지름은 '10mm', 높이는 '4mm'이다.

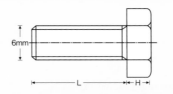

6mm

L H

B

구분	M3	M4	M5	M6	M8	M10	M12	M14	M16	M18	M20	M22	M24	M30
육각 머리 지름(B)	5.5	7	8	10	13	17	19	22	24	27	30	32	36	46
육각 머리 높이(H)	2	2.8	3.5	4	5.5	7	8	9	10	12	13	14	15	19
나사 산의 피치(P)	0.5	0.7	0.8	1	1.25	1.5	1.75	2	2	2.5	2.5	2.5	3	3.5

❷ [CREATE]–[Extrude] 메뉴를 선택한 후 [EXTRUDE] 옵션 창에서 [Profile] 속성의 'Select'가 활성화 되어 있는지 확인하고 원의 안쪽 부분을 클릭한다. [Distance] 속성에 '20mm'을 입력한 후 [OK] 버튼을 누른다.

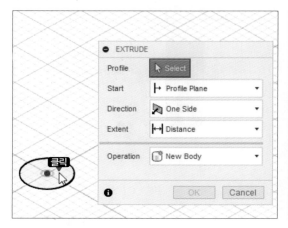 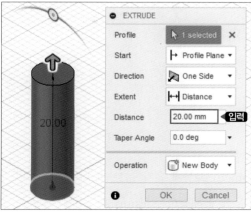

 볼트 머리(육각) 만들기

❶ [MODEL] 작업 영역에서 [SKETCH]–[Polygon]–[Circumscribed Polygon] 메뉴를 선택한 후 원기둥의 윗면을 클릭한다.

❷ 원점을 클릭하고 반지름 입력란에 '6'을 입력하거나 '6mm'가 될 때까지 마우스를 아래쪽으로 이동한 후 클릭한다.

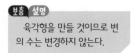
보충 설명
육각형을 만들 것이므로 변의 수는 변경하지 않는다.

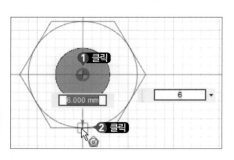

❸ [CREATE]-[Extrude] 메뉴를 선택한 후 육각형 안쪽 부분을 클릭하고 원 부분을 클릭하면 [Profile] 속성이 '2 selected'라고 표시된다.

❹ [Distance] 속성에 육각 볼트의 머리 두께에 해당하는 '4mm'를 입력한 후 [OK] 버튼을 누르면 육각 볼트의 입체 모양이 완성된다.

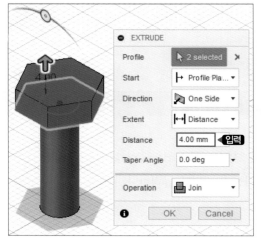

 끝 단면 모서리 가공하기

❶ 볼트의 날카로운 끝 단면을 가공하기 위해 뷰 큐브의 아래 모서리 부분을 클릭하여 볼트의 끝 단면 부분이 보이도록 한다.

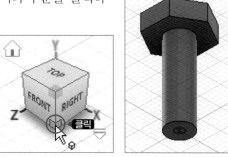

❷ [MODEL] 작업 영역에서 [MODIFY]–[Chamfer] 메뉴를 선택한 후 [CHAMFER] 옵션 창에서 [Edges] 속성의 'Select'가 활성화되어 있는지 확인하고 모떼기(Chamfer) 작업을 할 볼트 아래의 모서리 부분을 클릭한다.

❸ [Distance] 속성에 '0.5mm'를 입력한 후 [OK] 버튼을 누른다.

 ## 나사산 가공하기

❶ 볼트의 원기둥에 나사산을 만들기 위해 [MODEL] 작업 영역에서 [CREATE]–[Thread] 메뉴를 선택한 후 [THREAD] 옵션 창에서 [Faces] 속성의 'Select'가 활성화되어 있는지 확인하고 나사산을 만들 원기둥 부분을 클릭한다.

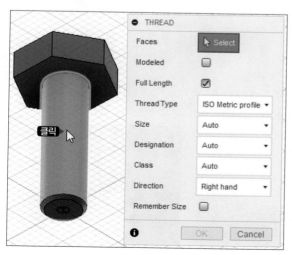

❷ [Modeled] 속성을 체크한 후 [OK] 버튼을 누르고 육각 볼트의 외형을 완성한다.

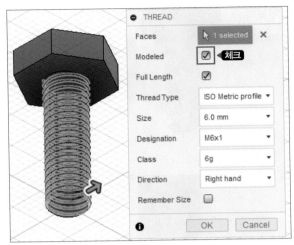

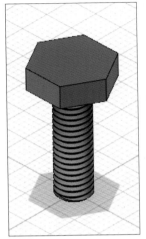

보충 설명
뷰 큐브의 [홈](🏠)을 눌러 화면이 초기 상태가 되도록 한다.

 머리 부분 가공하기

❶ 볼트의 머리 부분을 다듬기 위해 [MODEL] 작업 영역에서 [SKETCH]–[Line] 메뉴를 선택한 후 XY면(오른쪽 수직면)을 선택한다.

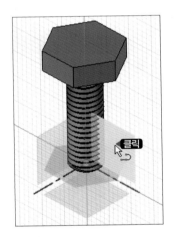

클릭

❷ 볼트 머리의 윗면과 동일 선상에 그림과 같이 작은 삼각형을 그린다.

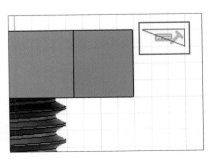

보충 설명
삼각형의 크기가 매우 작으므로 볼트 이미지를 크게 확대한다.

❸ [SKETCH]–[Sketch Dimension] 메뉴를 선택한 후 삼각형의 윗변을 클릭한다. 마우스 포인터를 위쪽으로 약간 이동하여 클릭한 후 변의 길이 입력란에 '1mm'를 입력하고 Enter 키를 누른다.

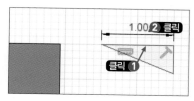

❹ 꼭짓점의 각도를 지정할 인접한 두 변을 차례대로 클릭한다. 삼각형 밖으로 마우스 포인터를 이동하여 클릭한 후 각도 입력란에 '10'을 입력하고 Enter 키를 누른다.

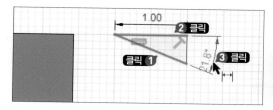 

❺ 뷰 큐브의 [홈](⌂)을 누른 후 마우스 포인터를 삼각형 부분에 놓고 휠 버튼을 당겨서 화면을 조금 더 확대한다.

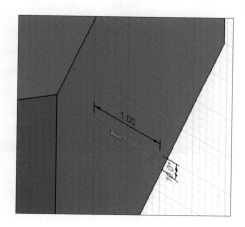

❻ [SKETCH PALLETTE]의 [Constraints]에서 [Coincident](∟)을 선택한 후 삼각형의 직각 모서리와 육각 볼트 위쪽의 꼭짓점을 차례대로 클릭한다.

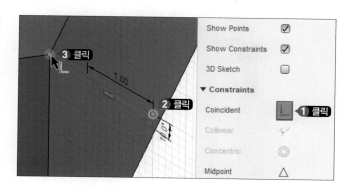

❼ 선택한 두 점이 일치하면서 삼각형 도형이 육각 볼트의 머리 안쪽으로 파고 들어간 것을 확인할 수 있다.

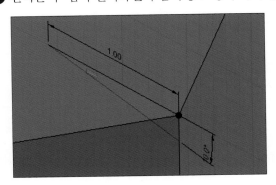

❽ [MODEL] 작업 영역에서 [CREATE]–[Revolve] 메뉴를 선택한 후 [REVOLVE] 옵션 창에서 [Profile] 속성의 'Select'가 활성화되어 있는지 확인한다. [Operation] 속성에서 'Cut'을 선택하고 볼트 안쪽의 삼 각형을 클릭한다.

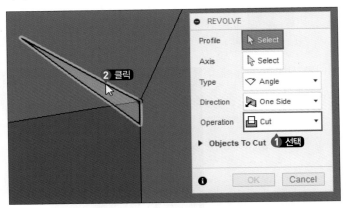

보충 설명
삼각형이 여러 도형에 둘러싸여 있어서 선택하기 어려울 경우 위쪽에 노출되어 있 는 선 부분에 마우스 포인터를 위치시키면 쉽게 선택할 수 있다.

❾ 마우스 휠 버튼을 밀어서 볼트 이미지를 축소하여 기본축이 보이도록 한 후 [Axis] 속성의 'Select'를 선 택하고 Y축(세로축)을 클릭한다.

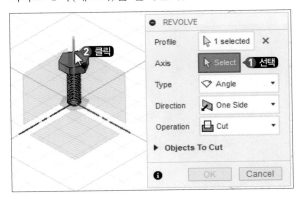

❿ 나사 머리 부분이 제대로 다듬어졌는지 확인한 후 [OK] 버튼을 누르면 'M6' 규격의 육각 볼트가 완성된다.

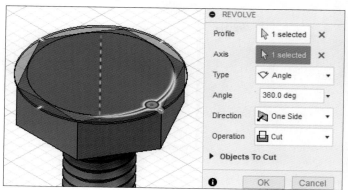

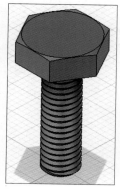

보충 설명
빨간색 부분은 볼트의 머리 부분에서 이전에 작성한 삼각형만큼 깎인 부분을 나타낸다.

⓫ [MODIFY]–[Appearance] 메뉴를 선택한 후 [APPEARANCE] 옵션 창에서 [Library] 속성의 [Metal]–[Brass]–[Brass–Polished](🔘)를 볼트로 드래그하면 볼트의 색상을 변경할 수 있다.

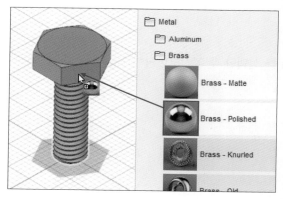

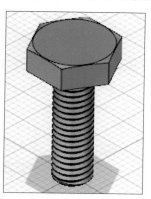

결과 예시

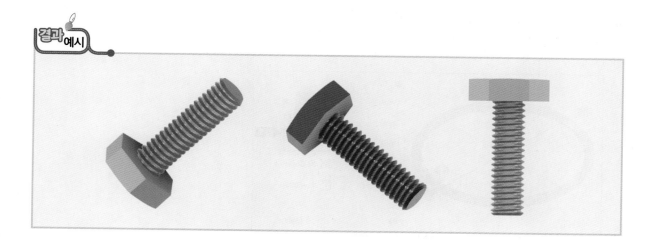

5 구슬 반지 만들기

MODEL • CREATE　Torus
Sphere
Circular Pattern

미리 보기

원형 링 만들기

① [MODEL] 작업 영역에서 [CREATE]–[Torus] 메뉴를 선택한 후 XZ면(바닥면)을 선택한다. 원점에서 마우스를 클릭하고 옆으로 이동한 후 다시 클릭한다.

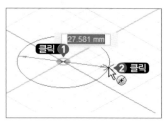

② [TORUS] 옵션 창에서 [Inner Diameter] 속성에 '17mm', [Torus Diameter] 속성에 '1mm'를 입력한 후 [OK] 버튼을 누른다.

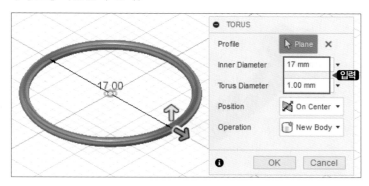

❶ [MODEL] 작업 영역에서 [CREATE]–[Sphere]
메뉴를 선택한 후 XZ면(바닥면)을 선택하고 뷰
큐브의 [TOP]을 클릭하여 도형을 위에서 바라보
는 위치가 되도록 한다.

❷ 마우스 휠 버튼을 안쪽으로 돌려서 구(Sphere)를 작성할 부분을 확대한
후 링의 바깥쪽 테두리 부분을 클릭한다.

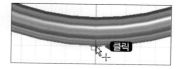

❸ [SPHERE] 옵션 창에서 [Diameter] 속성에 '2mm'를 입력한 후 [Operation] 속성을 'New Body'로 설
정하고 [OK] 버튼을 누른다.

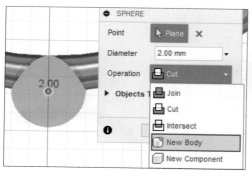
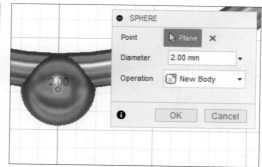

❶ [MODEL] 작업 영역에서 [CREATE]–[Pat-
tern]–[Circular Pattern] 메뉴를 선택한
후 [CIRCULAR PATTERN] 옵션 창에서
[Objects] 속성의 'Select'가 활성화되어 있는
지 확인하고 구슬을 클릭한다.

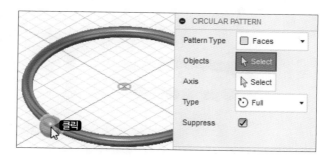

❷ [Axis] 속성의 'Select'를 선택한 후 Y축(세로축)을 클릭하면 Y축을 중심으로 [Quantity] 속성의 기본값인 3개의 구슬이 링(반지)에 일정한 간격으로 생성된다.

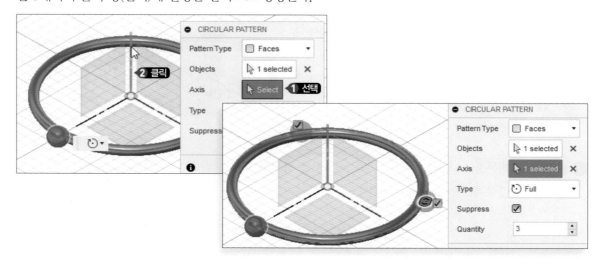

❸ 구슬이 반지의 바깥 부분에 꽉 들어차도록 [Quantity] 속성에 '30'을 입력하고 [OK] 버튼을 누르면 구슬 반지가 완성된다.

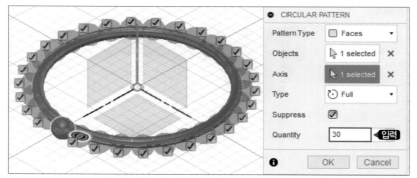

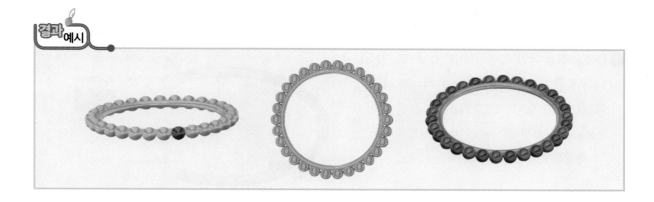

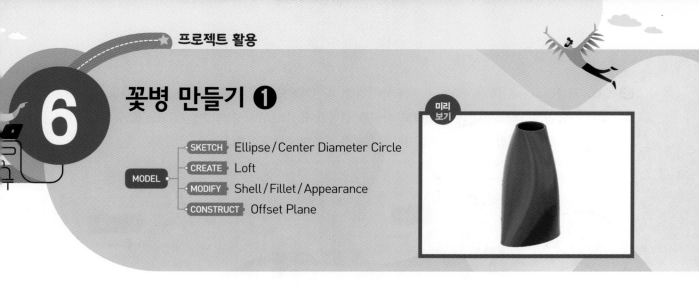

6 꽃병 만들기 ❶

MODEL
- SKETCH: Ellipse / Center Diameter Circle
- CREATE: Loft
- MODIFY: Shell / Fillet / Appearance
- CONSTRUCT: Offset Plane

미리보기

 ## 층별 단면에 평면 도형 스케치하기

❶ [MODEL] 작업 영역에서 [SKETCH]–[Ellipse] 메뉴를 선택한 후 XZ면(바닥면)을 선택한다. 좌표의 원점을 클릭하고 마우스 포인터를 오른쪽으로 이동하여 지름이 '70mm' 되는 지점에서 클릭한다.

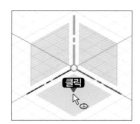

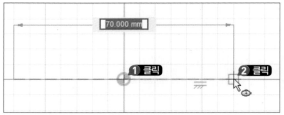

> **보충 설명**
> [SKETCH]–[Sketch Dimension] 메뉴를 선택하여 치수를 지정해도 된다.

❷ 마우스 포인터를 다시 원점 아래쪽으로 이동하여 세로 지름이 '40mm' 되는 지점에서 클릭한다.

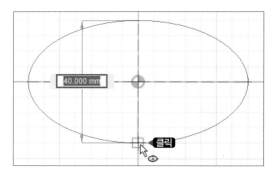

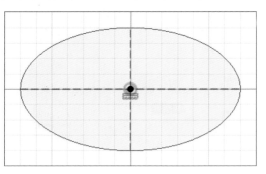

❸ [CONSTRUCT]-[Offset Plane] 메뉴를 선택한 후 [OFFSET PLANE] 옵션 창에서 [Plane] 속성의 'Select'가 활성화되어 있는지 확인하고 타원을 클릭한다. [Distance] 속성에 '60mm'을 입력하고 [OK] 버튼을 누르면 타원의 위쪽 '60mm' 지점에 새로운 기준면이 만들어진다.

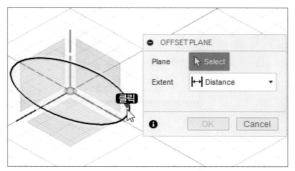 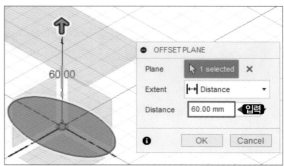

❹ 새로운 기준면에 타원을 그리기 위해 [SKETCH]-[Ellipse] 메뉴를 선택한 후 기준면을 클릭한다.

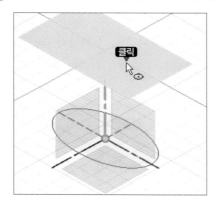

❺ 타원의 중심을 클릭한 후 세로 길이가 '70mm' 되는 지점에서 클릭하고 다시 마우스 포인터를 오른쪽으로 '40mm' 만큼 이동하여 클릭한다.

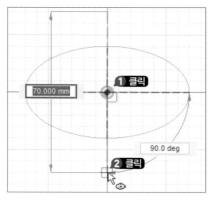 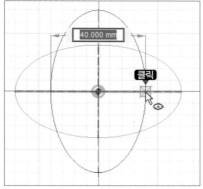

❻ [CONSTRUCT]–[Offset Plane] 메뉴를 선택한 후 [OFFSET PLANE] 옵션 창에서 [Plane] 속성의 'Select'가 활성화되어 있는지 확인하고 두 번째 작성한 타원을 클릭한다. [Distance] 속성에 '60mm'를 입력한 후 [OK] 버튼을 누른다.

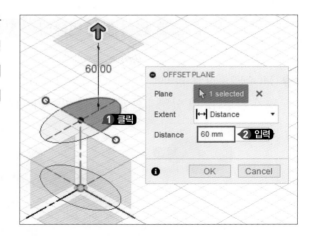

❼ [SKETCH]–[Circle]–[Center Diameter Circle] 메뉴를 선택한 후 세 번째로 만든 기준면을 클릭한다.

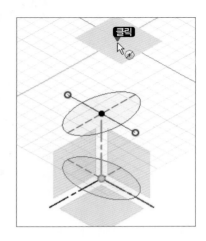

❽ 평면 상태가 되면 원점을 클릭한 후 마우스 포인터를 이동하여 치수 입력란에 '30'을 입력하고 마우스를 클릭하여 지름이 '30mm'인 원을 작성한다.

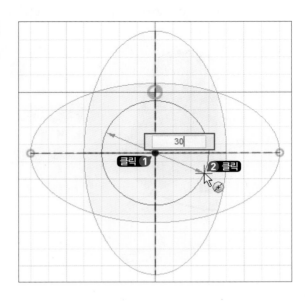

Loft 기능으로 연결 형상 만들기

❶ [MODEL] 작업 영역에서 [CREATE]–[Loft] 메뉴를 선택한 후 [LOFT] 옵션 창에서 [Profile] 속성의
▶가 활성화되어 있는지 확인하고 맨 위와 가운데 원을 차례대로 클릭한다.

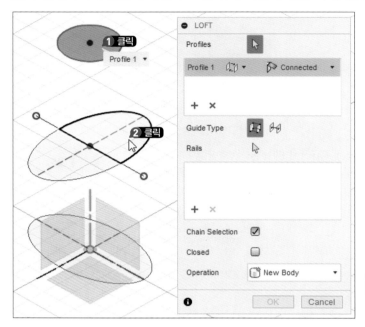

보충 설명
3차원 보기로 바뀌지 않으면
뷰 큐브의 [홈](⌂)을 누른다.

❷ 원과 원의 원주가 만나는 부분이 면으로 변하면서 연결된다. 가운데 원을 작성할 때 Project(투영) 기능
이 적용되어 그림과 같이 나타날 경우에도 나머지 원 부분을 클릭하면 된다.

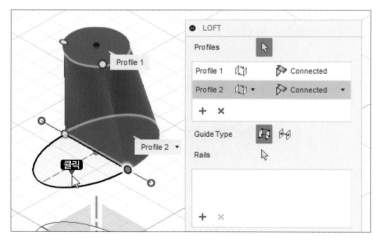

❸ 마지막으로 맨 아래 원을 클릭하고 [OK] 버튼을 누르면 꽃병의 외형이 완성된다.

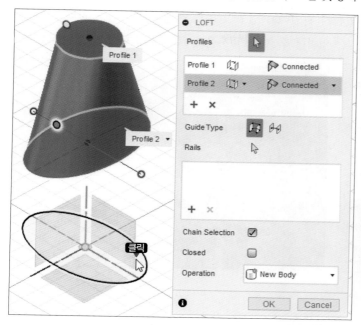

꽃병 내부 비우기

❶ 꽃병의 속을 비우기 위해 [MODEL] 작업 영역에서 [MODIFY]−[Shell] 메뉴를 선택한 후 꽃병의 윗부분을 클릭하고 [Inside Thickness] 속성에 '2mm'를 입력한 후 [OK] 버튼을 누른다.

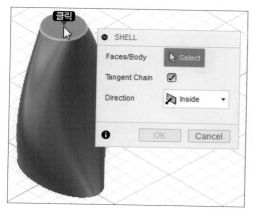

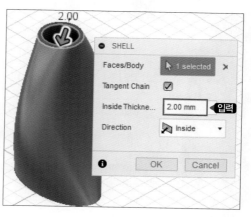

❷ 꽃병의 입구 모서리를 부드럽게 하기 위해 [MODIFY]–[Fillet] 메뉴를 선택한 후 [FILLET] 옵션 창에서 [Edges] 속성의 가 활성화되어 있는지 확인하고 입구 안쪽과 바깥쪽 모서리를 차례로 클릭한다. [2 Edge] 속성의 Radius 값으로 '1mm'를 입력한 후 [OK] 버튼을 누르고 꽃병 형상을 완성한다.

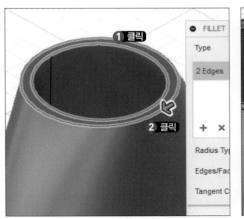
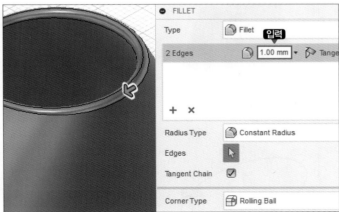

표면에 색상 입히기

❶ [MODIFY]–[Appearance] 메뉴를 선택한 후 [APPEARANCE] 옵션 창에서 [Library] 속성의 [Paint]–[Glossy]–[Paint-Enamel Glossy(Red)](■)를 [In This Design] 속성으로 드래그하여 추가한다.

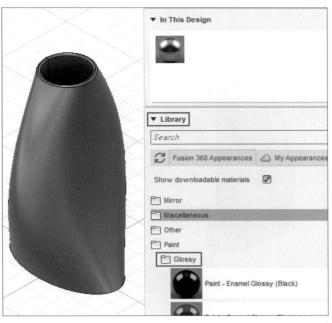
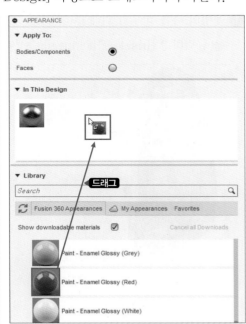

❷ [In This Design] 속성에 추가한 [Paint—Enamel Glossy(Red)](■)를 입체 도형 표면으로 드래그하면
표면에 빨간색 페인트가 적용된 꽃병이 완성된다.

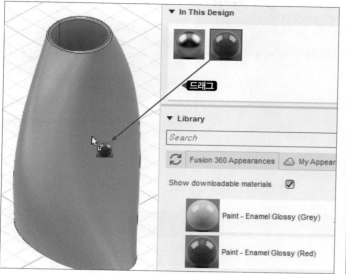

보충 설명
　Loft 기능을 활용하면 그림과 같이 다양한 입체 도형을
디자인할 수 있다.

결과 예시

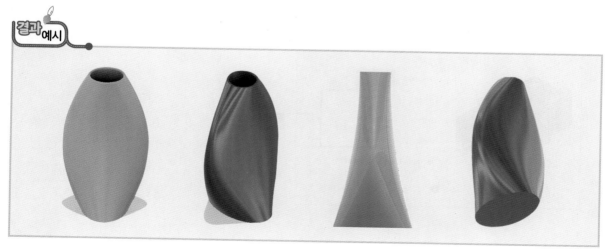

레고 블록 만들기

SKETCH	Center Diameter Circle Sketch Dimension
MODEL — CREATE	Box / Rectangular Pattern Extrude
MODIFY	Shell

미리
보기

 레고 블록 몸체 만들기

❶ [MODEL] 작업 영역에서 [CREATE]–[Box] 메뉴를 선택한 후 XZ면(바닥면)을 선택하고 치수와 관계없이 사각형을 그린다.

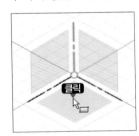

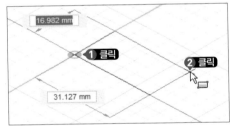

❷ [BOX] 옵션 창에서 다음과 같이 속성을 입력한 후 [OK] 버튼을 누른다.

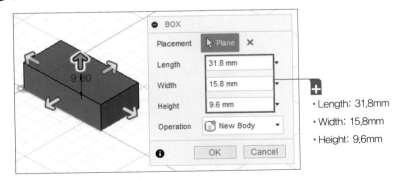

• Length: 31.8mm
• Width: 15.8mm
• Height: 9.6mm

블록 윗면에 원 그리기

❶ [MODEL] 작업 영역에서 [SKETCH]–[Circle]–[Center Diameter Circle] 메뉴를 선택한 후 육면체의 윗면을 클릭하고 사각형의 왼쪽 윗부분에 치수와 관계없이 작은 원을 그린다.

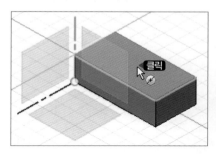
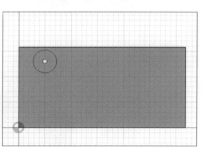

❷ 원의 크기(지름)를 정하기 위해 [SKETCH]– [Sketch Dimension] 메뉴를 선택한 후 원의 테두리를 클릭한다. 마우스 포인터를 원의 바깥쪽으로 이동하여 클릭한 후 수치 입력란에 '4.8'을 입력하고 Enter 키를 눌러 지름이 '4.8mm'인 원을 만든다.

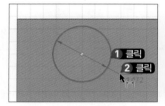
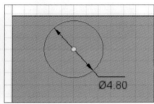

❸ [Sketch Dimension] 상태에서 사각형의 윗변(직선)을 클릭하고 다시 원의 중심을 클릭한다. 마우스 포인터를 사각형 왼쪽 바깥쪽으로 이동하여 클릭한 후 수치 입력란에 '3.9'를 입력하고 Enter 키를 누른다.

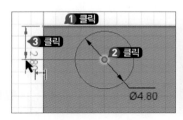
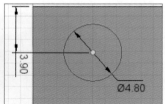

❹ 같은 방법으로 직사각형의 왼쪽 세로 변과 원의 중심을 차례로 클릭한다. 마우스 포인터를 사각형의 위쪽으로 이동하여 클릭한 후 치수 입력란에 '3.9'를 입력하면 직사각형의 변으로부터 가로, 세로 각각 '3.9mm'씩 떨어진 곳에 원이 위치한다.

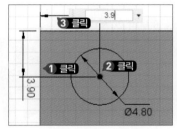
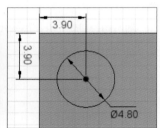

원기둥으로 입체화하고 복제하기

❶ [MODEL] 작업 영역에서 [CREATE]–[Extrude] 메뉴를 선택한 후 원을 클릭한다. [EXTRUDE] 옵션 창에서 [Distance] 속성에 '1.8mm'를 입력한 후 [OK] 버튼을 누르면 하나의 원기둥이 완성된다.

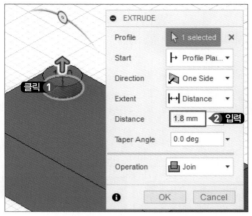
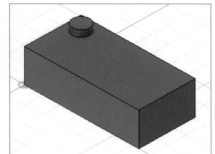

❷ [CREATE]–[Pattern]–[Rectangular Pattern] 메뉴를 선택한다. [RECTANGULAR PATTERN] 옵션 창에서 [Pattern Type] 속성이 'Faces', [Objects] 속성의 'Select'가 활성화되어 있는지 확인하고 원기둥의 옆면(기둥)과 윗면(원)을 차례대로 클릭하여 원기둥 부분을 모두 선택한다.

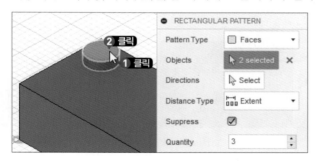

보충 설명
옆면과 윗면을 클릭하면 [Objects] 속성이 '2 Selected'로 바뀐다.

❸ [Directions] 속성의 'Select'를 선택한 후 복제하려는 방향의 기준선(육면체의 모서리)을 클릭한다.

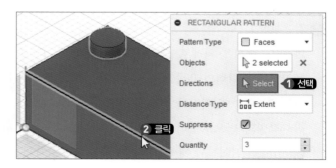

❹ [RECTANGULAR PATTERN] 옵션 창에서 다음과 같이 각 속성을 선택하거나 입력한 후 [OK] 버튼을 누른다.

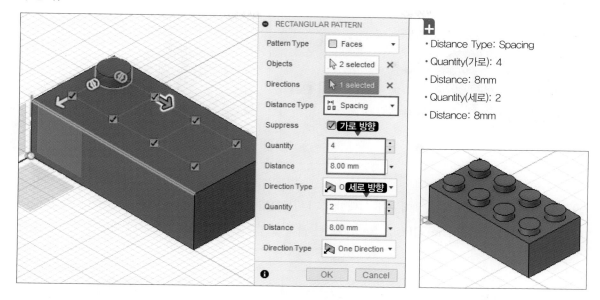

- Distance Type: Spacing
- Quantity(가로): 4
- Distance: 8mm
- Quantity(세로): 2
- Distance: 8mm

레고 블록 내부 비우기

❶ 뷰 큐브의 [FRONT]와 [RIGHT] 사이의 아래쪽 꼭짓점을 클릭하여 레고 블록의 아랫면이 보이도록 한다.

❷ [MODEL] 작업 영역에서 [MODIFY]–[Shell] 메뉴를 선택하고 아랫면을 클릭한다.

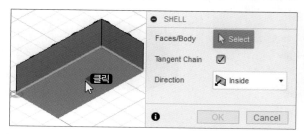

❸ [SHELL] 옵션 창에서 [Inside Thickness] 속성에 '1.2mm'를 입력한 후 [OK] 버튼을 누르고 레고 블록을 완성한다.

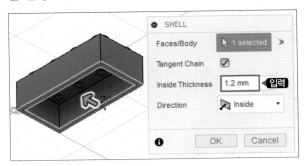
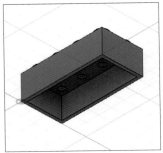

❹ [MODIFY]–[Appearance] 메뉴를 선택한 후 [APPEARANCE] 옵션 창에서 [Library] 속성의 [Plastic]–[Opaque]–[Plastic–Glossy(Red)](■)를 블록 도형으로 드래그하면 블록의 색상을 변경할 수 있다.

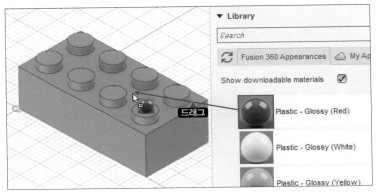
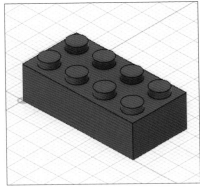

결과 예시

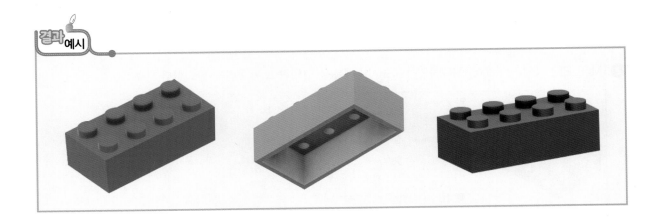

8

톱니바퀴 만들기

SKETCH · Center Diameter Circle
Sketch Dimension / Line / Fillet
3-Point Arc / Trim / Mirror
Circular Pattern
MODEL · Center Point Arc Slot
CREATE · Revolve
MODIFY · Fillet
SKETCH PALLETTE · Construction

미리
보기

톱니바퀴 몸체 평면 스케치하기

❶ [MODEL] 작업 영역에서 [SKETCH]–[Circle]–[Center Diameter Circle] 메뉴를 선택한 후 XZ면(바닥면)을 선택하고 원점을 중심으로 하는 두 개의 동심원을 그린다.

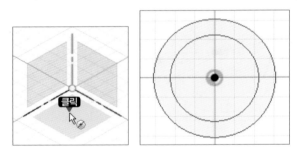

❷ [SKETCH]–[Sketch Dimension] 메뉴를 선택한 후 작은 원의 테두리를 클릭하고 원의 바깥쪽으로 마우스 포인터를 이동하여 클릭한다. 치수 입력란에 '17.5mm'를 입력한 후 Enter 키를 누른다.

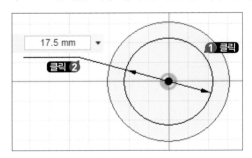

❸ 같은 방법으로 큰 원의 지름이 '22mm'가 되도록 한다.

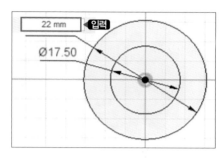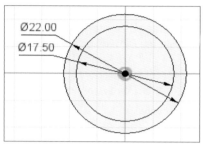

 톱니 부분 평면 스케치하기

❶ [MODEL] 작업 영역에서 [SKETCH]-[Line] 메뉴를 선택한 후 좌표 원점을 클릭하고 X축 방향으로 마우스 포인터를 이동하여 직선이 끝나는 지점에서 더블 클릭하여 직선을 그린다. 같은 방법으로 3개의 직선을 추가로 그린다.

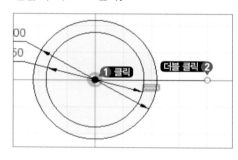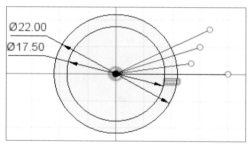

❷ [SKETCH]-[Sketch Dimension] 메뉴를 선택한 후 각을 이루는 두 직선을 차례로 클릭하고 마우스 포인터를 오른쪽으로 이동하여 클릭한다. 각도 입력란에 '2.5'를 입력하고 Enter 키를 누른다.

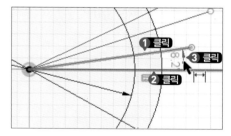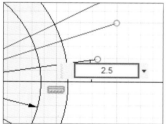

❸ 같은 방법으로 나머지 직선 사이의 각도(5도, 9도)도
지정한다.

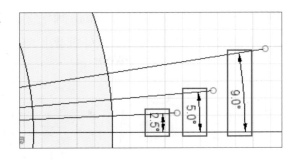

❹ 직선의 오른쪽 위에서 왼쪽 아래로 드래그하여 4개의
직선을 모두 선택한다.

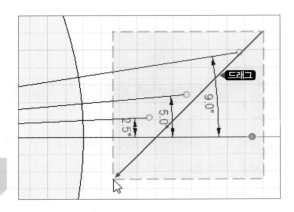

보충 설명
선택하려는 직선의 일부분만 노란색 사각
형에 포함되어도 직선 전체가 선택된다.

❺ 4개의 선이 선택된 상태에서 [SKETCH
PALLETTE] 옵션 창에서 [Construction]
(◁)을 선택하면 점선(참조선)으로 바뀐다.

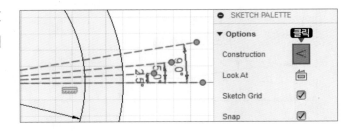

❻ 호(Arc)를 그릴 수 있을 만큼 화면을 확대하고 [SKETCH]-[Arc]-[3-Point Arc] 메뉴를 선택한 후 그
림과 같이 직선과 원의 두 교차점을 차례로 클릭한다. 마우스 포인터를 이동하여 호가 생기면 적당한 지
점에서 클릭한다.

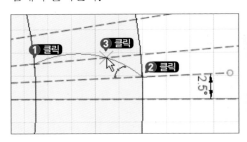

보충 설명
처음 클릭한 부분에 [SKETCH PALLETTE]
의 [Tangent](◉) 표시가 나타나는 지점에서 클
릭할 경우 호의 반경이 확정되어 이후 작업 시 변
경되지 않을 수 있으므로 충분히 휘어지는 부분에
서 클릭한다.

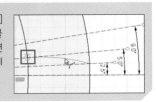

❼ [SKETCH]–[Sketch Dimension] 메뉴를 선택한 후 호의 테두리를 클릭한다. 마우스 포인터를 이동하여 클릭한 후 치수 입력란에 호의 반경인 '10'을 입력하고 Enter 키를 누른다.

 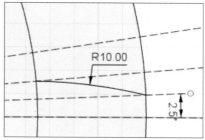

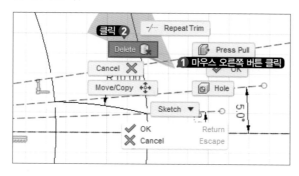

불필요한 선분 지우기

❶ [MODEL] 작업 영역에서 [SKETCH]–[Trim] 메뉴를 선택한 후 그림과 같이 불필요한 선에 마우스 포인터를 대어 빨간색으로 변하면 큰 원과 작은 원 각각 세 곳을 클릭하여 제거한다.

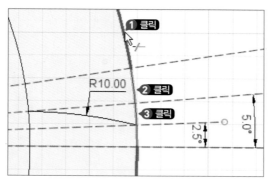 

❷ 나머지 불필요한 선도 지우기 위해 도형 근처에서 마우스 오른쪽 버튼을 누른 후 마킹 메뉴에서 [Delete]를 선택한다.

❸ [DELETE] 옵션 창이 나타나면 제거할 선분을 모두 클릭하고 [OK] 버튼을 누른다.

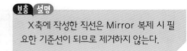
보충 설명
X축에 작성한 직선은 Mirror 복제 시 필요한 기준선이 되므로 제거하지 않는다.

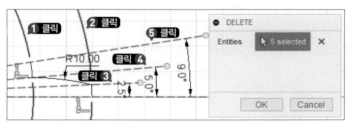

모깎기(Fillet) 하기

❶ [MODEL] 작업 영역에서 [SKETCH]–[Fillet] 메뉴를 선택한 후 그림과 같이 꼭짓점 부분을 클릭하여 모깎기(Fillet) 기능을 활성화한다.

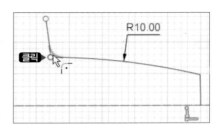

❷ 치수 입력란에 '0.3mm'를 입력한 후 Enter 키를 누르고 모깎기를 완성한다.

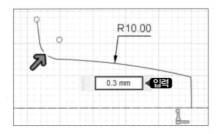

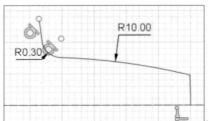

❸ 같은 방법으로 반대편 꼭짓점에도 반경이 '0.2mm'인 모깎기 작업을 한다.

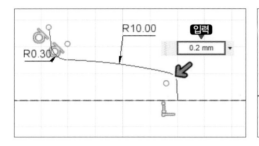

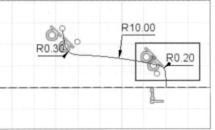

❶ 톱니의 반쪽을 대칭으로 복제하기 위해 [SKETCH]-[Mirror] 메뉴를 선택한 후 [MIRROR] 옵션 창에서 [Objects] 속성의 'Select'가 활성화되어 있는지 확인하고 그림과 같이 왼쪽 위에서 오른쪽 아래까지 마우스로 드래그하여 톱니의 모든 선을 선택한다.

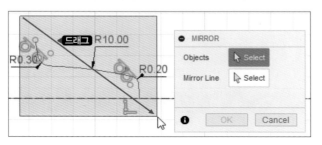

❷ [Mirror Line] 속성의 'Select'를 선택한 후 X좌표선을 클릭하고 [OK] 버튼을 누르면 한 개의 톱니가 완성된다.

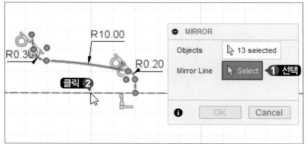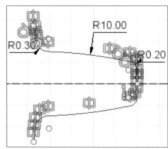

보충 설명
정상적으로 선택한 경우 선과 점을 모두 합쳐 '13 selected'라고 표기된다.

❸ 선 부근에 점이나 치수, 구속 조건의 표시가 많아서 작업하기 힘들 경우에는 [SKETCH PALLETTE]에서 해당 속성의 체크 표시를 해제한다.

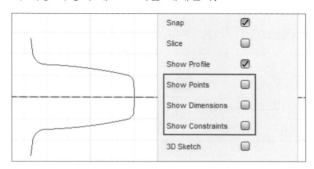

원형 패턴(Circular Pattern)으로 복제하기

❶ [MODEL] 작업 영역에서 [SKETCH]–[Circular Pattern] 메뉴를 선택한 후 [CIRCULAR PATTERN] 옵션 창에서 [Objects] 속성의 'Select'가 활성화되어 있는지 확인하고 그림과 같이 왼쪽 위에서 오른쪽 아래까지 마우스를 드래그하여 톱니에 해당되는 모든 선을 선택한다.

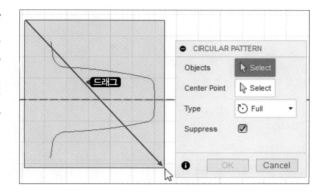

❷ [Center Point] 속성의 'Select'를 선택한 후 톱니의 중심점인 좌표 원점을 클릭한다.

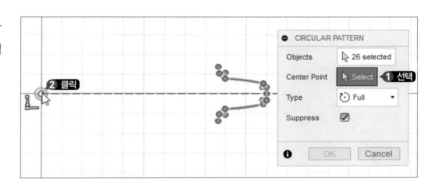

❸ 원점을 중심으로 [Quantity] 속성의 기본값인 3개의 톱니가 표시되면 [Quantity] 속성에 '20'을 입력한 후 [OK] 버튼을 누른다.

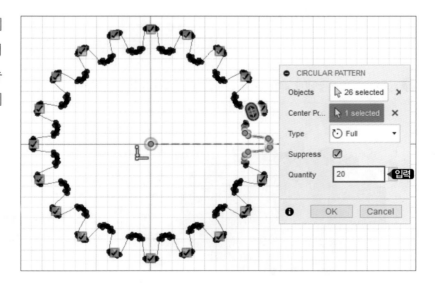

❹ [SKETCH PALLETTE]의 [Show Points] 속성을 해제하여 그림과
같이 평면의 톱니바퀴 도형을 완성한다.

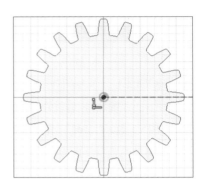

 입체 도형 만들기

❶ [MODEL] 작업 영역에서 [CREATE]–[Extrude] 메뉴를 선택한 후 [EXTRUDE] 옵션 창에서 [Profile]
속성의 'Select'가 활성화되어 있는지 확인하고 도형 안쪽 면을 클릭한다.

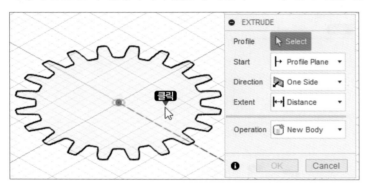

❷ [Distance] 속성에 '3mm'를 입력한 후 [OK] 버튼을 누른다.

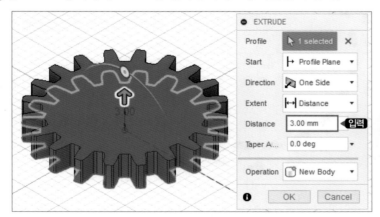
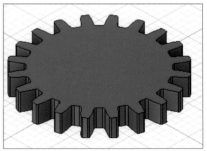

톱니바퀴 몸체 구멍 뚫기

❶ [MODEL] 작업 영역에서 [SKETCH]–[Circle]–[Center Diameter Circle] 메뉴를 선택한 후 톱니바퀴의 윗면을 클릭하고 중심점을 기준으로 직경이 '3mm'인 원을 작성한다.

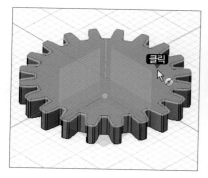
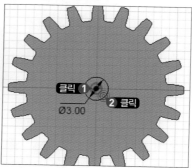

❷ [SKETCH]–[Slot]–[Center Point Arc Slot] 메뉴를 선택한 후 기어의 중심점(좌표 원점)을 클릭하고 마우스 포인터를 위쪽으로 '5mm' 이동하여 그 지점에서 다시 클릭한다.

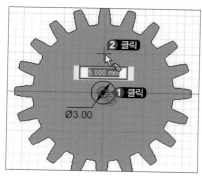

❸ 마우스 포인터를 오른쪽 아래의 60도 지점에서 클릭하여 호를 작성한다. 클릭한 지점에서 다시 마우스 포인터를 왼쪽으로 '4mm' 이동하여 긴 타원을 만든다.

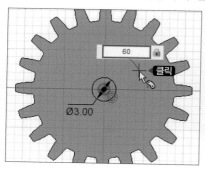
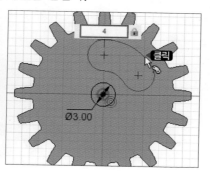

❹ 긴 타원에 구속 조건의 표시가 많을 경우 [SKETCH PALLETTE] 옵션 창에서 해당 속성의 체크 표시를 해제한다.

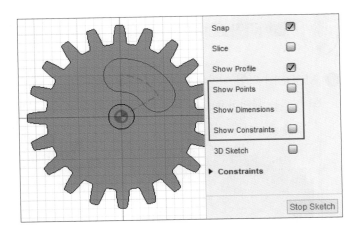

❺ 좌표 원점을 기준으로 긴 타원을 원형으로 복제하기 위해 [SKETCH]–[Circular Pattern] 메뉴를 선택한 후 타원의 테두리를 모두 클릭한다.

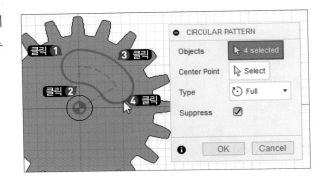

❻ [CIRCULAR PATTERN] 옵션 창에서 [Center Point] 속성의 'Select'를 선택한 후 중심점(원점)을 클릭한다. [Quantity] 속성이 '3'으로 되어 있는지 확인한 후 [OK] 버튼을 누른다.

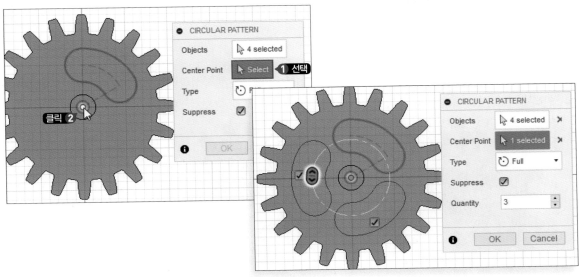

❼ 톱니바퀴의 축과 긴 타원 부분을 제거하여 구멍을 만들기 위해 [CREATE]–[Extrude] 메뉴를 선택한 후 구멍을 뚫을 네 부분을 모두 선택한다.

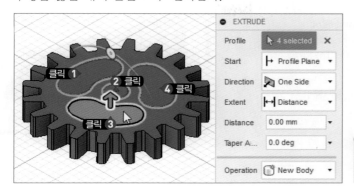

보충 설명
3차원 보기로 바뀌지 않으면
뷰 큐브의 [홈](🏠)을 누른다.

❽ [수직 이동 툴](⬇)을 기어의 아래 방향으로 드래그하면 구멍 부분이 빨간색으로 변하면서 [Operation] 속성이 'Cut'으로 바뀐다. 몸체의 바깥 부분까지 충분히 드래그한 후 [OK] 버튼을 누르고 톱니바퀴를 완성한다.

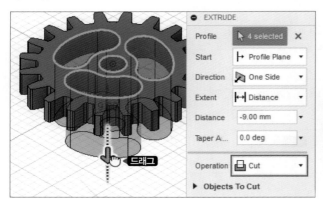

결과 예시

9 보조 배터리 스탠드 만들기

미리보기

MODEL
- SKETCH : Center Point Slot
  Sketch Dimension
  Offset / Line / Text
- CREATE : Extrude / Web
- MODIFY : Fillet / Appearance

 평면 도형 그리기

❶ [MODEL] 작업 영역에서 [SKETCH]–[Slot]–[Center Point Slot] 메뉴를 선택한 후 XZ면(바닥면)을 선택하고 치수와 관계없이 원점을 중심으로 긴 타원을 그린다.

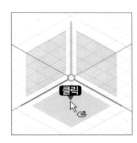

❷ [SKETCH]–[Sketch Dimension] 메뉴를 선택한 후 긴 타원의 왼쪽 중심점과 오른쪽 중심점을 차례대로 클릭한다. 마우스 포인터를 아래쪽으로 이동한 후 치수선과 치수보조선이 표시되면 마우스를 클릭하여 가로 길이로 '59'를 입력하고 Enter 키를 누른다.

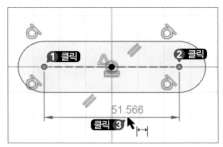

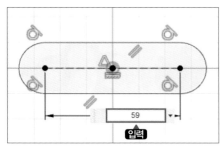

❸ 원의 세로 치수도 위와 같은 방법으로 위, 아래 선을 차례로 클릭한 후 마우스 포인터를 오른쪽으로 이동하여 치수선과 치수 보조선이 표시되면 입력란에 '10.5'를 입력하고 Enter 키를 누른다.

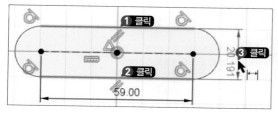 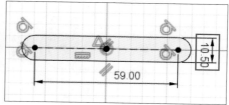

❹ [SKETCH]–[Offset] 메뉴를 선택한 후 긴 타원의 외곽선을 클릭한다. [OFFSET] 옵션 창에서 [Offset Position] 속성에 '3mm'를 입력한 후 [OK] 버튼을 누르고 보조 배터리 케이스의 옆면 두께를 설정한다.

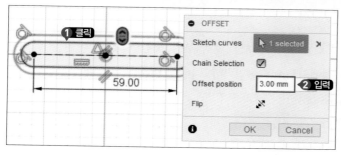

❺ [SKETCH]–[Offset] 메뉴를 선택한 후 다시 긴 타원의 외곽선을 클릭한다. [Offset Position] 속성에 '8mm'를 입력한 후 [OK] 버튼을 누르고 케이스의 바닥면을 작성한다.

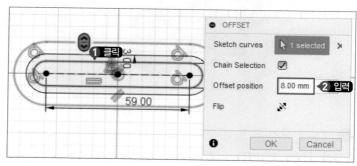

보충 설명
❹번의 Offset 작업으로 생긴 타원을 선택하면 오류가 발생하기 때문에 안쪽의 원본 긴 타원을 기준으로 선택해야 한다.

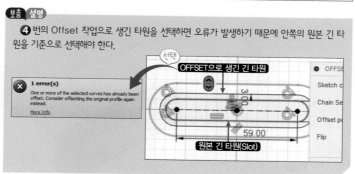

❻ 그림과 같이 세 개의 긴 타원을 만든 후 [SKETCH]-[Stop Sketch] 메뉴를 선택하거나 메뉴 바의 [STOP
SKETCH]()를 누른다.

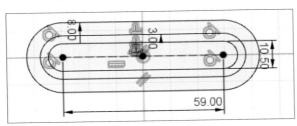

> **보충 설명**
> 치수와 치수 보조선이 보이지 않게
> 하려면 [SKETCH PALLETTE]
> 에서 [Show Dimensions]의 체
> 크 표시를 해제하면 된다.

입체 형상 만들기

❶ 도형을 입체화하기 위해 [CREATE]-[Extrude] 메뉴를 선택한다. 중간에 있는 타원을 클릭한 후
[EXTRUDE] 옵션 창에서 [Distance] 속성에 '15mm'를 입력하고 [OK] 버튼을 누른다.

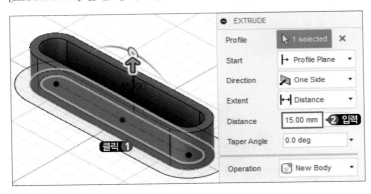

❷ 그림과 같이 긴 타원 부분이 '15mm'의 도형으로 입체화되면서 바닥의 나머지 선(타원)이 보이지 않게 된
다. [BROWSER] 창에서 [Sketches]의 ▷을 누르고 'Sketch1'의 💡을 누르면 💡으로 활성화되면서 타원
의 평면 도형이 다시 나타난다.

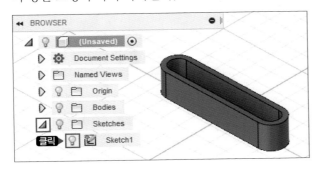 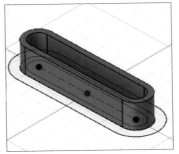

❸ [CREATE]–[Extrude] 메뉴를 선택한 후 바깥쪽 타원을 클릭하고 [Distance] 속성에 '3mm'를 입력한 다음 [OK] 버튼을 누른다.

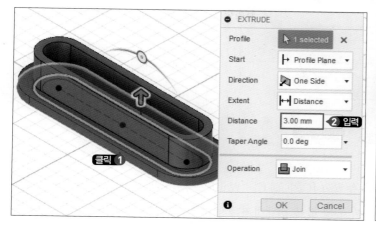 

 바닥면에 격자 만들기

❶ 바닥면에 지지대(Web)를 만들어 주기 위해 뷰 큐브의 [BOTTOM] 부분을 클릭하여 케이스의 바닥면이 보이도록 한다. [SKETCH]–[Line] 메뉴를 선택한 후 기준면이 될 부분(바닥면)을 클릭한다.

 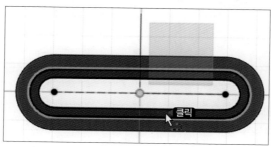

보충 설명
[BOTTOM] 부분은 보이지 않으므로 뷰 큐브의 [FRONT] 와 [RIGHT] 사이의 아래 꼭짓점을 클릭한 후 [BOTTOM] 부분을 클릭한다.

❷ 긴 타원의 왼쪽 바깥 부분을 클릭한 후 오른쪽 바깥 부분을 더블 클릭하여 가로 직선을 그린다.

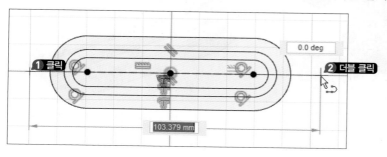

❸ 이번에는 그림과 같이 선과 선 사이의 간격이 일정한 세 개의 수직선을 그린다.

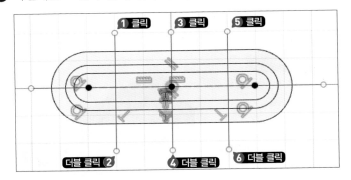

❹ 메뉴 바의 [STOP SKETCH](　)를 누르고 [CREATE]–[Web] 메뉴를 선택한 후 4개의 선을 모두 클릭한다. [WEB] 옵션 창에서 다음과 같이 속성 값을 선택하거나 입력한 후 [OK] 버튼을 누른다.

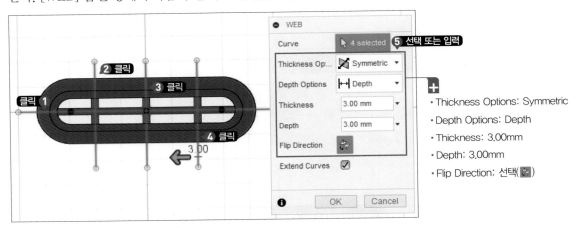

• Thickness Options: Symmetric
• Depth Options: Depth
• Thickness: 3.00mm
• Depth: 3.00mm
• Flip Direction: 선택(　)

❺ 바닥면에 폭과 깊이가 각각 '3mm'인 격자 모양의 받침대가 완성된다.

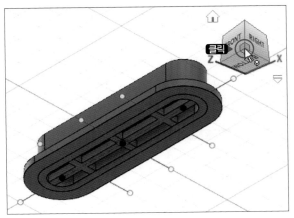
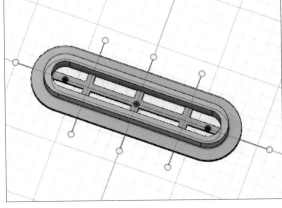

모서리 가공하기

❶ 케이스의 모서리 부분을 부드럽게 가공해 주기 위해
뷰 큐브의 [홈](⌂)을 누르고 [MODIFY]–[Fillet]
메뉴를 선택한 후 Fillet을 적용할 세 곳의 모서리를
차례대로 클릭한다.

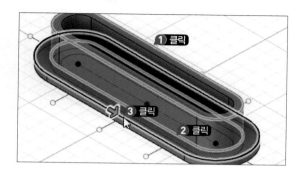

❷ [FILLET] 옵션 창에서 [12
Edges] 속성의 Radius 값으
로 '3mm'를 입력하고 [OK]
버튼을 누른다.

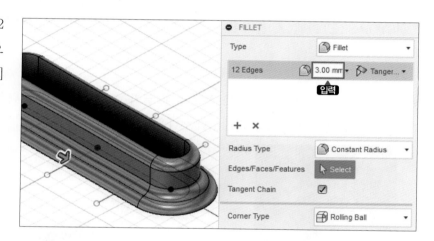

 글자 넣기

❶ 보조 배터리 스탠드의 앞면에 글자를 나타내기 위해 뷰 큐브의 [FRONT] 부분을
클릭하여 정면을 향하도록 한다. [MODEL] 작업 영역에서 [SKETCH]–[Text] 메
뉴를 선택한 후 글자를 입력할 면과 시작 부분을 차례대로 클릭한다.

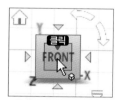

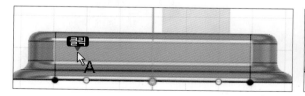

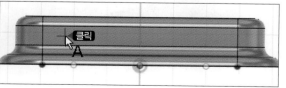

② [TEXT] 옵션 창에서 [Text] 속성에 글자를 입력하고 나머지 속성 값을 입력하거나 선택한다.

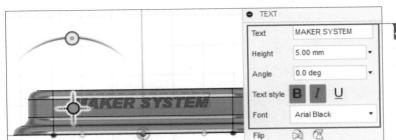

- Text: MAKER SYSTEM(원하는 글자 입력)
- Height: 5.00mm(글자 크기)
- Text Style: **B**(굵게), *I*(기울이기, 이탤릭)
- Font: Arial Black(원하는 글꼴 선택)

③ [문장 이동 툴](✦)을 드래그하여 글자의 위치를 이동시킨 후 [OK] 버튼을 누르고 메뉴 바의 [STOP SKETCH](🔲)를 누른다.

④ [CREATE]–[Extrude] 메뉴를 선택한 후 글자 부분(파란색)을 클릭하고 [EXTRUDE] 옵션 창에서 [Distance] 속성에 '–0.5mm'를 입력한 다음 [OK] 버튼을 누른다.

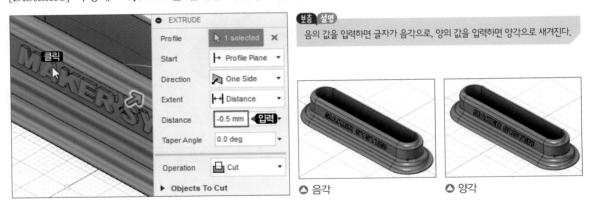

보충 설명 음의 값을 입력하면 글자가 음각으로, 양의 값을 입력하면 양각으로 새겨진다.

🔺 음각　　🔺 양각

결과 예시

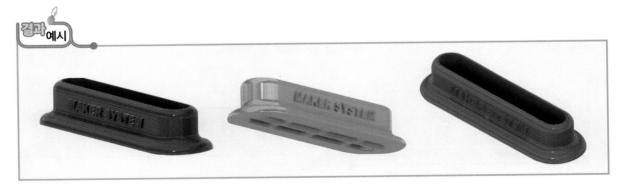

10 스마트폰 케이스 만들기

SKETCH	Line / Project
	Center to Center Slot / Offset
CREATE	Extrude / Box
MODIFY	Fillet / Shell / Chamfer
INSERT	Decal

MODEL

미리 보기

 케이스 형상 만들고 안쪽 비우기

❶ [MODEL] 작업 영역에서 [CREATE]-[Box] 메뉴를 선택한 후 XZ면(바닥면)을 선택하고 사각형 도형을 만든다.

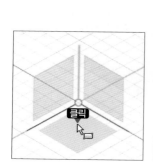
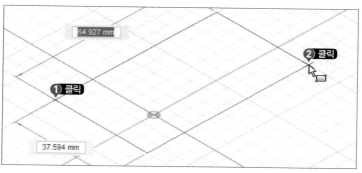

❷ [BOX] 옵션 창에서 그림과 같이 각 속성에 값을 입력한 후 [OK] 버튼을 누르고 육면체를 만든다.

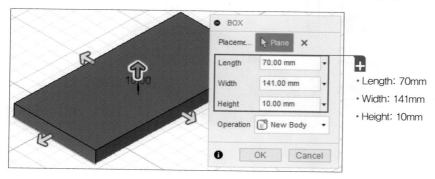

- Length: 70mm
- Width: 141mm
- Height: 10mm

❸ [MODIFY]–[Fillet] 메뉴를 선택한 후 육면체의 네 모서리를 차례로 클릭한다. [FILLET] 옵션 창에서 [4 Edges] 속성의 Radius 값으로 '10mm'를 입력한 후 [OK] 버튼을 누르면 바깥쪽 모서리가 둥글게 된다.

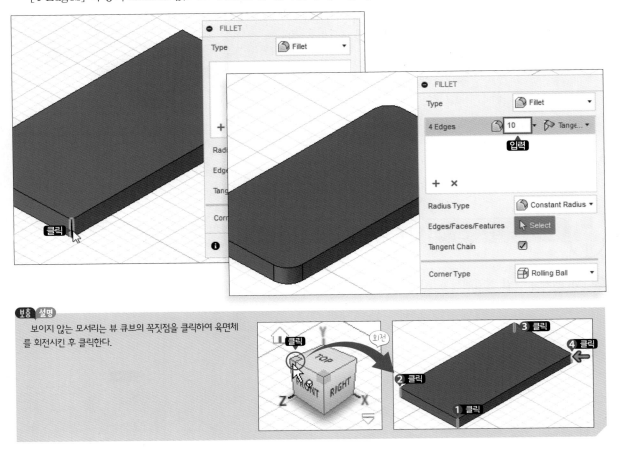

보충 설명

보이지 않는 모서리는 뷰 큐브의 꼭짓점을 클릭하여 육면체를 회전시킨 후 클릭한다.

❹ 케이스의 내부를 비우기 위해 [MODIFY]–[Shell] 메뉴를 선택한다. 육면체의 윗면을 클릭한 후 [SHELL] 옵션 창에서 [Inside Thickness] 속성에 '1.5mm'를 입력하고 [OK] 버튼을 누른다.

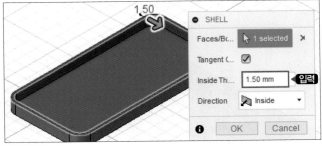

스마트폰 끼울 자리 만들기

❶ 케이스에서 스마트폰이 쉽게 빠지지 않도록 하기 위해 [MODEL] 작업 영역에서 [SKETCH]−[Project/ Include]−[Project] 메뉴를 선택한 후 케이스 테두리의 윗면을 클릭하여 위쪽에 턱을 만든다.

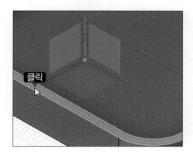

❷ 윗면의 안쪽 모서리 선을 차례로 클릭하여 모두 선택하면 [PROJECT] 옵션 창의 [Geometry] 속성에 '8 se- lected'로 표시된다. [OK] 버튼을 누르면 투영된 선이 빨간색으로 표시된다.

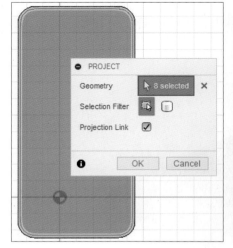

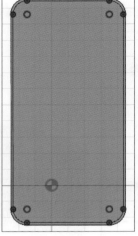

❸ [SKETCH]–[Offset] 메뉴를 선택한 후 Project 작업으로 표시된 투영선(파란색)을 클릭한다. [Offset Position] 속성에 '1.5mm'을 입력한 후 [OK] 버튼을 누른다.

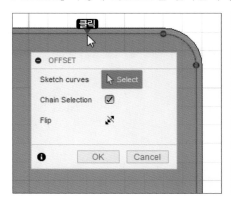 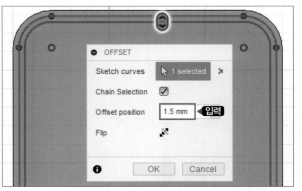

❹ 뷰 큐브의 [홈](⌂)을 누르고 도형이 입체적으로 보이면 [CREATE]–[Extrude] 메뉴를 선택한 후 Offset으로 확장된 면을 클릭한다.

❺ [EXTRUDE] 옵션 창에서 [Distance] 속성에 '–1mm'를 입력한 후 [OK] 버튼을 누른다.

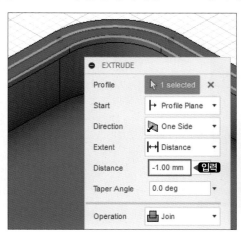 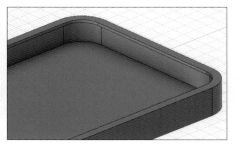

❻ 케이스 안쪽을 스마트폰의 외관에 맞추어 둥글게 만들기 위해 [MODIFY]-[Fillet] 메뉴를 선택한 후 케이스 안쪽 옆면을 클릭한다.

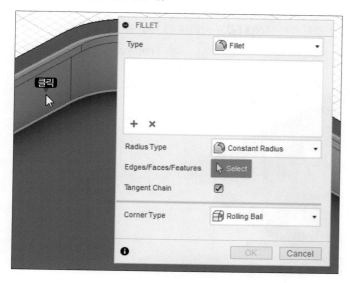

❼ [8Faces] 속성의 Radius 값으로 '3mm'를 입력한 후 [OK] 버튼을 누르면 케이스 내부의 옆면이 스마트폰의 외관에 맞게 반지름이 '3mm'인 곡면으로 바뀐다.

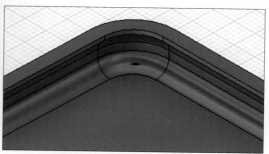

케이스 외관 다듬기

❶ 케이스 외관을 다듬기 위해 [MODEL] 작업 영역에서 [MODIFY]–[Fillet] 메뉴를 선택한 후 케이스 바깥
쪽의 위, 아래 모서리를 차례대로 클릭하여 모두 16개의 모서리(Edges)를 선택한다.

❷ [FILLET] 옵션 창에서 [16 Edges] 속성의 Radius 값으로 '3mm'을 입력한 후 [OK] 버튼을 누르면 위,
아래 모서리의 모깎기가 완성된다.

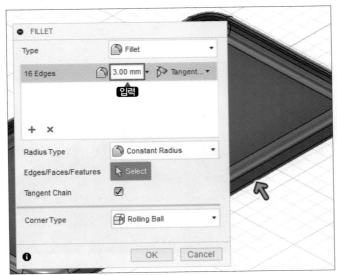

❶ 스마트폰 케이스의 충전, 이어폰 잭, 스피커 부분을 잘라내는 작업을 위해 [SKETCH]-[Line] 메뉴를 선택한 후 아래쪽 면을 클릭한다.

❷ 그림과 같이 사다리꼴 모양의 평면 도형을 작성한다. 처음 클릭했던 지점에서 클릭하여 도형을 완성한다.

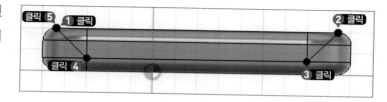

❸ 뷰 큐브의 [홈](⌂)을 누르면 그림과 같이 사다리꼴의 평면 도형이 그려진다.

❹ [CREATE]-[Extrude] 메뉴를 선택한 후 사다리꼴 모양의 도형을 클릭한다.

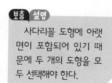

보충 설명

사다리꼴 도형에 아랫면이 포함되어 있기 때문에 두 개의 도형을 모두 선택해야 한다.

❺ [이동 툴]()을 케이스 안쪽 방향으로 적
당한 깊이만큼 드래그한 후 [OK] 버튼을
누르거나 Enter 키를 누른다.

보충 설명
안쪽으로 드래그하면 원래의 도형에서
빨간색 도형이 차지하는 만큼 제거된다.

❻ 모서리를 부드럽게 하기 위해 뷰 큐브의 [FRONT] 위 모서리를 클릭하여 케이스 하단 부분이 정면을 향
하도록 한다. [MODIFY]-[Fillet] 메뉴를 선택한 후 제거된 부분의 모서리를 차례대로 클릭한다.

❼ [FILLET] 옵션 창에서 [2 Edges] 속성의 Radius 값으로 '3mm'을 입력한 후 [OK] 버튼을 누르고 모서
리 부분의 모깎기 작업을 마친다.

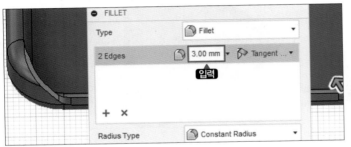

케이스 옆면과 뒷면에 구멍 뚫기

❶ 케이스 옆면에 볼륨 조절 버튼 부분을 뚫기 위해 뷰 큐브의 [LEFT] 부분을 클릭하여 케이스의 옆면이 보이게 하고 [SKETCH]−[Slot]−[Center to Center Slot] 메뉴를 선택한 후 케이스 옆면을 클릭한다.

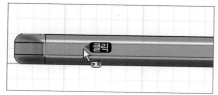

❷ 그림과 같이 두개의 긴 타원을 그린다. 스마트폰마다 구멍의 개수와 위치, 크기 등이 모두 다르므로 직접 측정하여 디자인한다.

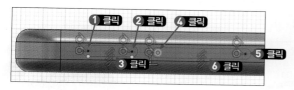

> **보충 설명**
>
> 타원을 그릴 때 스케치 팔레트의 구속 조건 때문에 정확한 위치를 찾을 수 없을 경우 화면을 확대히여 타원을 그린 후 다시 축소하면 된다.

❸ 긴 타원을 그린 후 뷰 큐브의 [LEFT]와 [FRONT] 사이의 위 꼭짓점을 눌러 타원 부분을 입체화하고 [CREATE]−[Extrude] 메뉴를 선택한 후 두 개의 긴 타원을 차례대로 클릭한다. [이동 툴](🔨)을 스마트폰 케이스 안쪽으로 드래그한 후 [OK] 버튼을 누른다.

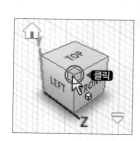
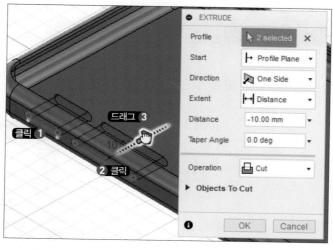

> **보충 설명**
>
> [Operation] 속성이 'Cut'으로 바뀌면서 드래그한 부분이 빨간색으로 변한다.

❹ 구멍의 모서리에 모따기(Chamfer) 작업을 위해 [MODIFY]–[Chamfer] 메뉴를 선택한 후 두 원의 모서리를 차례대로 클릭한다. [CHAMFER] 옵션 창에서 [Distance] 속성에 '1mm'를 입력한 후 [OK] 버튼을 누른다.

❺ 케이스 반대편의 스마트폰 전원 버튼 부분과 뒷면의 카메라 부분도 위와 같은 방법으로 작성하여 케이스 외관을 완성한다.

 케이스 뒷면에 이미지 넣기

❶ 케이스의 뒷면이 마주 보이도록 뷰 큐브의 [BOTTOM] 부분을 클릭한다.

❷ 이미지 전사(인쇄) 작업을 위해 [INSERT]–[Decal] 메뉴를 선택한다. [DECAL] 옵션 창에서 [Select Face] 속성의 'Select'가 활성화되어 있는지 확인하고 케이스의 뒷면을 클릭한 후 [Select Image] 속성의 🖾을 클릭한다.

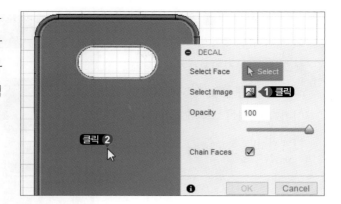

❸ [열기] 창에서 'tulip.jpg' 파일을 선택한 후 [열기] 버튼을 누른다.

❹ 스마트폰 케이스 뒷면에 이미지가 삽입되면 [회전 툴](➚)을 드래그하여 이미지 방향을 바로 잡는다.

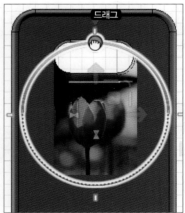

❺ [자유 이동 툴](■)을 드래그하
여 이미지를 케이스의 가운데 부
분으로 이동시키고 [가로·세로
크기 조절 툴](🖐)을 드래그하여
이미지를 케이스의 크기에 맞게
확대한다.

❻ 이미지를 적당하게 조절한 후 [OK] 버튼을 누르고 스마트폰 케이스를 완성한다.

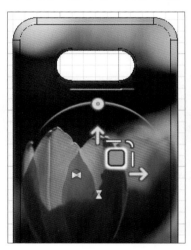

결과 예시

11 등갓 만들기

SKETCH — Line / Sketch Dimension
Fit Point Spline
Center Diameter Circle / Project

MODEL — CREATE — Revolve / Extrude
Circular Pattern

MODIFY — Fillet / Split Body / Shell

CONSTRUCT — Offset Plane

미리 보기

평면 도형 그리기

❶ [MODEL] 작업 영역에서 [SKETCH]–[Line] 메뉴를 선택한 후 XY면(오른쪽 수직면)을 선택한다.

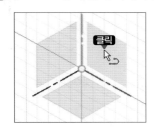

클릭

❷ 그림과 같이 치수에 관계없이 차례대로 직선을 작성한다.

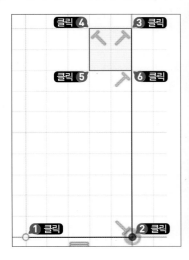

클릭 ❹   ❸ 클릭
클릭 ❺   ❻ 클릭
❶ 클릭   ❷ 클릭

보충 설명

전구 소켓은 그림과 같이 소켓 윗부분의 구멍에 전선을 연결하고 아래쪽에 전구를 끼워 천정에 매다는 형식으로 예전부터 많이 이용되어 왔다. 여기에서는 3D 프린터로 등갓을 출력한 후 소켓의 밑 부분과 등갓의 상단 부분을 나사로 고정하는 방식으로 디자인을 할 것이므로 소켓의 실제 치수를 고려하도록 한다.

❸ [SKETCH]-[Sketch Dimension] 메뉴를 선택한 후 그림과 같이 각 부분의 치수를 입력한다.

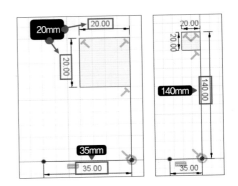

❹ [SKETCH]-[Spline]-[Fit Point Spline] 메뉴를 선택한다. 밑바닥의 직선 끝부분을 클릭한 후 중간 지점에서 다시 한 번 클릭하고 마지막으로 사각형의 왼쪽 아래 꼭짓점에서 더블 클릭하여 곡선을 작성한다.

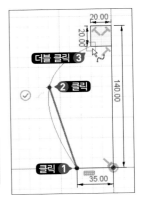

보충 설명
중간 지점의 점의 위치는 등갓의 외형을 결정하는 지점이므로 신중하게 정한다.

❺ Esc 키를 누르고 Spline(곡선) 작업을 마친 후 까만색 점이나 연두색 점을 드래그하여 등갓의 단면 곡선의 기울기를 변경한다.

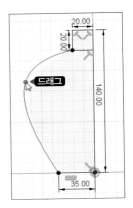

❻ [SKETCH]-[Trim] 메뉴를 선택한 후 사각형 밑변 부분을 클릭하여 불필요한 선을 제거한다.

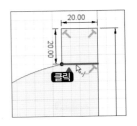

❼ [MODIFY]-[Fillet] 메뉴를 선택한 후 곡선과 직선이 만
나는 지점을 클릭하고 Radius 값으로 '10mm'를 입력한
후 Enter 키를 누른다.

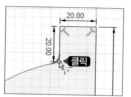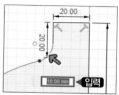

❽ 등갓을 만들기 위한 평면 도형이 완성된다.

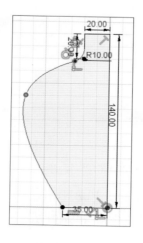

회전 입체 도형 그리기

❶ [MODEL] 작업 영역에서 [CREATE]-[Revolve] 메뉴를 선택한다. [REVOLVE] 옵션 창에서 [Profile]
속성의 'Select'가 활성화되어 있는지 확인하고 등갓의 평면을 클릭한 후 [Axis] 속성의 'Select'를 선택하
고 Y축(등갓의 중심축)을 클릭한다.

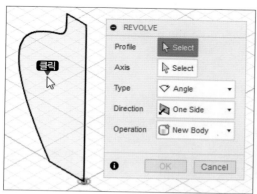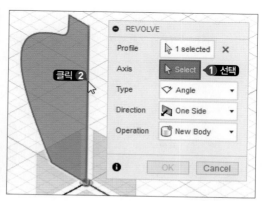

❷ [OK] 버튼을 누르면 360° 회전된 입체 도형이 완
성된다.

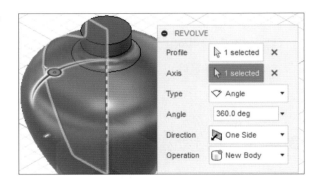

등갓 윗부분 분리하기

❶ [MODEL] 작업 영역에서 [CONSTRUCT]-[Offset
Plane] 메뉴를 선택한 후 [OFFSET PLANE] 옵
션 창에서 [Plane] 속성의 'Select'가 활성화되어 있
는지 확인하고 등갓의 윗면(원 부분)을 클릭한다.
[Distance] 속성에 '-25mm'을 입력하고 [OK] 버
튼을 누른다.

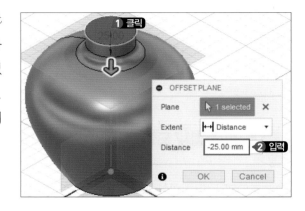

❷ 등갓의 윗부분과 아래 부분을 분리하기 위해 [MODIFY]-[Split Body] 메뉴를 선택한 후 [SPLIT
BODY] 옵션 창에서 [Body to Split] 속성의 'Select'가 활성화되어 있는지 확인하고 등갓의 몸체를 클릭
한다. 다시 [Splitting Tool] 속성의 'Select'를 선택한 후 새로운 기준면을 클릭한다.

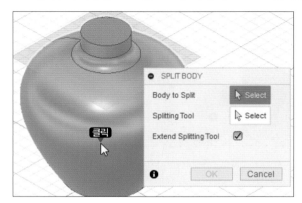 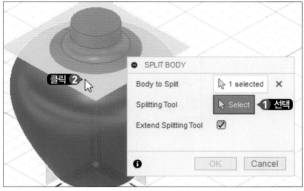

❸ 분리될 부분에 빨간 원이 표시되면 [OK] 버튼을 클릭한다. [BROWSER] 창에서 [Bodies]의 ▷을 누르면
등갓의 몸체가 두 개(Body1, Body2)로 분리된 것을 확인할 수 있다.

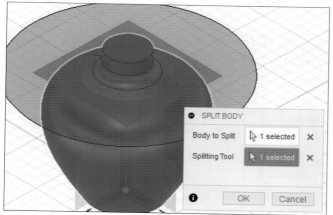
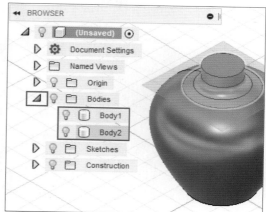

❹ [BROWSER] 창에서 [Bodies]-[Body1]의 💡을
클릭하여 💡와 같이 비활성화하면 등갓의 몸체 부
분이 화면에서 사라진다.

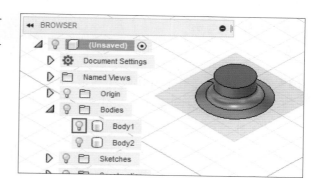

 상단 부분에 구멍 뚫기

❶ [MODEL] 작업 영역에서 [SKETCH]-[Circle]-[Center Diameter Circle] 메뉴를 선택한 후 도형의 윗
면(원 부분)을 클릭하고 원점을 중심으로 지름이 '34mm'인 원을 그린다.

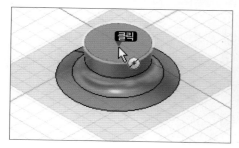
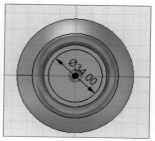

> 보충 설명
> 원의 크기는 소켓의 전구 끼우는 부분의 직경
> (33mm)보다 1mm 큰 크기이다.

❷ [CREATE]–[Extrude] 메뉴를 선택한 후 앞에서 작성한 원의 안쪽 부분을 클릭하고 빨간색 원통 부분 (Cut)이 몸체 밖으로 충분히 내려갈 때까지 [수직 이동 툴](⬇)을 아래쪽으로 드래그하여 [OK] 버튼을 누르면 전구 소켓이 들어갈 자리에 구멍이 만들어진다.

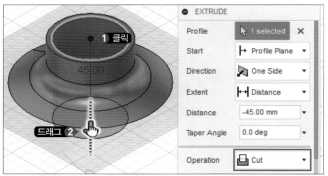 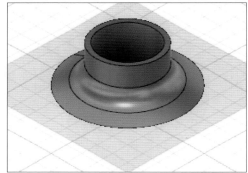

속 비우기

❶ 등갓의 속을 비우기 위해 [BROWSER] 창에서 [Bodies]–[Body1]의 💡을 클릭하여 💡와 같이 활성화하고 [Body2]는 💡을 클릭하여 💡와 같이 비활성화한다.

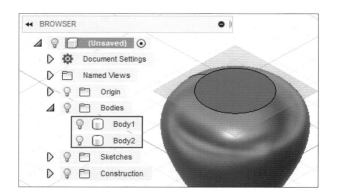

❷ [MODIFY]–[Shell] 메뉴를 선택한 후 윗면(원)을 클릭한다.

❸ 뷰 큐브의 [FRONT]와 [RIGHT] 사이의 아래쪽 꼭짓점 부분을 클릭하여 도형의 밑면이 보이게 한 후 밑면을 클릭한다.

[SHELL] 옵션 창에서 [Faces/Body] 속성에 '2selected'라고 표시된다.

❹ [Inside Thickness] 속성에 '2mm'를 입력한 후 [OK] 버튼을 누른다.

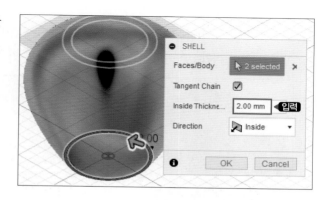

 몸체를 두 개로 나누기

❶ [MODEL] 작업 영역에서 [CONSTRUCT]–[Offset Plane] 메뉴를 선택한 후 밑면을 클릭하고 [Distance] 속성에 '–8mm'을 입력한 후 [OK] 버튼을 누른다.

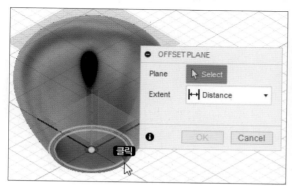 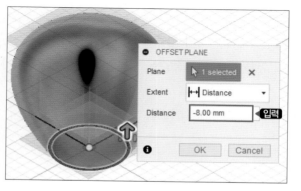

❷ [MODIFY]–[Split Body] 메뉴를 선택한 후 몸체를 클릭하고 [SPLIT BODY] 옵션 창에서 [Splitting Tool] 속성의 'Select'를 선택하고 새로 생성된 기준면을 클릭한다.

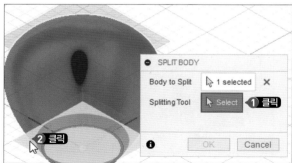

❸ 분리될 면(빨간색)이 나타나면 [OK] 버튼을 누른다. [BROWSER] 창에 [Body3]가 추가되면 💡을 클릭하여 💡와 같이 비활성화하고 [Body1]만 활성화하면 가운데 몸통만 남는다.

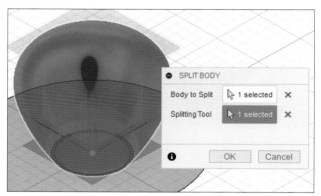

 평면으로 투영시켜 빗금 그리기

❶ [MODEL] 작업 영역에서 [SKETCH]–[Project/Include]–[Project] 메뉴를 선택한 후 XY면(오른쪽 수직면)을 선택한다.

보충 설명
입체 도형이 평면으로 투영된다.

❷ [PROJECT] 옵션 창에서 [Geometry] 속성의 'Select'가 활성화되어 있는지 확인하고 등갓의 몸체 부분을 클릭한다. [Selection Filter] 속성의 [Bodies](▣)를 선택한 후 [OK] 버튼을 누르고 도형의 바깥 부분을 클릭하면 등갓의 테두리에 빨간색 투영선이 표시된다.

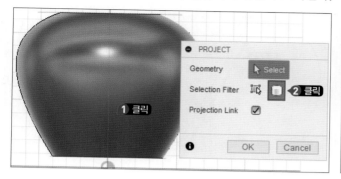 

❸ [BROWSER] 창에서 [Bodies]−[Body1]의 💡을 클릭하여 💡와 같이 비활성화하면 투영된 선만 남는다.

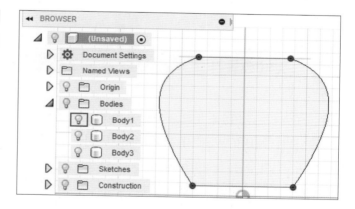

❹ [SKETCH]−[Line] 메뉴를 선택한 후 그림과 같이 대각선 방향으로 위치와 간격, 평행 여부에 관계없이 두 개의 직선을 그린다. [SKETCH PALLETTE]에서 [Parallel](▨)을 선택한 후 두 직선을 차례대로 클릭하여 평행이 되도록 한다.

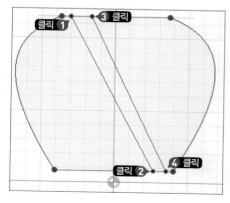 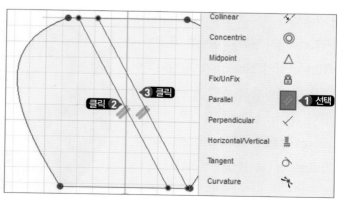

❺ [SKETCH]–[Sketch Dimension] 메뉴를 선택한 후 두 직선의 간격을 '6mm'로 설정하고 선을 드래그 하여 위치를 조정한다.

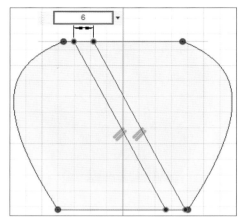 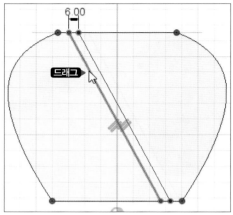

빗살 만들기

❶ 뷰 큐브의 [홈](⌂)을 누르고 도형이 입체적으로 보이면 [BROWSER] 창에서 [Bodies]– [Body1]의 💡을 클릭하여 💡와 같이 활성화한다.

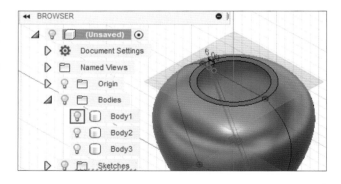

❷ [MODEL] 작업 영역에서 [CREATE] –[Extrude] 메뉴를 선택한 후 [Pro- file] 속성의 'Select'가 활성화되어 있는지 확인하고 빗금 부분을 클릭한다. [Direction] 속성은 'Sym- metric'(대칭), [Operation] 속성은 'Intersect'(교집합)로 설정한다.

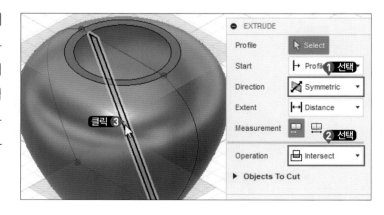

❸ 도형의 바깥으로 나가도록 [이
동 툴](🔧)을 왼쪽 또는 오른쪽
으로 충분히 드래그한 후 [OK]
버튼을 누른다.

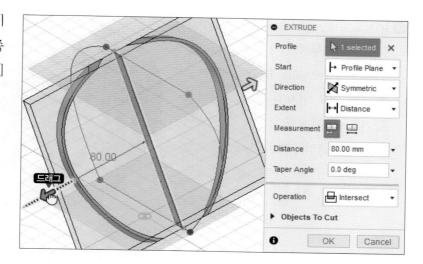

 빗살을 원형 패턴으로 복제하기

❶ 빗살 부분을 원형으로 복제하기 위해 [MODEL]
작업 영역에서 [CREATE]–[Pattern]–[Cir-
cular Pattern] 메뉴를 선택한 후 [Pattern
Type] 속성의 'Bodies'를 선택하고 왼쪽 빗살
부분을 클릭한다.

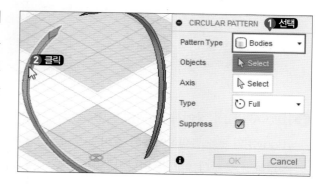

❷ [Axis]의 'Select'를 선택한 후 회전의 기준이 되는 Y축을 클릭하고 [Quantity] 속성에 '20'을 입력한 후
[OK] 버튼을 누른다.

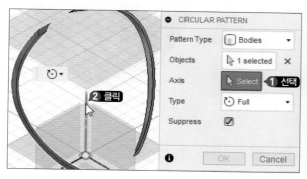

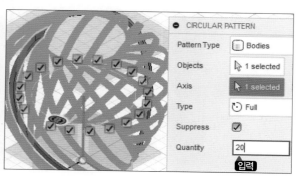

❸ [CREATE]-[Pattern]-[Circular
Pattern] 메뉴를 선택한 후 [Pattern
Type] 속성에서 'Bodies'를 선택하고
오른쪽 위로 경사진 빗살을 클릭한
다. [Axis] 속성의 'Select'를 선택한
후 Y축을 클릭하고 [Quantity] 속성
에 '20'을 입력한 다음 [OK] 버튼을
누른다.

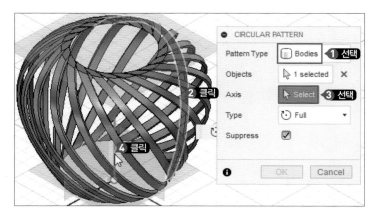

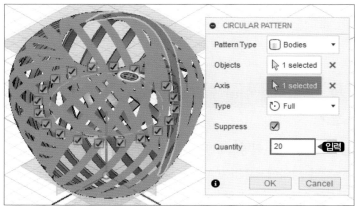

❹ [BROWSER] 창에서 [Body1], [Body2],
[Body3]의 💡을 클릭하여 💡와 같이 모두 활
성화하면 등갓의 머리와 바닥 부분이 연결
된다.

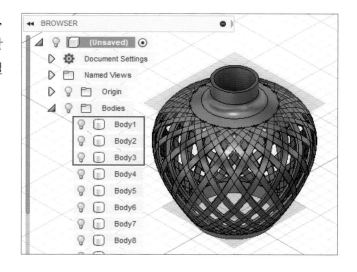

❺ [BROWSER] 창에서 [Construction]의 💡을 클릭하여 💡와 같이 비활성화하면 기준면이 보이지 않는다.

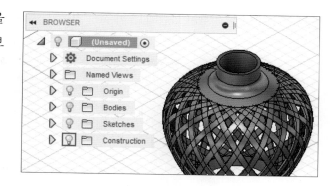

❻ 화면 표시 설정 바의 [Display Settings](📺)을 누르고 [Visual Style]–[Shaded] 메뉴를 선택하여 모서리 선이 보이지 않도록 한다.

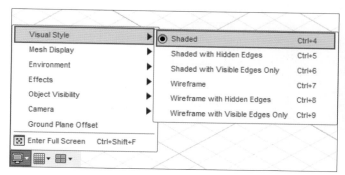

 ## 전구 소켓에 나사 구멍 내기

❶ 뷰 큐브의 [FRONT] 부분을 클릭하여 정면을 향하도록 한다. [MODEL] 작업 영역에서 [CREATE]–[Hole] 메뉴를 선택하고 전구 소켓 부분을 클릭한다.

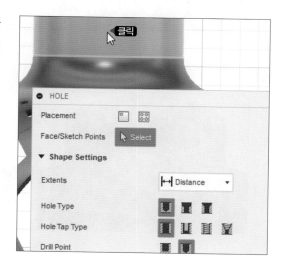

❷ [HOLE] 옵션 창에서 다음과 같이 속성 값을 선택하거나 입력한 후 [OK] 버튼을 누른다.

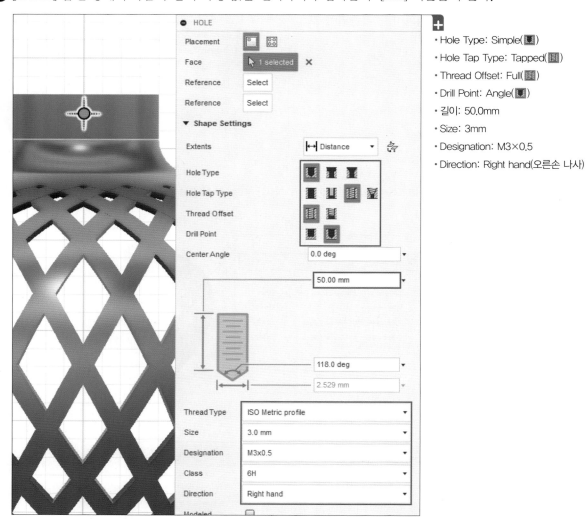

- Hole Type: Simple(🔳)
- Hole Tap Type: Tapped(🔳)
- Thread Offset: Full(🔳)
- Drill Point: Angle(🔳)
- 길이: 50.0mm
- Size: 3mm
- Designation: M3×0.5
- Direction: Right hand(오른손 나사)

❸ 등갓의 머리 부분을 확대하여 약간 돌려보면 그림과 같이 나사 구멍을 확인할 수 있다.

> **보충 설명**
> 이 구멍에 M3(직경 3mm) 나사를 끼워서 소켓에서 빠지지 않도록 고정하면 된다.

빗살의 개수 수정하기

❶ 타임라인(Timeline)에서 원형 패턴(Circular Pattern)(⊕) 작업을 한 것 중 오른쪽 원형 패턴을 마우스 오른쪽 버튼으로 클릭한 후 바로 가기 메뉴에서 [Edit Feature]를 선택한다. [EDIT FEATURE] 옵션 창이 나타나면 한쪽 방향의 빗살을 클릭한 후 [Quantity] 속성에 '25'를 입력하고 [OK] 버튼을 누른다.

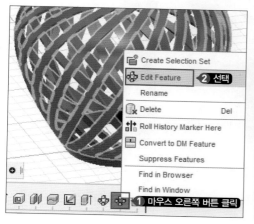

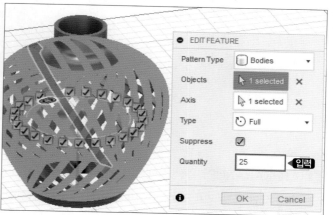

❷ 같은 방법으로 타임라인의 왼쪽 원형 패턴의 [EDIT FEATURE] 옵션 창에서 반대쪽 빗살을 선택한 후 [Quantity] 속성에 '25'를 입력하고 [OK] 버튼을 누른다.

보충 설명

⬡ Quantity: 20 ⬡ Quantity: 25

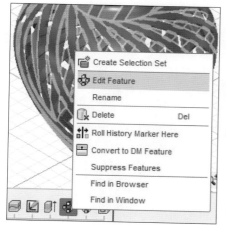

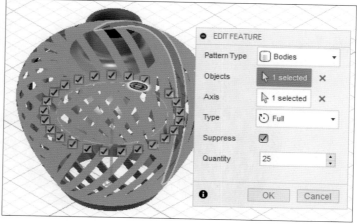

❸ 등갓이 완성되면 [MODIFY]–
[Appearance] 메뉴를 선택한
후 등갓의 왼쪽 위에서 오른쪽
아래까지 드래그하여 모든 부
품을 선택한다.

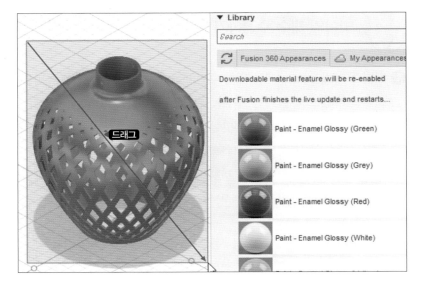

❹ [APPEARANCE] 옵션 창에서 [Library] 속성의 [Paint]–[Glossy]–[Paint–Enamel Glossy(Red)](🔴)
를 등갓의 몸체 위로 드래그하면 등갓의 색상을 변경할 수 있다.

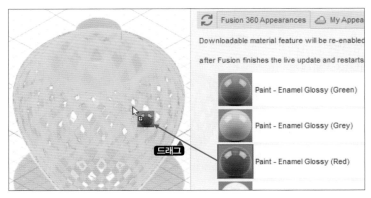
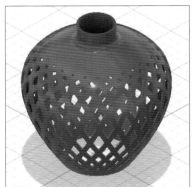

결과예시

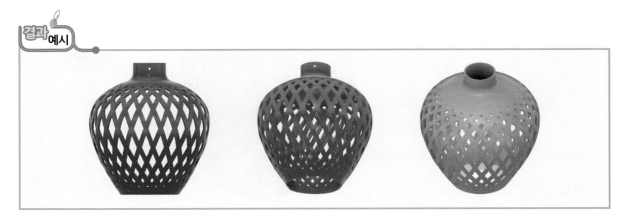

프로젝트 활용

12 깔때기 만들기

PATCH
- SKETCH Center Diameter Circle
- CREATE Loft / Thicken / Extrude
- MODIFY Fillet
- CONSTRUCT Offset Plane

PATCH 작업 영역에서 원 그리기

❶ [MODEL]을 클릭한 후 [PATCH] 메
뉴를 선택하여 [PATCH] 작업 영역
으로 변경한다.

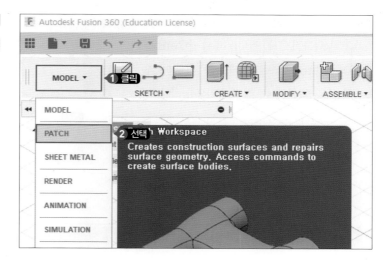

❷ [PATCH] 작업 영역에서 [SKETCH]-[Circle]-
[Center Diameter Circle] 메뉴를 선택한 후 XY면
(오른쪽 수직면)을 선택하고 좌표의 원점을 중심으로
직경이 '18mm'인 원을 작성한다.

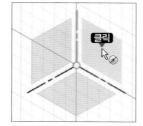

❸ 메뉴 바의 [STOP SKETCH]()를 누른 후 [CON-STRUCT]–[Offset Plane] 메뉴를 선택하고 원의 안쪽 부분을 클릭한다.

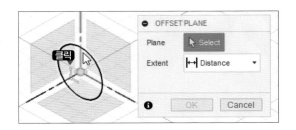

❹ [OFFSET PLANE] 옵션 창에서 [Distance] 속성에 '45mm'를 입력한 후 [OK] 버튼을 누른다.

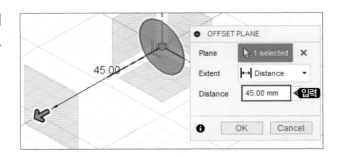

❺ 새로운 기준면(Offset면)을 클릭하고 [SKETCH]–[Circle]–[Center Diameter Circle] 메뉴를 선택한 후 중심을 기준으로 직경이 '12mm'인 원을 그린다.

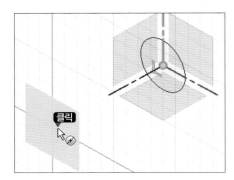
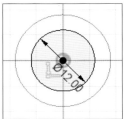

깔때기 만들고 다듬기

❶ 메뉴 바의 [STOP SKETCH]()를 누르고 [CREATE]–[Extrude] 메뉴를 선택한 후 큰 원의 테두리를 클릭한다.

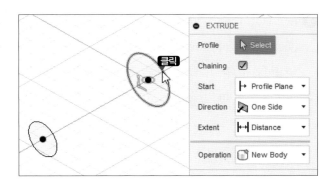

❷ [Distance] 속성에 '-40mm'를 입력하여 위쪽으로 '40mm' 만큼 원통을 늘이고 [Taper Angle] 속성에 '35'를 입력한 후 [OK] 버튼을 누른다.

❸ [PATCH] 작업 영역에서 [CREATE]-[Loft] 메뉴를 선택한 후 깔때기의 중간 원과 작은 원의 테두리를 차례대로 클릭한다. 두 개의 프로파일(원)이 연결되면 [OK] 버튼을 누른다.

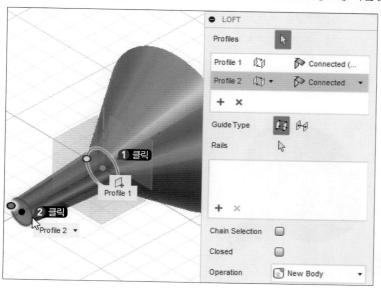

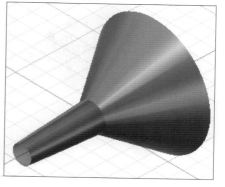

❹ 깔때기의 두께를 지정하기 위해 [PATCH] 작업 영역에서 [CREATE]−[Thicken] 메뉴를 선택한 후 그림과 같이 깔때기의 두 곳을 차례대로 클릭한다. [THICKEN] 옵션 창에서 [Thickness] 속성에 '−1.5mm'를 입력하고 [OK] 버튼을 누른다.

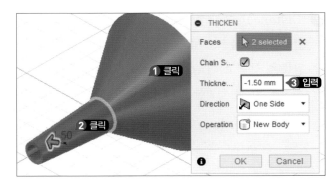

❺ [MODIFY]−[Fillet] 메뉴를 선택한 후 깔때기 아래 부분의 바깥쪽과 안쪽 원의 테두리를 차례대로 클릭한다. [2 Edges] 속성의 Radius 값으로 '1mm'를 입력한 후 [OK] 버튼을 누르고 깔때기를 완성한다.

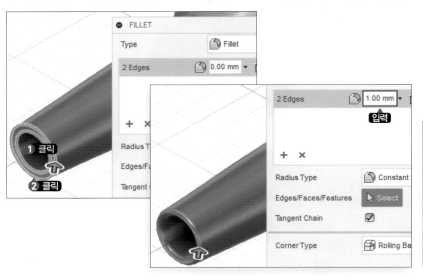

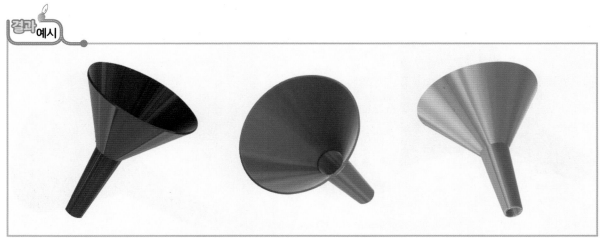

13 가면무도회 마스크 만들기

- SKETCH — Fit Point Spline / Line
- CREATE — Loft / Exclude / Thicken / Mirror
- PATCH — MODIFY — Trim
- INSERT — Attached Canvas
- CONSTRUCT — Offset Plane

미리 보기

마스크 이미지 불러오기

❶ [MODEL]을 클릭한 후 [PATCH] 메뉴를 선택하여 [PATCH] 작업 영역으로 변경한다.

❷ [PATCH] 작업 영역에서 [INSERT]–[Attached Canvas] 메뉴를 선택한 후 XY면(오른쪽 수직면)을 선택하고 [Select Image] 속성의 🖼을 클릭한다.

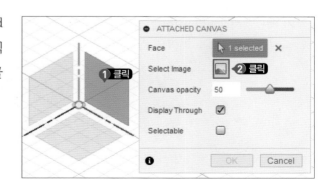

❸ [열기] 창에서 'mask.jpg' 파일을 선택한 후 [열기] 버튼을 누른다.

❹ 이미지가 XY면(오른쪽 수직면)에 평행하게 배치되면 [OK] 버튼을 누르고 뷰 큐브의 [FRONT]를 클릭하여 이미지가 정면을 향하도록 한다.

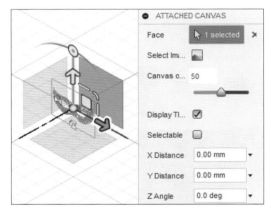

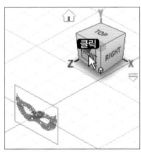

보충 설명
삽입한 이미지의 정확한 크기는 [Calibrate] 메뉴를 이용하여 지정한다.

❺ [BROWSER] 창에서 [Canvases]의 ▷을 클릭한 후 [mask]를 마우스 오른쪽 버튼으로 클릭하고 바로 가기 메뉴에서 [Calibrate]를 선택한다.

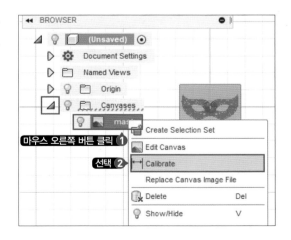

❻ 마스크의 왼쪽 눈의 중심과 오른쪽 눈의 중심을 차례대로 클릭한 후 치수 입력란에 '65mm'를 입력하고
Enter 키를 누른다.

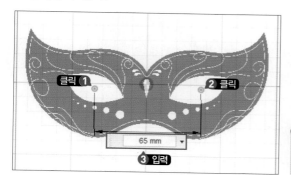

보충 설명
치수를 입력하면 이미지가 실제 크기로 확대되므로 작업이 용이하
도록 이미지 크기를 조절한다.

 마스크의 외곽선 따라 곡선/직선 그리기

❶ [PATCH] 작업 영역에서 [SKETCH]–[Spline]–[Fit Point Spline] 메뉴를 선택한 후 XY면(정면)을 선
택한다.

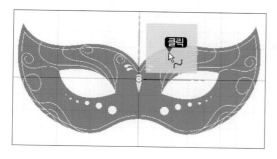

❷ 마스크의 가운데 지점부터 외곽선을 따라 곡선을 작성하면서 마스
크 윗부분의 마지막 꼭짓점에서 더블 클릭하여 마스크 상단의 곡
선을 작성한다.

보충 설명
스냅 기능이 활성화되어 있는 경우 마우스 포인
터를 제어하기가 어려우므로 Ctrl 키를 누르면서
마우스를 이동(스냅 비활성화)하는 것이 좋다.

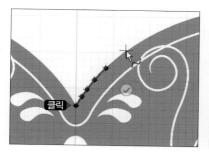

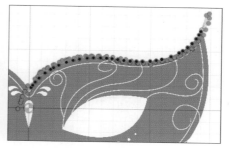

❸ 앞의 선긋기에서 마지막으로 더블 클릭한 부분을 다시 클릭하여 마스크의 아래 부분 모서리를 따라 클릭하고 가운데 지점에서 더블 클릭하여 선긋기 작업을 마무리한다.

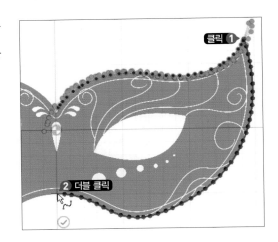

❹ 위와 같은 방법으로 눈의 시작점과 끝점을 확인하고 곡선을 작성하여 눈 테두리의 곡선 부분을 완성한다.

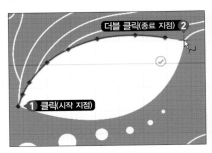 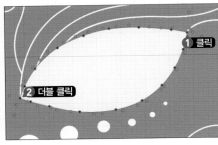

> **보충 설명**
> 곡선과 직선 작업이 완료된 후 폐곡선(도형)의 안쪽 부분의 색이 옅은 주황색으로 변하지 않으면 곡선 또는 직선의 연결 부위를 확대하여 점과 점이 정확히 일치하는지 확인하고 수정한다.

❺ [SKETCH]-[Line] 메뉴를 선택한 후 마스크의 가운데 부분(Y축 선상)에 직선을 그린다.

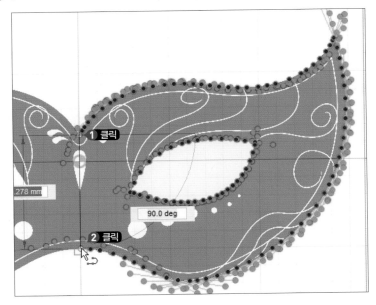

> **보충 설명**
> 직선이 정확하게 Y축 위에 위치하지 않을 경우 Mirror 기능을 이용한 복제 시 마스크의 중앙 부분이 분리될 수 있으므로 주의한다.

새로운 기준면 만들기

1 [BROWSER] 창에서 [Origin]의 💡을 클릭하여 💡와 같이 활성화하면 이미지 중간 부분에 기존의 기준면이 나타난다.

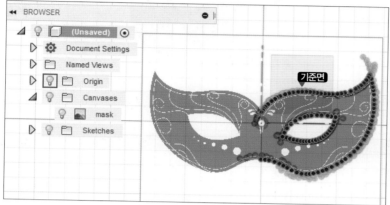

> **보충 설명**
> 새로운 기준면을 만들기 위해 기존의 기준면을 나타내는 작업이다.

2 뷰 큐브의 [홈](⌂)을 누르고 도형이 입체적으로 보이면 [CONSTRUCT]–[Offset Plane] 메뉴를 선택한 후 XZ면(바닥면)을 선택한다.

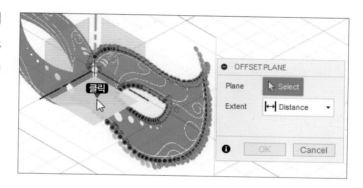

3 [Distance] 속성에 '40mm'를 입력한 후 [OK] 버튼을 누르고 위쪽에 새로운 기준면을 작성한다.

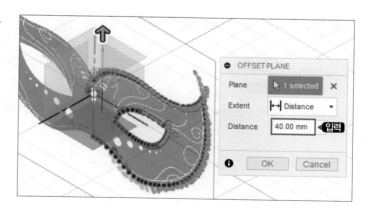

❹ 다시 [PATCH] 작업 영역에서 [CON-
STRUCT]–[Offset Plane] 메뉴를 선
택한 후 XZ면(바닥면)을 선택한다.
[Distance] 속성에 '–35mm'을 입력한
후 [OK] 버튼을 누르고 아래쪽에 새 기
준면을 작성한다.

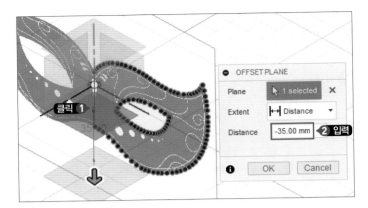

새로운 기준면에 곡선 그리기

❶ 세 개의 기준면에 각각 곡선을 작성하기 위해 [PATCH] 작업
영역에서 [SKETCH]–[Spline]–[Fit Point Spline] 메뉴를
선택한 후 가장 위쪽 XZ면(수평면)을 선택한다.

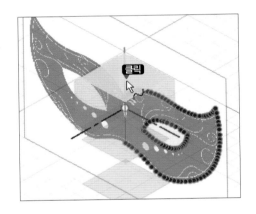

❷ 원점의 윗부분의 적당한 위치에서 클릭한 후 그림과 같이 오른쪽으로 이동하면서 마스크 단면의 휘어진
모양대로 선을 그리고 마지막 지점에서 더블 클릭하여 곡선을 완성한다.

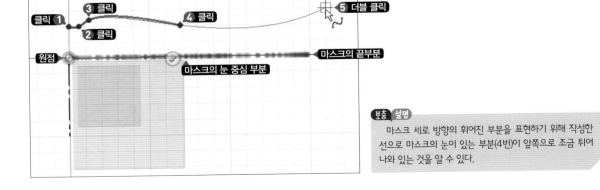

보충 설명
　마스크 세로 방향의 휘어진 부분을 표현하기 위해 작성한
선으로 마스크의 눈이 있는 부분(4번)이 앞쪽으로 조금 튀어
나와 있는 것을 알 수 있다.

❸ 메뉴 바의 [STOP SKETCH](▨)를 누르고 화면이
입체 상태가 되면 [SKETCH]-[Spline]-[Fit Point
Spline] 메뉴를 선택한 후 가운데 XZ면(바닥면)을
선택한다.

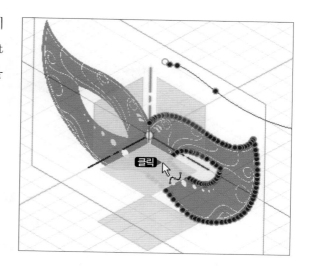

❹ 그림과 같이 두 번째 곡선을 작성
한다.

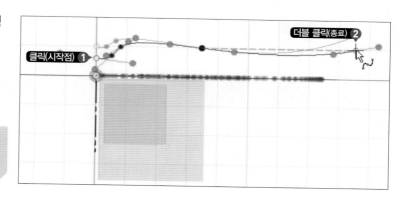

보충 설명
마스크의 코를 덮는 부분이 앞쪽으로 돌출
되어야 하므로 시작 지점이 먼저 작성한 곡선
의 시작 지점보다 아래쪽에 위치한다.

❺ 다시 뷰 큐브의 [홈](⌂)을 누르고 [SKETCH]-
[Spline]-[Fit Point Spline] 메뉴를 선택한 후
가장 아래쪽 XZ면(수평면)을 선택한다.

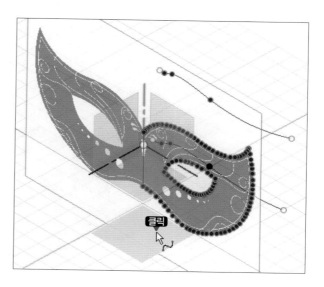

❻ 그림과 같이 마지막 곡선을 작성하면 세 개의 곡선이 완성된다.

더블 클릭 ❷

클릭(시작점) ❶

위
중간
아래

위
중간
아래

보충 설명
곡선의 기울기나 모양, 중간 지점은 개인의 취향에 따라 조절한다.

마스크 형상 만들기

❶ 뷰 큐브의 [홈](⌂)을 누르고 도형이 입체적으로 보이면 [PATCH] 작업 영역에서 [CREATE]−[Loft] 메뉴를 선택한 후 세 개의 곡선을 차례대로 클릭한다. 곡선이 연결되면서 하나의 면으로 변경되면 [OK] 버튼을 누른다.

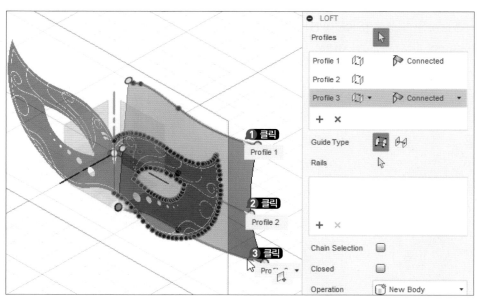

❷ [BROWSER] 창에서 [Canvases]의 💡을 클릭
하여 💡와 같이 비활성화하면 마스크 이미지는
사라지고 곡면만 남는다.

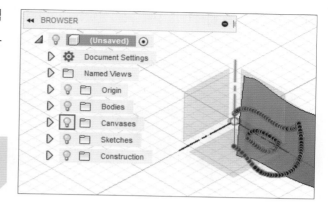

보충 설명
마스크 이미지를 그대로 따라 그렸으
므로 원본을 보이지 않게 하면 작업을
쉽게 할 수 있다.

❸ [PATCH] 작업 영역에서 [CREATE]–[Exclude] 메뉴를 선택한 후 마스크의 테두리 선을 차례대로 클릭
하고 [이동 툴](↗)을 뒤쪽으로 드래그하여 면을 통과시킨 다음 [OK] 버튼을 누른다.

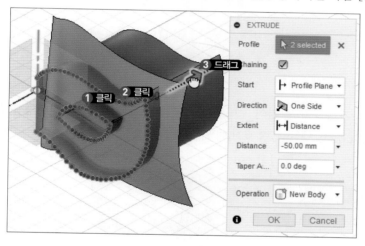

❹ [MODIFY]–[Trim] 메뉴를 선택한 후 마스크의 가장자리(파란색 부분)와 세로 면(빨간색 부분)을 차례대
로 클릭한다. [OK] 버튼을 누르면 나중에 선택한 빨간색 부분의 세로 면만 제거된다.

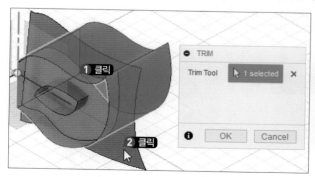

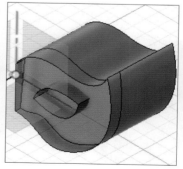

보충 설명
먼저 선택한 부
분은 파란색, 나
중에 선택한 부
분은 빨간색으로
변하며 나중에 선
택한 부분이 제거
되는 부분이다.

❺ 다시 [MODIFY]–[Trim] 메뉴를 선택한 후 마스크 부분(파란색)을 클릭한다. 마스크를 둘러싸고 있는 두 부분(빨간색)을 차례대로 클릭한 후 [OK] 버튼을 누르면 안쪽의 두 부분만 남게 된다.

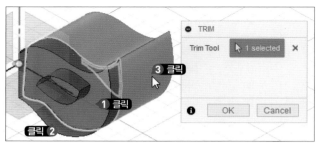 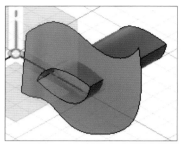

❻ [MODIFY]–[Trim] 메뉴를 선택한 후 마스크의 눈 부분을 감싸고 있는 원통의 표면을 클릭하면 그림과 같이 파란색으로 변한다.

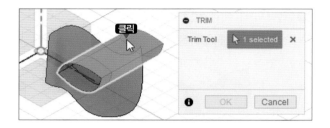

❼ 뷰 큐브나 마우스를 이용하여 원통에 가려진 눈 부분이 보이도록 각도를 조정한다. 눈 부분이 정상적으로 보이면 그 부분을 클릭한 후 [OK] 버튼을 누르고 눈 부분을 제거한다.

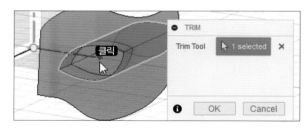 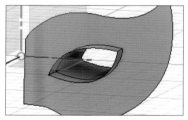

❽ [MODIFY]–[Trim] 메뉴를 선택한 후 마스크 부분을 먼저 클릭하고 원통 표면의 두 곳을 차례대로 클릭한다. 나중에 클릭한 두 곳의 색이 빨간색으로 변하면 [OK] 버튼을 누르고 마스크 부분만 남긴다.

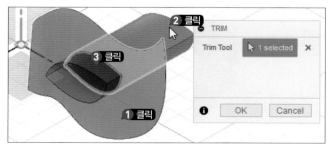 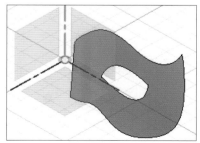

❶ [PATCH] 작업 영역에서 [CREATE]–[Thicken] 메뉴를 선택한다. 마스크 부분을 클릭한 후 [Thick-ness] 속성에 '3mm'을 입력하고 [OK] 버튼을 누른다.

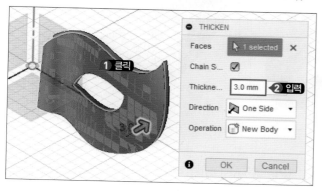

❷ [CREATE]–[Mirror] 메뉴를 선택한 후 [MIRROR] 옵션 창에서 [Pattern Type] 속성을 'Bodies'로 설정한다. [Objects] 속성의 'Select'가 활성화되어 있는지 확인하고 마스크를 클릭한다.

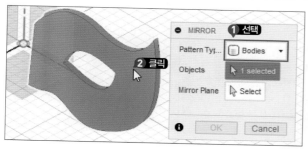

❸ [Mirror Plane] 속성의 'Select'를 선택하고 대칭의 중간 지점인 YZ면(왼쪽 수직면) 선택한다. 대칭으로 복제되면 [OK] 버튼을 누른다.

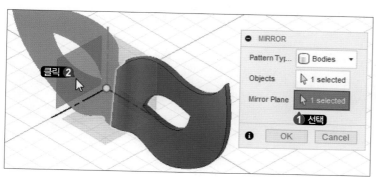

❹ [BROWSER] 창에서 [Origin]과 [Construction]의 💡을 클릭하여 💡와 같이 비활성화하면 마스크 앞쪽의 기준면이 사라지고 마스크가 완성된다.

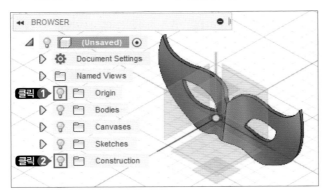

❺ [MODIFY]-[Appearance] 메뉴를 선택한 후 [APPEARANCE] 옵션 창에서 [Library] 속성의 [Paint]-[Glossy]-[Paint-Enamel Glossy(Yellow)](⬤)를 마스크의 왼쪽과 오른쪽에 차례대로 드래그하면 마스크의 색상을 변경할 수 있다.

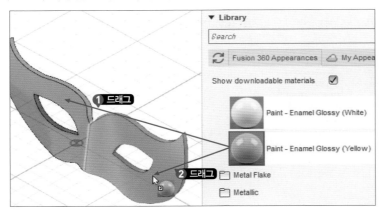

결과예시

14 머그컵 만들기

MODEL ┬ CREATE Line / Sketch Dimension
     │   Create Form / Revolve
     └ MODIFY Fillet / Combine

PATCH ┬ CREATE Exclude / Thicken
     └ MODIFY Stitch

SCULPT ─ CREATE Cylinder

미리보기

머그컵 몸체 만들기

❶ [MODEL] 작업 영역에서 [SKETCH]−[Line] 메뉴를 선택한 후 XY면(오른쪽 수직면)을 선택하고 치수와 관계없이 원점을 중심으로 그림과 같이 평면 도형을 작성한다.

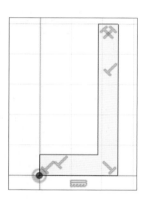

클릭

❷ [SKETCH]−[Sketch Dimension] 메뉴를 선택한 후 각 부분의 치수를 지정한다.

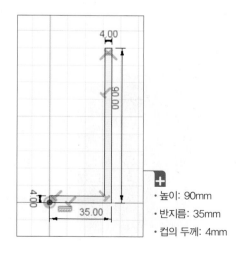

4.00

90.00

4.00

35.00

+

· 높이: 90mm
· 반지름: 35mm
· 컵의 두께: 4mm

❸ [CREATE]–[Revolve] 메뉴를 선택한 후 [Profile] 속성의 'Select'가 활성화되어 있는지 확인하고 컵의
단면을 클릭한다. [Axis] 속성의 'Select'를 선택한 후 Y축을 클릭하고 [OK] 버튼을 누르면 원형의 컵이
완성된다.

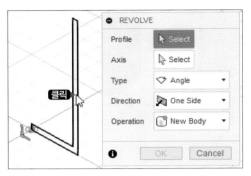
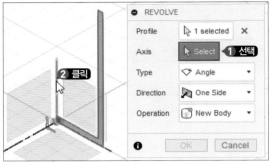

❹ [MODIFY]–[Fillet] 메뉴를 선택한 후 컵
의 밑바닥 모서리를 클릭하고 [FILLET]
옵션 창에서 [1 Edge] 속성의 Radius 값
으로 '5mm'를 입력한 후 [OK] 버튼을 누
른다.

❺ 다시 [MODIFY]–[Fillet] 메뉴를 선택한 후 컵의 위쪽 두 원(안쪽 원과 바깥쪽 원)을 차례대로 클릭한다.
[2 Edges] 속성의 Radius 값으로 '2mm'를 입력한 후 [OK] 버튼을 누른다.

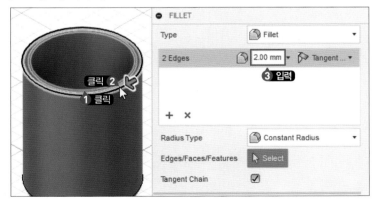

손잡이 기본 형상 만들기

❶ [MODEL] 작업 영역에서 [CREATE]–[Create Form] 메뉴를 선택하거나 [Create Form](🔳)을 선택하고 [SCULPT] 작업 영역으로 변경한다.

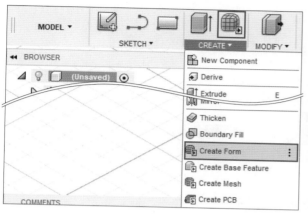

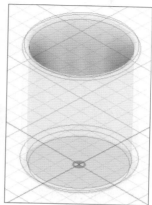

> **보충 설명**
>
> [SCULPT] 작업 영역에서는 [MODEL] 작업 영역에서 작성한 도형을 수정할 수 없는 상태가 된다.

❷ 뷰 큐브의 [TOP]을 클릭하고 [SCULPT] 작업 영역에서 [CREATE]–[Cylinder] 메뉴를 선택한 후 XZ면(바닥면)을 선택한다.

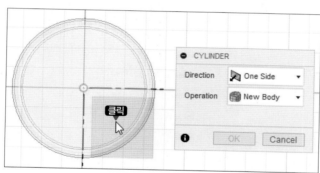

❸ 컵의 오른쪽 부분에 지름이 '12mm'인 원을 작성한 후 [OK] 버튼을 누른다.

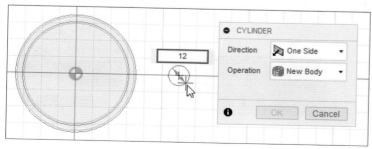

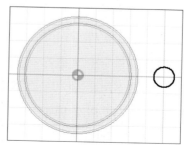

❹ 뷰 큐브에서 [TOP] 아래쪽의 △([FRONT] 부분)을 클릭한 후 원기둥(Cylinder)의 왼쪽 위에서 오른쪽 아래로 드래그하여 모두 선택한다. 마우스 오른쪽 버튼을 누른 후 마킹 메뉴에서 [Move/Copy]를 선택한다.

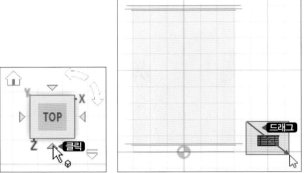 

❺ [자유 이동 툴](■)을 드래그하여 위쪽으로 원기둥 도형을 이동시킨다.

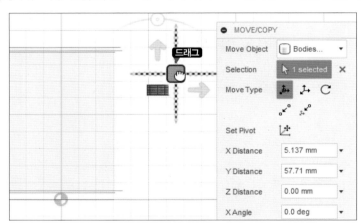 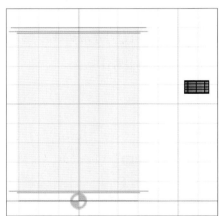

 손잡이 형상 편집하기

❶ 원기둥의 맨 밑의 모서리(Edge) 선을 더블 클릭하여 그 줄에 속한 모서리를 모두 선택한 후 마우스 오른쪽 버튼을 누르고 마킹 메뉴에서 [Edit Form]을 선택한다.

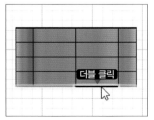 

❷ [EDIT FORM] 옵션 창이 나타나면 Alt 키를 누른 채 [수직 이동 툴](⬆)을 아래 방향으로 드래그하여 아래쪽에 면과 모서리(선)가 한 줄 추가되면 '−10mm'만큼 길이를 늘인다.

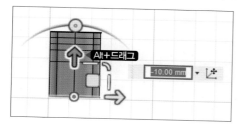

❸ 마우스를 떼었다가 다시 Alt 키를 누른 채 [수직 이동 툴](⬆)을 아래로 드래그하여 또 하나의 모서리를 추가하여 '−10mm'만큼 늘이면 치수 입력란에 '−20mm'로 표기된다. 같은 방법으로 '−2mm'만큼 늘인 모서리를 하나 더 만든다.

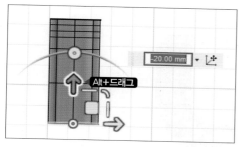 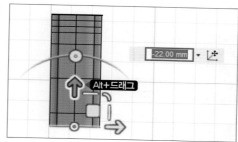

❹ [회전 툴](⌒)을 시계 방향으로 '−10deg'만큼 회전하거나 입력란에 '−10'을 입력하여 모서리 선을 기울인다.

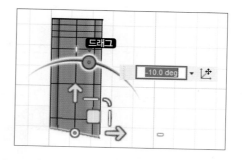

❺ [수평 이동 툴](➡)을 왼쪽으로 '−1mm'만큼 드래그하거나 입력란에 '−1'을 입력하여 원기둥 아래 부분을 왼쪽으로 이동시킨다.

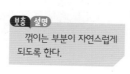
보충 설명
꺾이는 부분이 자연스럽게 되도록 한다.

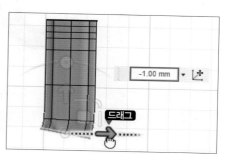

❻ 다시 Alt 키를 누른 채 [수직 이동 툴](⬆)을 아래로 '-2mm'만큼 드래그하여 면과 모서리(선)를 한 칸 더 추가한 후 [수평 이동 툴](➡)을 왼쪽으로 '-1mm'만큼 드래그하여 이동시킨다.

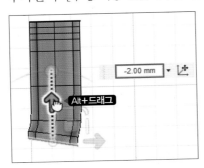 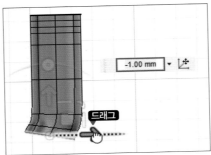

❼ [회전 툴](⌒)을 시계 방향으로 '-10deg'만큼 회전하여 모서리를 기울인다. 같은 방법으로 작업을 반복하여 손잡이 아래 부분이 컵의 안쪽에 겹치도록 면과 모서리를 추가한다.

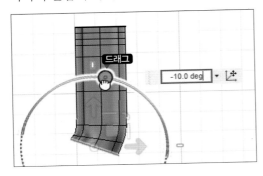 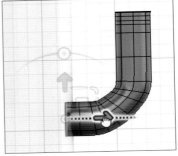

❽ 손잡이의 윗부분도 같은 방법으로 작업한다.

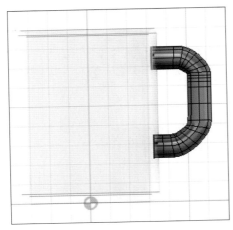

보충 설명

위쪽 손잡이는 아래쪽 손잡이보다 더 급격하게 휘어지도록 기울기를 설정하여 머그컵 손잡이의 특징을 잘 나타내도록 한다.

손잡이 내부 채우기

❶ 뷰 큐브의 [홈](⌂)을 누르고 도형이 입체적으로 보이면 [SCULPT] 작업 영역에서 [FINISH FORM](🔲)을 누르고 [SCULPT] 작업 영역을 빠져 나간다.

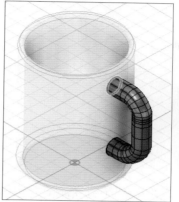

❷ 손잡이의 내부를 채우는 작업을 위해 [BROWSER] 창에서 [Bodies]의 ▷을 클릭하고 [Body1]의 💡을 클릭하여 💡와 같이 비활성화한다.

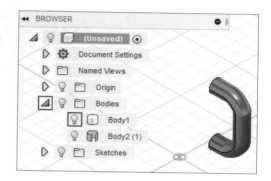

❸ [PATCH] 작업 영역에서 [CREATE]–[Patch] 메뉴를 선택한 후 뷰 큐브의 [FRONT] 왼쪽 위 모서리를 클릭하여 손잡이의 모서리 원이 보이도록 방향을 돌린다. [PATCH] 옵션 창에서 [Boundary Edges]의 ▣가 활성화되어 있는지 확인하고 위쪽 원의 테두리를 클릭한 후 [OK] 버튼을 누르면 막힌 원이 된다.

❹ 아래쪽 원도 같은 방법
으로 작업하여 막힌 원
이 되도록 한다.

❺ [PATCH] 작업 영역에서
[MODIFY]−[Stitch] 메
뉴를 선택한 후 손잡이의
왼쪽 위에서 오른쪽 아래
까지 드래그하여 도형 전
체를 선택하고 [OK] 버
튼을 누르면 비어있던 속
이 채워진다.

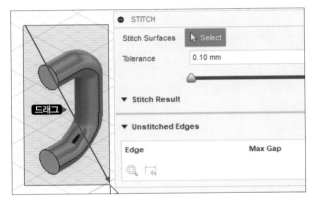 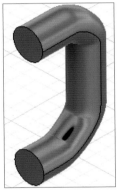

 ## 두 도형을 합치고 머그컵 완성하기

❶ [BROWSER] 창에서 [Body1]의 💡을 클릭하여 💡와 같이 활성화하고 컵의 몸체가 나타나게 하여 손잡이
가 달린 컵 모양이 되도록 한다.

 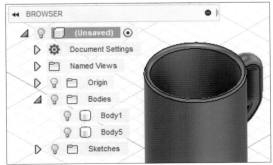

❷ 뷰 큐브의 [홈](⌂)을 누르고 [MODEL] 작업 영역에서 [MODIFY]-[Combine] 메뉴를 선택한 후 컵 몸체
　와 손잡이의 두 도형을 차례대로 클릭하고 [OK] 버튼을 누른다.

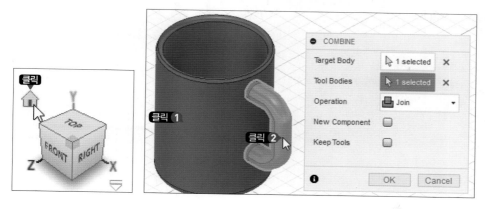

❸ [MODIFY]-[Fillet] 메뉴를 선택한 후 컵의 몸체와 손잡이가 연결된 두 모서리를 차례대로 클릭한다.
　[2 Edges] 속성의 Radius 값으로 '5mm'를 입력한 후 [OK] 버튼을 누르고 머그컵을 완성한다.

결과예시

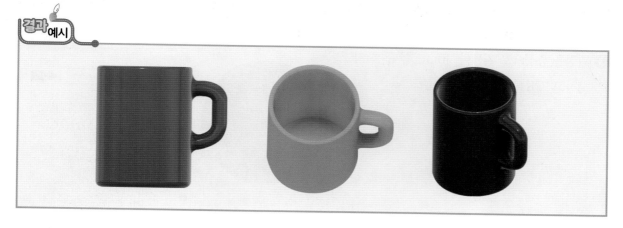

15 숟가락 만들기

MODEL ● — ● CREATE — Create Form

SCULPT ● — ● CREATE — Sphere
          ● MODIFY — Thicken
          ● UTILITIES — Convert

미리
보기

 ## SCULPT 작업 영역에서 구(Sphere) 만들기

❶ [MODEL] 작업 영역에서 [CREATE]–[Create Form] 메뉴
　를 선택하거나 [Create Form](■)을 선택하고 [SCULPT]
　작업 영역으로 변경한다.

❷ [SCULPT] 작업 영역에서
　[CREATE]–[Sphere] 메
　뉴를 선택한 후 XZ면(바
　닥면)을 선택한다.

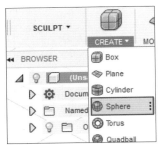

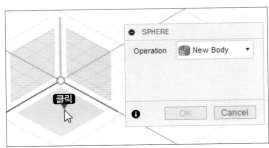

❸ 원점을 중심으로 지름이 '40mm'인 구를 작
　성하고 [OK] 버튼을 누른다.

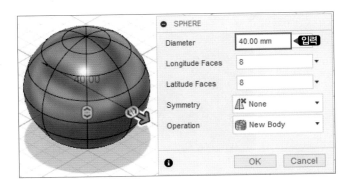

숟가락 머리(Bowl) 부분 만들기

① 뷰 큐브에서 [FRONT] 부분을 클릭하고 그림과 같이 구의 오른쪽 위에서 왼쪽 아래로 드래그하여 범위 내의 모든 모서리와 면을 선택한 후 Delete 키를 누르고 선택한 범위를 삭제한다.

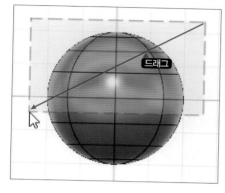
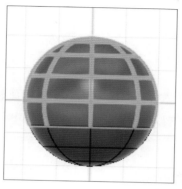
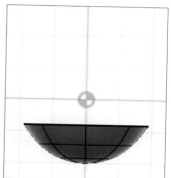

② 남아있는 부분을 드래그하여 선택한 후 마우스 오른쪽 버튼을 누르고 마킹 메뉴에서 [Edit Form]을 선택한다.

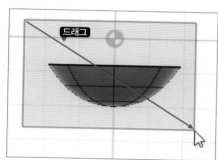
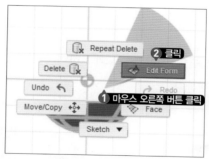
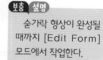

보충 설명
숟가락 형상이 완성될 때까지 [Edit Form] 모드에서 작업한다.

 더 알아보기 ➕ 마우스를 왼쪽 위에서 오른쪽 아래로 드래그하면?

마우스를 왼쪽 위부터 오른쪽 아래로 드래그하면 범위에 완전히 포함된 부분만 선택되며 걸쳐있는 부분은 선택되지 않는다.

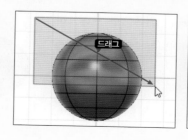
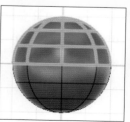

❸ [세로 크기 조절 툴](➖)을 아래쪽으로 드래 그하여 숟가락의 볼(bowl) 부분을 납작하게 한다.

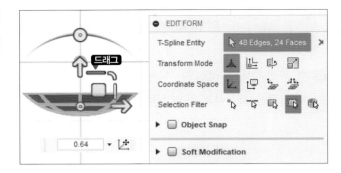

❹ 뷰 큐브에서 [FRONT] 위쪽의 ▽을 누르고 [세로 크기 조절 툴](➖)을 위쪽으로 드래그하여 숟가락 형상 이 되도록 조절하고 도형의 바깥 부분에서 마우스를 클릭하여 선택 영역을 해제한다.

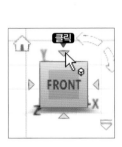
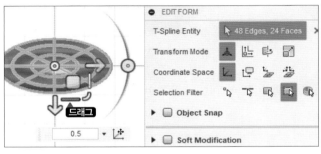
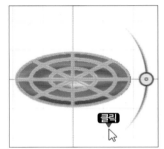

❺ 숟가락의 오른쪽 위에서 왼쪽 아래까지 드래그하여 인접한 모서리와 면을 모두 선택한 후 Ctrl 키를 누른 채 안쪽의 네 부분도 선택한다.

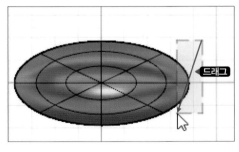
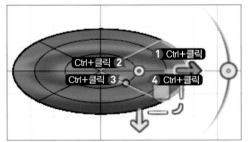

❻ [세로 크기 조절 툴](➖)을 위쪽으로 드래그하 여 숟가락의 자루와 연결되는 부분의 폭을 좁 힌다.

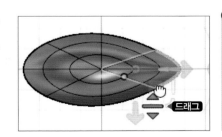

보충 설명
[세로 크기 조절 툴] 의 기본은 ➖ 모양이 며 마우스 포인터를 대 면 ⇳ 모양으로 바뀌 면서 위아래로 드래그 하여 크기를 조절할 수 있다.

숟가락 손잡이 디자인하기

① 도형의 바깥 부분을 클릭하여 선택 영역을 해제한 후 숟가락의
자루가 시작될 부분의 두 선을 [Ctrl]키를 누른 채 차례대로 클릭
한다.

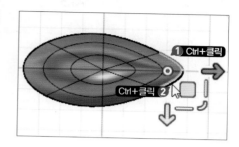

② [Alt]키를 누른 채 [수평 이동 툴](➡)을 오른쪽으
로 드래그하여 모서리와 면을 추가하면서 길이
를 늘인다.

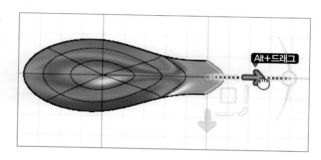

③ 양쪽 모서리 선을 선택한 후 [세로 크기 조절 툴](⬍)을 위쪽
으로 드래그하여 숟가락의 목 부분을 가늘게 좁힌다.

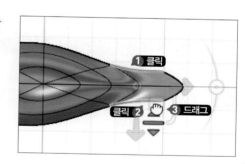

④ [Ctrl]키를 누른 채 끝 부분의 두 모서리 선을 차례대로 클릭한 후 [Alt]키를 누른 채 [수평 이동 툴](➡)을 드
래그하여 모서리와 면을 하나 더 추가한다.

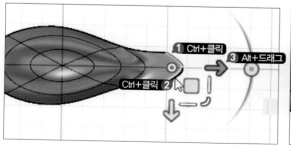
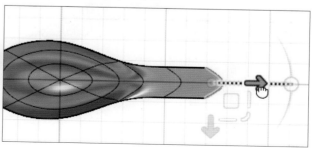

❺ 같은 방식으로 한 마디씩 추가하여 숟가락의 자루 형상을 완성한다.

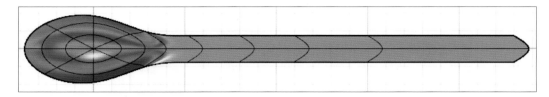

❻ Ctrl키를 누른 채 숟가락 목 부분의 양쪽 모서리 선을 선택한 후 [세로 크기 조절 툴](⇕)을 위쪽으로 드래
그하여 숟가락 손잡이 부분을 가늘게 만든다. 같은 방법으로 손잡이의 굵기를 조절하여 그림과 같이 숟
가락 형상을 만든다.

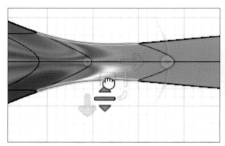
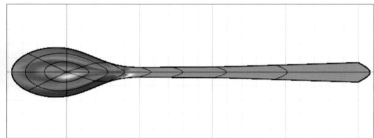

숟가락 자루(손잡이) 디자인하기

❶ 뷰 큐브의 [홈](⌂)을 누르고 도형이 입체적으로 보이면 왼쪽 위에서 오른쪽 아래로 드래그하여 자루의 첫
모서리를 선택한다.

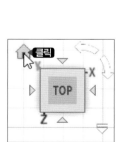
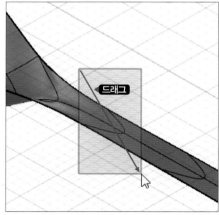

❷ [수직 이동 툴](⬆)을 위쪽으로 드래그하여 목 부분을 약간 올리고 다음 모서리도 순서대로 올려서 자연스럽게 휘도록 한다.

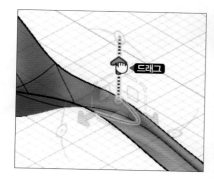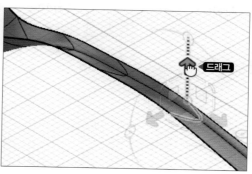

❸ 앞의 과정을 반복하여 숟가락 자루가 완만하게 구부러진 모양이 되도록 한다.

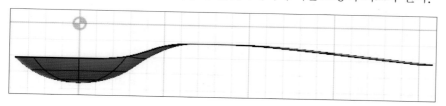

 숟가락에 두께 주기

❶ 뷰 큐브의 [홈](🏠)을 누르고 도형이 입체적으로 보이면 [SCULPT] 작업 영역에서 [MODIFY]–[Thicken] 메뉴를 선택한다. [THICKEN] 옵션 창에서 [T–Spline Body] 속성의 'Select'가 활성화되어 있는지 확인하고 [Thickness Type] 속성의 'Soft'를 선택한 후 숟가락 도형을 클릭한다.

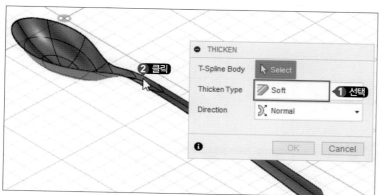

❷ [Thickness] 속성에 '3.00mm'를 입력한 후 [OK] 버튼을 누르면 숟가락 도형이 완성된다.

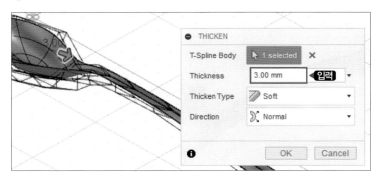
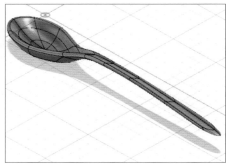

❸ [SCULPT] 작업 영역에서 모델링한 도형을 [MODEL] 작업 영역에서 작업
하기 위해 [UTILITIES]–[Convert] 메뉴를 선택한다.

❹ [CONVERT] 옵션 창에서 [Selection] 속성의 'Select'가 활성화되어 있는지 확인하고 숟가락 도형을 클
릭한 후 [OK] 버튼을 누르면 숟가락이 완성된다.

결과 예시

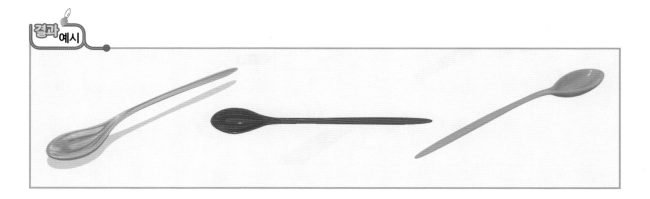

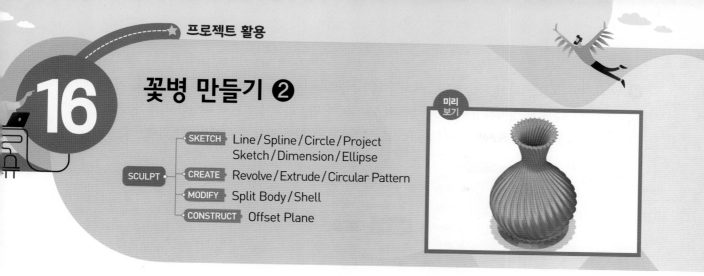

16 꽃병 만들기 ❷

SKETCH	Line / Spline / Circle / Project Sketch / Dimension / Ellipse
CREATE	Revolve / Extrude / Circular Pattern
MODIFY	Split Body / Shell
CONSTRUCT	Offset Plane

SCULPT

미리보기

 꽃병의 평면 도형 만들기

❶ [MODEL] 작업 영역에서 [CREATE]–[Create Form] 메뉴를 선택하거나 [Create Form](■)을 선택하고 [SCULPT] 작업 영역으로 변경한다.

❷ [SCULPT] 작업 영역에서 [SKETCH]–[Center Diameter Circle] 메뉴를 선택한 후 XZ면(바닥면)을 선택하고 원점을 중심으로 지름이 '50mm'인 원을 그린다.

 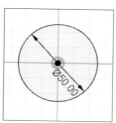

❸ 원을 확대한 상태에서 [SKETCH]–[Circle]–[2-Point Circle] 메뉴를 선택한 후 큰 원의 테두리를 가로지르는 지름이 '5mm'인 작은 원을 그린다.

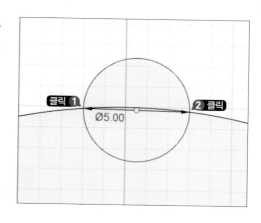

❹ 원 도형의 크기를 다시 축소시킨 후 [SKETCH]–[Circular Pattern] 메뉴를 선택한다. [CIRCULAR PATTERN] 옵션 창에서 [Objects] 속성의 'Select'가 활성화되어 있는지 확인하고 작은 원의 테두리를 클릭한 후 [Center Point] 속성의 'Select'를 선택하고 큰 원의 원점(중심점)을 클릭한다.

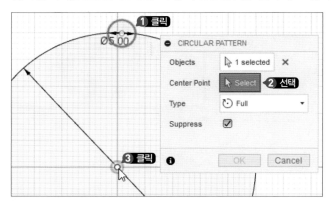

❺ [Quantity] 속성에 '31'을 입력하고 [OK] 버튼을 누르면 큰 원의 테두리를 따라 작은 원 31개가 서로 연결된 상태로 복제된다.

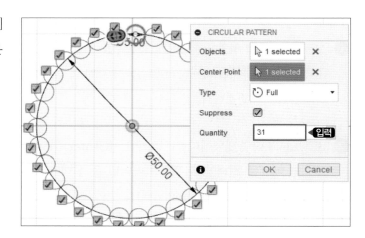

❻ 큰 원의 안쪽을 클릭하면 바깥쪽의 작은 원을 제외한 파란색 부분의 톱니 모양만 선택된다.

보충 설명
이 부분을 이용하여 꽃병을 만든다.

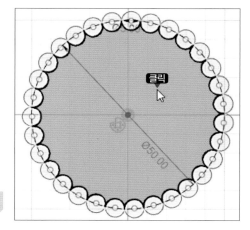

위로 쌓아올려 입체화하기

❶ 뷰 큐브의 [홈](⌂)을 누르고 도형이
입체적으로 보이면 [SCULPT] 작업
영역에서 [CREATE]–[Extrude]
메뉴를 선택한 후 [EXTRUDE] 옵
션 창에서 [Profile] 속성의 'Select'
가 활성화되어 있는지 확인하고 톱
니 모양의 도형을 클릭한다.

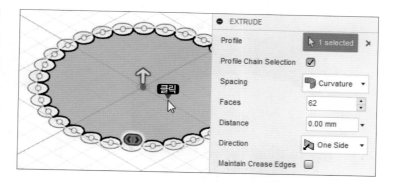

❷ [EXTRUDE] 옵션 창에서 [Distance] 속성에 '6mm'를 입력한 후 [OK] 버튼을 누르고 꽃병의 테두리를
만든다.

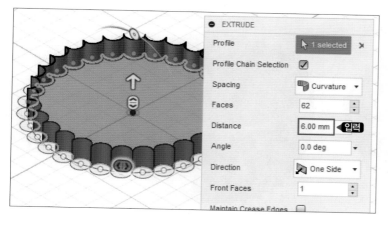

❸ 위쪽의 톱니 모양의 모서리 선을 더블 클릭하여 모든 선을 선택한 후 마우스 오른쪽 버튼을 누르고 마킹
메뉴에서 [Edit Form]을 선택한다.

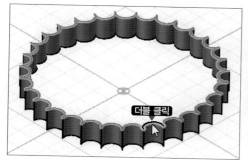

❹ Alt 키를 누른 채 [수직 이동 툴](⬆)을 위쪽으로 드래그하면 똑같은 모양의 면(Plane)과 모서리 (Edge)가 한 줄 더 생긴다. [크기 조절 툴](🔧)을 아래쪽 또는 오른쪽으로 드래그하면 모든 모서리가 바깥쪽으로 벌어진다.

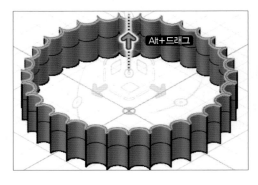 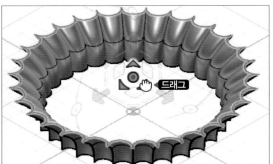

❺ 같은 방법으로 Alt 키를 누른 채 [수직 이동 툴](⬆)을 위쪽으로 몇 번 더 드래그하여 면과 모서리를 적당히 추가한다.

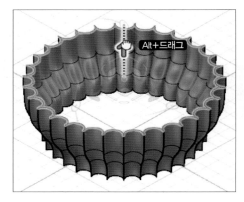 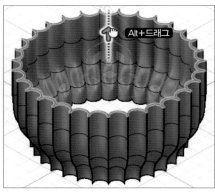

보충 설명
꽃병의 모양은 나중에 수정이 가능하므로 어느 정도 형상이 완성되면 다음 과정을 진행한다.

❻ 면과 모서리가 추가된 상태에서 [크기 조절툴](🔧)을 아래(오른쪽) 또는 위(왼쪽)로 드래그하여 모서리를 벌리거나 좁힌다. 같은 방법으로 작업을 반복하여 꽃병 형상의 도형을 작성한다.

모양 다듬기

① 꽃병의 밑바닥 모서리 선을 더블 클릭하여 모두 선택하고 [크기 조절툴](🔩)을 위쪽 또는 왼쪽으로 드래그하여 바닥면을 넓힌다.

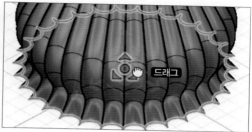

② 꽃병의 모양을 보기 좋게 다듬기 위해 각각의 모서리 선을 더블 클릭하여 모두 선택하고 [크기 조절툴](🔩)을 드래그하여 폭을 넓히거나 좁히면서 원하는 꽃병을 디자인한다.

보충 설명
선이 잘 보이지 않을 경우에는 뷰 큐브를 활용하여 보이는 시점을 변경하면서 확대/축소하여 작업한다.

문양이 경사지도록 비틀기

① Ctrl 키를 누른 채 모서리 선을 차례로 더블 클릭하여 모두 선택한다.

보충 설명
선이 잘 보이지 않을 경우에는 이미지를 적당히 확대한 후 선택한다.

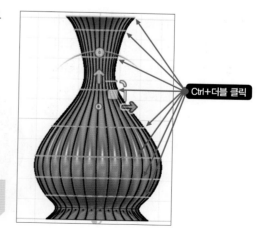

❷ [회전 툴](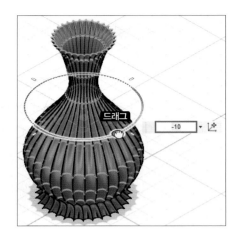)을 시계 방향으로 10도 만큼 드래그하거나 입력란에 '-10'을 입력한다.

❸ Ctrl 키를 누른 채 맨 아래에 모서리 선을 더블 클릭하여 선택을 해제한 후 다시 [회전 툴]()을 시계 방향으로 10도 만큼 드래그한다.

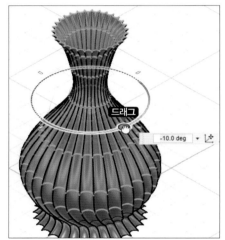

❹ 같은 방법으로 위로 올라가면서 차례대로 선택을 해제한 후 [회전 툴]()을 드래그하여 시계 방향으로 10도씩 회전시켜 꽃병의 외형을 완성한다.

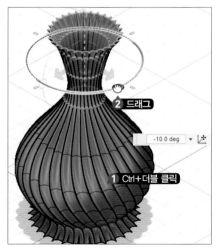

바닥 메우기

❶ 뷰 큐브의 [FRONT]와 [RIGHT] 사이의 아래 꼭짓점을 클릭하여 꽃병의 바닥면이 보이게 한 후 [SCULPT] 작업 영역에서 [MODIFY]-[Fill Hole] 메뉴를 선택한다. [FILL HOLE] 옵션 창에서 [Fill Hole Mode] 속성으로 'Fill Star'를 선택한 후 [Maintain Crease Edges]에 체크 표시를 하고 바닥 모서리 선을 클릭한다.

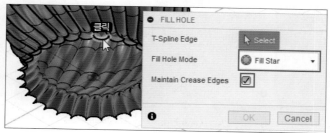

❷ 꽃병에 바닥면이 생성되면 [OK] 버튼을 누르고 외형을 완성한다.

> **보충 설명**
> [Maintain Crease Edges] 속성은 모서리 연결 부위를 날카롭게(체크) 또는 부드럽게 할 것인가를 설정한다.

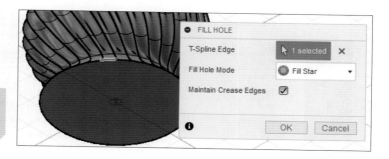

두께 설정하고 완성하기

❶ [SCULPT] 작업 영역에서 [MODIFY]-[Thicken] 메뉴를 선택한 후 [THICKEN] 옵션 창에서 [T-Spline Body] 속성의 'Select'가 활성화되어 있는지 확인하고 꽃병의 표면을 클릭한다.

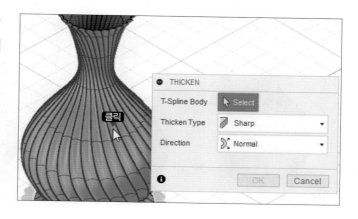

❷ [Thickness] 속성에 '2mm'를 입력한 후 [Thicken Type] 속성으로 'Sharp'를 선택하고 [OK] 버튼을 누른다.

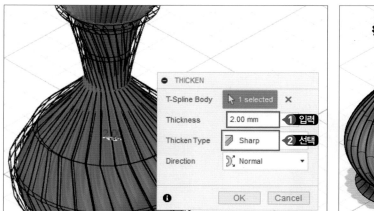 

❸ 화면 설정 바의 [Display Settings](🖥️▾)을 누른 후 [Visual Style]−[Shaded] 메뉴를 선택하여 모서리 선이 보이지 않게 한다.

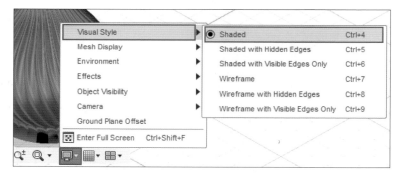 

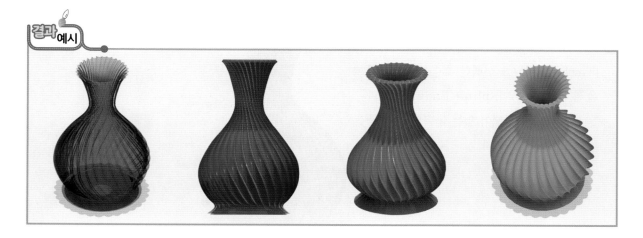

17 여성용 샌들 만들기

SCULPT
- CREATE Face
- MODIFY Edit Form/Move/Copy/Bridge Fill Hole/Weld Vertices/Thicken Appearance
- SYMMETRY Mirror-Duplicate
- INSERT Attached Canvas

미리보기

스케치 도면 불러오기

❶ [MODEL] 작업 영역에서 [CREATE]-[Create Form] 메뉴를 선택하거나 [Create Form](🔲)을 선택하고 [SCULPT] 작업 영역으로 변경한다.

❷ [SCULPT] 작업 영역에서 [INSERT]-[Attached Canvas] 메뉴를 선택한 후 XY면(오른쪽 수직면)을 선택한다. [ATTACHED CANVAS] 옵션 창에서 [Select Image] 속성의 🖼을 클릭한다. [열기] 창에서 'HeelSandal.jpg' 파일을 선택한 후 [열기] 버튼을 누른다.

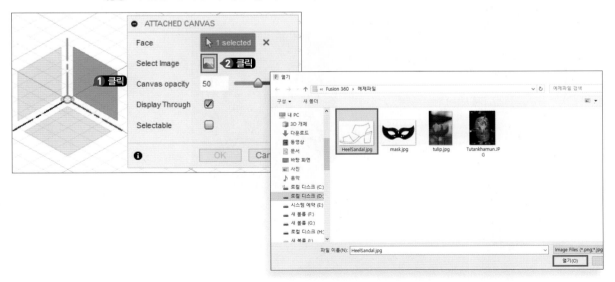

❸ 이미지가 XY면(오른쪽 수직면)에 평행하게 배치되면 [Canvas Opacity](투
명도) 속성에 '70%'을 입력한 후 [Scale X], [Scale Y], [Scale Plane XY]
속성에 '2'를 입력하고 [OK] 버튼을 누른다. 뷰 큐브의 [FRONT]를 클릭하
여 이미지가 정면을 향하도록 한다.

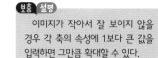

보충 설명
이미지가 작아서 잘 보이지 않을
경우 각 축의 속성에 1보다 큰 값을
입력하면 그만큼 확대할 수 있다.

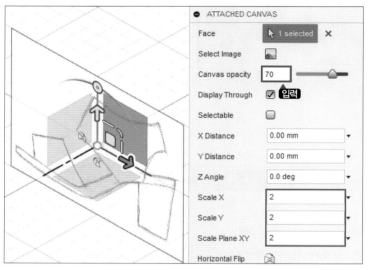
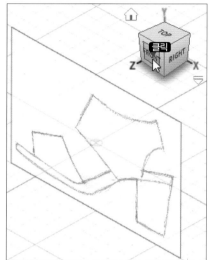

❹ 샌들의 실제 사이즈를 지정해 주기 위해 [BROWSER] 창에서 [Canvases]의 ▷을 클릭한 후 [Heel
Sandal]을 마우스 오른쪽 버튼으로 누르고 바로 가기 메뉴에서 [Calibrate]를 선택한다.

❺ 신발의 코 부분의 끝을 클릭한 후 다시 뒤꿈치 부분의 끝을 클릭하고 입력란에 '230mm'을 입력하거나 사용자가 원하는 발 크기를 입력한 후 Enter 키를 누른다. 이미지가 확대되면 휠 버튼을 이용하여 화면 크기를 조절한다.

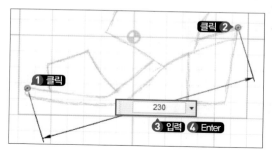 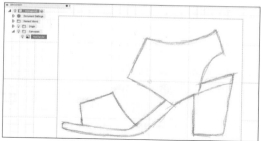

 ## 면(Face) 만들기

❶ [SCULPT] 작업 영역에서 [CREATE]–[Face] 메뉴를 선택한 후 [FACE] 옵션 창에서 [Mode] 속성은 'Simple'(▣), [Number of Sides] 속성은 'Four Sides'(▣)가 선택되어 있는지 확인하고 신발 이미지와 수평인 기준면을 선택한다.

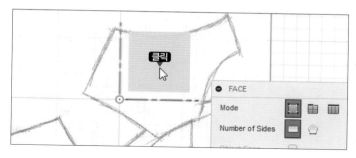

❷ 샌들 옆면을 조각내는 방식으로 네 지점을 차례대로 클릭하여 선택 범위를 지정하면서 연결된 사각형 조각을 만들어 나간다.

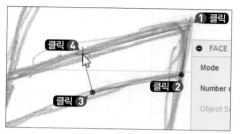 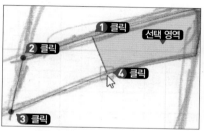

> 보충 설명
> [Number of Sides] 속성을 'Four Sides'로 선택하였으므로 사각형의 면(Face)이 되어야 선택 영역이 만들어진다.

❸ 같은 방법으로 샌들의 뒷굽 전체를 크기나 모양에 관계없이 사각형의 꼭짓점을 서로 연결하면서 조각으로 만들어 나간다.

> **보충 설명**
> 꼭짓점이 아닌 선의 중간에 사각형의 꼭짓점이 있는 경우 오류가 생겨 SCULPT 작업을 할 수 없게 되므로 유의한다.

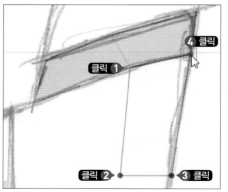
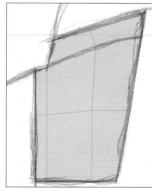

❹ 샌들의 발목 스트랩 부분도 서로의 꼭짓점이 연결되도록 사각형 모양으로 영역을 지정한다.

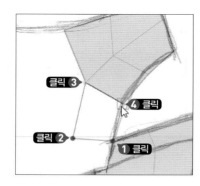
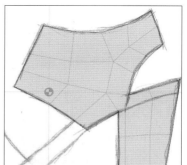

❺ 신발의 바닥과 앞쪽 스트랩 부분도 범위 지정을 완료한 후 [OK] 버튼을 누르고 Face 작업을 정상적으로 종료하면 모서리 선들이 부드럽게 휘어진 것을 확인할 수 있다.

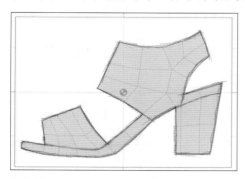
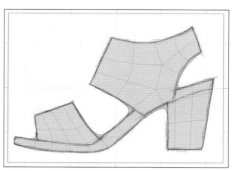

> **보충 설명**
> 꼭짓점이 서로 어긋나 있거나 영역이 잘못 지정되어 있는 경우에는 [FACE] 옵션 창에서 [OK] 버튼을 눌러도 선이 부드럽게 휘어지지 않으므로 모든 꼭짓점이 서로 연결되도록 처음부터 다시 작업해야 한다.

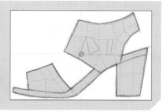

면(Face) 수정하기

❶ 이미지를 마우스 오른쪽 버튼으로 클릭한 후 마킹 메
뉴에서 [Edit Form]을 선택한다.

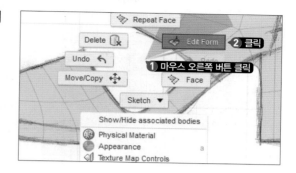

❷ 꼭짓점 연결 부위가 원본 이미지와 일치하지 않는 꼭짓점을 클릭하고 [자유 이동 툴](■)을 드래그하여 수
정한다. 나머지 부분도 같은 방법으로 최대한 원본 스케치 도면과 같도록 수정한다.

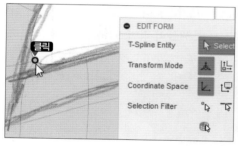 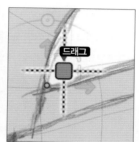 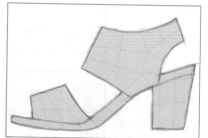

평면 도형 복제하기

❶ 뷰 큐브의 [홈](⌂)을 누르고 도형
이 입체적으로 보이면 [SCULPT]
작업 영역에서 [MODIFY]−[Move
/Copy] 메뉴를 선택한다. [MOVE
/COPY] 옵션 창에서 [Move Ob-
ject] 속성으로 'Bodies'를 선택한
후 [Selection] 속성의 'Select'가
활성화되어 있는지 확인하고 샌들
도형을 클릭한다.

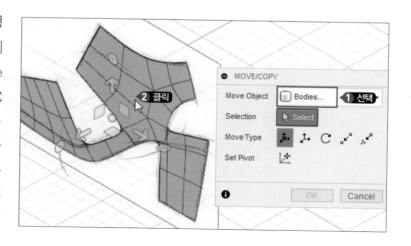

❷ [Z Distance] 속성에 '25mm'를 입력한 후 [OK] 버튼을 누른다.

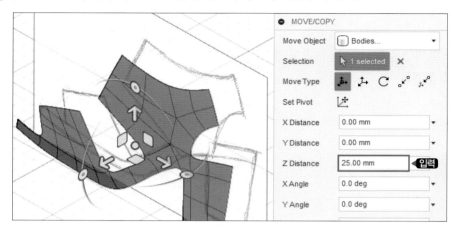

보충 설명
Z 값은 발 가운데 가장 좁은 발 뒤꿈치의 폭으로, 사용자가 원하는 값을 입력하면 된다.

❸ [SYMMETRY]−[Mirror Duplicate] 메뉴를 선택한 후 [T-Spline Body] 속성의 'Select'가 활성화되어 있는지 확인하고 샌들의 평면 부분을 클릭한다. [Mirror Plane] 속성의 'Select'를 선택한 후 XY면(신발과 평행인 기준면)을 선택하고 [OK] 버튼을 누르면 기준면을 중심으로 샌들의 평면 도형이 대칭 복제된다.

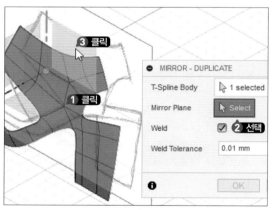
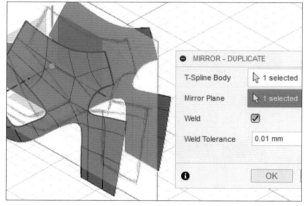

❹ [BROWSER] 창에서 [HeelSandal]의 💡을 클릭하여 💡와 같이 비활성화하면 바탕 이미지로 사용했던 스케치 도면이 사라진다.

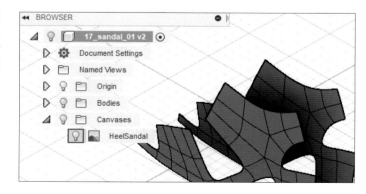

두 평면 도형 연결하기

❶ [SCULPT] 작업 영역에서 [MODIFY]–
[Bridge] 메뉴를 선택한 후 [Side One]
속성의 ▣가 활성화되어 있는지 확인하
고 뒤축의 한쪽 모서리를 위에서부터 차
례대로 클릭한다.

❷ [Side Two] 속성의 ▣을 선택한 후 다른
쪽 뒤축의 모서리를 위에서부터 차례대
로 클릭한다. [Faces] 속성에 '2'를 입력
한 후 [OK] 버튼을 누른다.

> 보충 설명
> • 반대편 모서리를 클릭하면 [Side Two] 속성이 활성화된다.
> • [Faces] 속성에 입력한 '2'는 연결 부분에 2개의 면(Face)을 생성한다는 의미이다.
> • [Side One] 속성과 [Side Two] 속성의 모서리 클릭 개수는 반드시 같아야 하며 그
>   렇지 않으면 오류가 발생하여 연결되지 않는다.

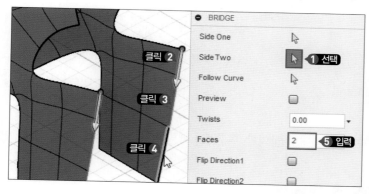

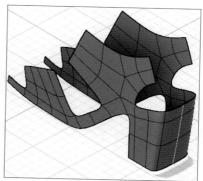

❸ 같은 방법으로 발목을 잡아주는
스트랩의 뒤쪽과 앞쪽 부분, 발
등을 감싸주는 스트랩 부분도 연
결한다.

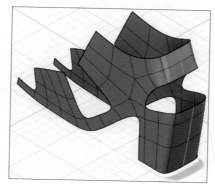

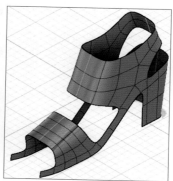

바닥면 만들기

❶ 샌들의 바닥면을 만들기 위해 [SCULPT] 작업 영역에서 [MODIFY]–[Bridge] 메뉴를 선택한 후 뒷굽에서
앞쪽 끝까지 바닥의 모서리 선을 차례대로 클릭한다.

❷ 뷰 큐브의 [LEFT] 왼쪽 위 꼭짓점을 클릭하여 샌들을 회전시킨다.

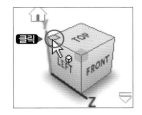

❸ 같은 방법으로 반대쪽 바닥 모서리 선도 차례대로 클릭한 후 [OK] 버튼을 누르고 샌들의 바닥면을 연결
한다.

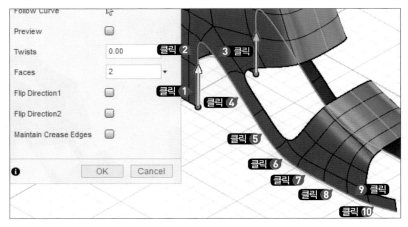

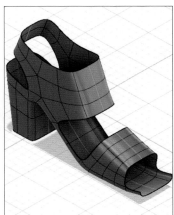

❹ 마지막으로 [MODIFY]–[Bridge] 메뉴를 선택한다. 샌들 앞 부분의 양쪽 모서리를 하나씩 차례대로 클릭한 후 [OK] 버튼을 누르고 연결한다.

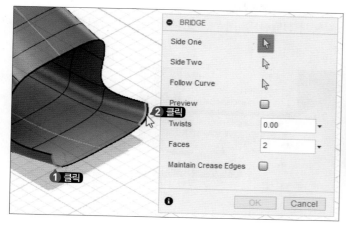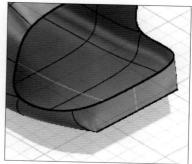

❺ 뷰 큐브의 [BACK]과 [LEFT] 사이의 중간 부분을 클릭하여 신발 코가 잘 보이도록 샌들을 회전시킨 후 [MODIFY]–[Weld Vertices] 메뉴를 선택하고 신발 코의 가운데 밑 부분의 점을 드래그하여 선택한다.

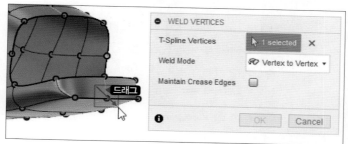

❻ 신발 코의 날카로운 부분이 부드럽게 연결되면 [OK] 버튼을 누른다.

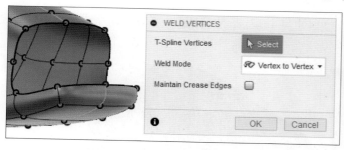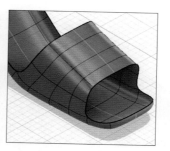

샌들 외형 부드럽게 수정하기

❶ 신발 볼의 폭을 넓힐 두 부분을 Ctrl 키를 누른 채 선택한 후 마우스 오른쪽 버튼을 클릭하고 마킹 메뉴에서 [Edit Form]을 선택한다.

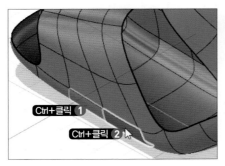 

보충 설명
Edit Form의 모든 과정은 대칭의 상태에서 양쪽 모두 동일하게 적용되므로 한쪽 수정 작업을 하면 된다.

❷ [수평 이동 툴](🖐)을 신발 바깥쪽으로 드래그하여 선택된 부분의 신발 폭을 넓힌다.

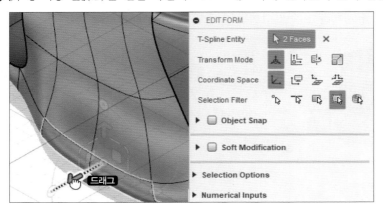

❸ 다른 부위의 모서리 선 또는 점이나 면을 선택한 후 [크기 조절 툴](◼)을 드래그하여 샌들의 외형 곡면이 자연스럽게 경사지도록 조절한다.

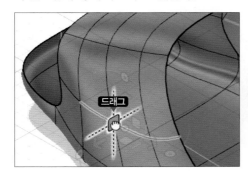 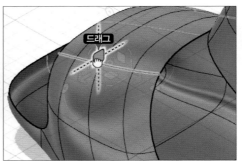

❹ [Edit Form] 메뉴를 이용하여 왜곡
된 점이나 선, 면 부분 등 이웃하고
있는 부분을 보기 좋고 균형이 잡히
도록 수정한다.

 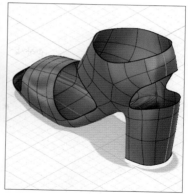

❺ 샌들의 밑창이 보이도록 뷰 큐브의 [FRONT]와 [RIGHT] 사이의 아래 모서리 부분을 클릭하여 도형을
회전시킨 후 [MODIFY]−[Fill Hole] 메뉴를 선택한다. [T−Spline Edges] 속성의 'Select'가 선택되어 있
는지 확인하고 [Fill Hole] 속성은 'Fill Star'을 선택한 후 [Maintain Crease Edges] 속성에 체크 표시
를 하고 모서리 선 하나를 클릭하면 바닥의 구멍이 메워진다.

 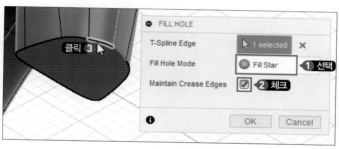

[Maintain Crease
Edges] 속성은 모서리 부
분을 날카롭게 하는 기능으
로 체크하지 않으면 모서리
부분이 둥근 모양이 된다.

 두께 지정하고 색상 입히기

❶ [SCULPT] 작업 영역에서 [MODIFY]−
[Thicken] 메뉴를 선택한 후 [THICKEN]
옵션 창에서 [T−Spline Body] 속성의
'Select'가 활성화되어 있는지 확인하고 샌
들을 클릭한다.

❷ [Thickness] 속성(신발의 바깥쪽 두께)에 '−3.5mm'를 입력한 후 [Thicken Type] 속성에서 'Soft'를 선택하고 [OK] 버튼을 누른다.

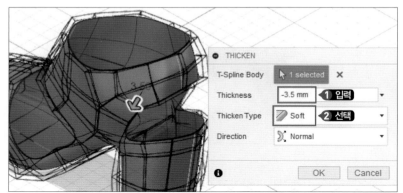 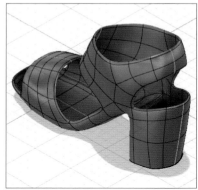

❸ [BROWSER] 창에서 맨 위의 파일명을 마우스 오른쪽 버튼으로 클릭한 후 바로 가기 메뉴에서 [Appearance]를 선택한다.

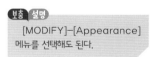

보충 설명
[MODIFY]–[Appearance]
메뉴를 선택해도 된다.

❹ [APPEARANCE] 옵션 창에서 [Paint]–[Glossy]–[Paint–Enamel Glossy(Red)](■)를 샌들로 드래그하여 빨간색으로 칠한다.

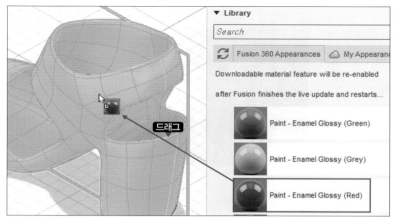 

❶ Ctrl 키를 누른 채 신발의 깔창이 될 부분을 한 면씩 클릭하여
선택하면 대칭 부분의 면이 노란색으로 바뀌면서 동시에 선
택된다.

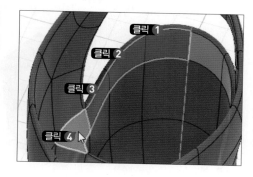

❷ 신발의 발가락 부분(맨 앞)까지 신발 깔창에 해당하는 부분을 모두 선택한다.

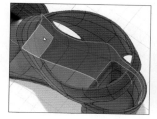  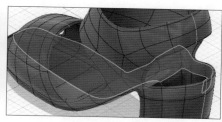

보충 설명

선택할 부분이 샌들
스트랩에 가려져서 잘
보이지 않을 경우에
는 화면을 적절히 확
대/축소, 회전시킨 후
선택한다.

❸ Ctrl + C 를 누르고 선택한 부분을 복사
한 후 Ctrl + V 를 누르고 붙이기를 해도
화면상으로는 아무 변화가 일어나지 않
으며 [BROWSER] 창에서 [Bodies]-
[Body2](신발의 몸체 부분)의 💡을 클
릭하여 💡와 같이 비활성화하면 신발이
화면에서 사라지고 깔창만 남는다.

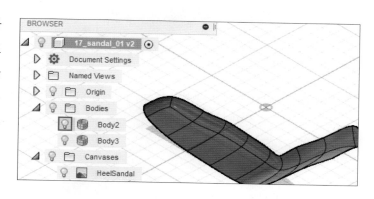

❹ 신발 뒤쪽의 비어있는 깔창 부분을
막기 위해 [CREATE]-[Face] 메뉴
를 선택한 후 뷰 큐브에서 [TOP]을
누르고 평면 기준면을 선택한다.

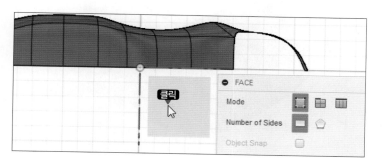

❺ [FACE] 옵션 창에서 [Number of Sides] 속성은 'Multiple Sides'(⬡)를 선택한 후 꼭짓점을 차례대로 클릭하고 마지막으로 처음 시작점을 다시 클릭한다. [OK] 버튼을 누르면 깔창의 반쪽 부분이 완성된다.

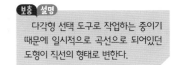

다각형 선택 도구로 작업하는 중이기 때문에 일시적으로 곡선으로 되어있던 도형이 직선의 형태로 변한다.

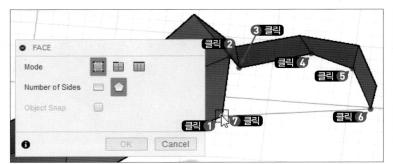

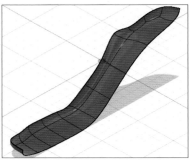

❻ [SYMMETRY]-[Mirror-Duplicate] 메뉴를 선택한 후 깔창을 클릭한다.

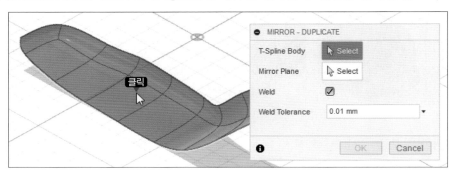

❼ [Mirror Plane] 속성의 'Select'를 선택한 후 XY면(신발의 대칭선과 수평인 기준면)을 선택하고 [OK] 버튼을 누르면 깔창이 대칭 복제된다.

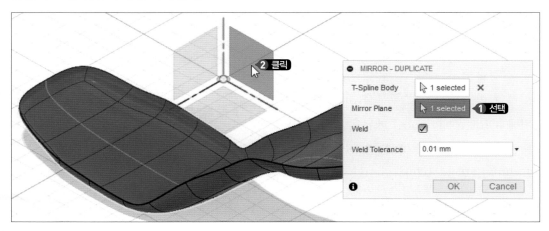

깔창에 쿠션 주기

❶ [SCULPT] 작업 영역에서 [MODIFY]–[Bridge] 메뉴를 선택한 후 깔창의 맨 앞쪽과 뒤쪽의 모서리(✖ 표시)를 제외하고 차례대로 클릭한다.

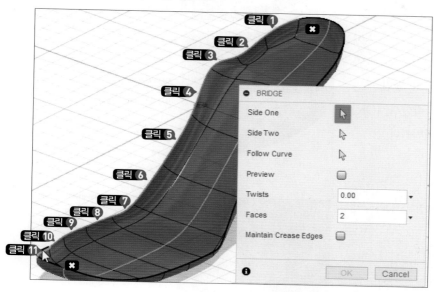

❷ 반대쪽 모서리도 차례로 클릭한 후 [Faces] 속성에 '2'를 입력하고 [OK] 버튼을 누르면 맨 앞쪽과 뒤쪽(✖ 표시)을 제외하고 깔창이 쿠션처럼 변경된다.

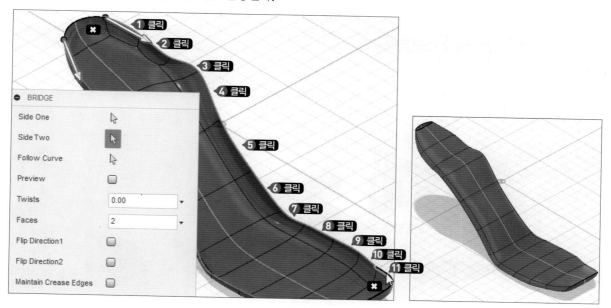

❸ 샌들의 맨 앞과 뒤의 모서리 선이 연결되지 않아서 구멍이 뚫려 있는 것을 메우기 위해 샌들의 뒷꿈치 부분을 최대한 확대한 후 [MODIFY]−[Fill Hole] 메뉴를 선택한다. [FILL HOLE] 옵션 창에서 [Fill Hole Mode] 속성은 'Fill Star', [Maintain Crease Edges] 속성의 체크 표시를 해제하고 뚫린 구멍의 모서리 선 한 개를 클릭한다. [OK] 버튼을 누르면 구멍이 메워진다.

❹ 깔창의 앞 부분도 같은 방법으로 구멍을 메운다.

 깔창에 색 입히고 완성하기

❶ [SCULPT] 작업 영역에서 [MODIFY]−[Appearance] 메뉴를 선택한 후 [APPEARANCE] 옵션 창에서 [Paint]−[Glossy]−[Paint−Enamel Glossy(White)](●)를 선택하여 깔창으로 드래그한다.

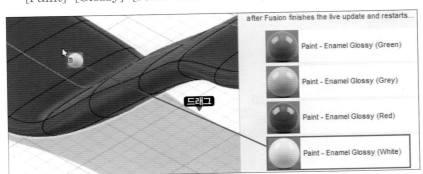

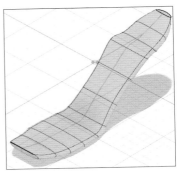

❷ [BROWSER] 창에서 [Bodies]–[Body2]의 💡을 클릭하여 💡와 같이 활성화하면 신발이 완성된다.

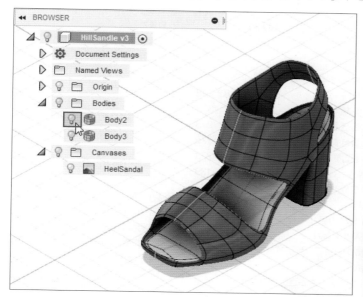

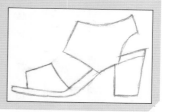

보충 설명

　그림과 같은 스케치 이미지는 FUSION 360으로 재현하여 실제 형상과 유사하게 모델링할 신발 이미지로, 실제 신발을 모델링하기 위해서는 신발의 좌우가 비대칭임을 고려해서 바닥 이미지까지 적용해야 하지만 이 프로젝트에서는 신발의 옆쪽 스케치 이미지만 사용하여 디자인한다.

결과 예시

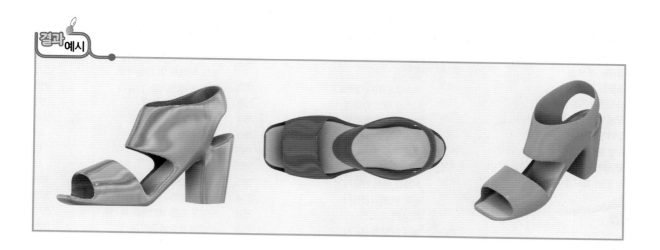

찾아보기

발 행 일	초판 1쇄 발행 2019년 08월 05일
지 은 이	김석우
발 행 인	신재석
발 행 처	(주)삼양미디어
주 소	서울시 마포구 양화로 6길 9-28
전 화	02) 335-3030
팩 스	02) 335-2070
등 록 번 호	제10-2285호
홈 페 이 지	www.samyang**M**.com
I S B N	978-89-5897-381-2 (13000)
정 가	28,000원